Die geschichtliche Entwickelung

des

märkischen Fischereiwesens.

Ein Beitrag zur Kultur- und Wirtschaftsgeschichte
der Mark Brandenburg.

———

Inaugural-Dissertation

zur

Erlangung der Doktorwürde

der

Hohen Philosophischen Fakultät der Universität Marburg

vorgelegt von

Friedrich Bestehorn

aus Potsdam (Brandenburg).

———— ✦❁✦ ————

Marburg 1913.

Von der Philosophischen Fakultät zu Marburg als Dissertation angenommen am 2. August 1912.

Referent: Geh. Rat Prof. Dr. Freiherr v. d. Ropp.

Diese Arbeit erscheint gleichzeitig im Heft 1 des von E. Uhles herausgegebenen „Archivs für Fischereigeschichte“, Verlag von Paul Parey in Berlin, 1913.

Die Deutsche Nationalbibliothek verzeichnet diese Publikation in der Deutschen Nationalbibliografie; detaillierte Daten sind im Internet über http://d-nb.de abrufbar.

ISBN 978-3-88372-061-6

Erschienen im Verlag Klaus-D. Becker, Potsdam 2017
Unveränderter Nachdruck der Ausgabe aus dem Jahre 1913

Titelbild: Lagow
Printed in Germany

Meinen lieben Eltern

in herzlicher Dankbarkeit.

Vorrede.

Der Absicht, eine „Geschichte der märkischen Fischerei"
zu schreiben, ist diese Arbeit entsprungen. Die grosse Fülle des dazu
noch in den verschiedensten Staats- und Stadtarchiven, wie auch in
den Laden der Fischerinnungen zerstreut liegenden Materials an Urkunden und Aktenstücken forderte eine Beschränkung, die sich auf das
Örtliche oder Zeitliche erstrecken musste. Da es nun wünschenswert
erschien, wenigstens für einen beschränkten Bezirk zeitliche Grenzen
aus Gründen eines Überblickes über die gesamte geschichtliche
Entwickelung der fischereilichen Verhältnisse in der Mark nicht zu
setzen, so musste eine örtliche Begrenzung vorgenommen werden. Die
vorliegende Arbeit erstrebt nach einem Überblick über die gesamte
Entwickelung der Fischerei an der Havel und Spree während des
Mittelalters und insbesondere der Aufzeichnung der fischereirechtlichen Besitzverhältnisse am Ende desselben, die bei der kulturellen
Beharrlichkeit aller die Fischerei betreffenden Dinge auch grösstenteils
für die Neuzeit noch Geltung haben, eine möglichst erschöpfende Darstellung der fischereilichen Zustände auf der für diese eigentlichst
markantesten Havelstrecke vom Dorfe Hennigsdorf oberhalb Spandaus
bis zur Stadt Ketzin vor Brandenburg, den sog. Spandauer und Potsdamer Gewässern. Ferner wird die Entwickelung des Fischerei-
schutzes und der Fischereiaufsicht im III. Kapitel dieser Arbeit
vollständig durchgeführt. Ein weiteres Kapitel behandelt den märkischen
Fischhandel. Die ursprüngliche Absicht auszuführen, muss einer
späteren Arbeit vorbehalten werden.

Fischerei und Slaventum sind in der Geschichte der Mark Brandenburg zwei untrennbare Begriffe. Indem die vorliegende Arbeit dem
Fischereiwesen gewidmet ist, muss sie sich zugleich (im II. Kapitel)

mit dem Slaventum befassen, das einst die gesamte Mark umspannte und in der Fischerei sich am längsten und nachhaltigsten, in den folgenden Jahrhunderten deutlich erkennbar, erhalten hat. Die Arbeit beansprucht infolgedessen noch ein weiteres, über das eigentliche Fischereiwesen hinausgehendes Interesse.

Für das Zustandekommen dieser Arbeit bin ich zahlreichen Stellen zu Dank verpflichtet, so besonders dem Geheimen Staatsarchiv zu Berlin, der Königlichen Regierung in Potsdam und allen in der Arbeit erwähnten Stadt- und Innungsarchiven. Besonders danke ich den Herren Obermeistern der einzelnen Fischerinnungen, die mir in fischerei-technischen Fragen jederzeit freundlichst Auskunft erteilt haben. Auch Herrn Geheimen Justizrat E. Uhles in Berlin sei hier herzlich gedankt für das grosse Interesse, dass er meinen Arbeiten entgegengebracht hat, und dass er mir die Drucklegung dieser Arbeit in dem von ihm herausgegebenen „Archiv für Fischereigeschichte" ermöglicht hat.

Literaturverzeichnis.

1. Quellen.

a) Gedrucktes Material:

Riedel, Codex diplomaticus Brandenburgensis, 1. Hauptteil, Berlin 1838—1868.
Mylius, Corpus constitutionum Marchicarum.
Novum corpus constitutionum Prussico-Brandenburgensium.
Hegert, Märkische Fischereiurkunden, in „Märkische Forschungen" Bd. 17, Berlin 1882, S. 72 ff.
— Die Urkunden der Havelberger Fischergilde, in Mitteilungen des Fischereivereins für die Provinz Brandenburg, 20. Dez. 1899.
Fidicin, Kaiser Karls IV. Landbuch der Mark Brandenburg vom Jahre 1375, Berlin 1856.
— Historisch-diplomatische Beiträge zur Geschichte der Stadt Berlin, 5 Bände, Berlin 1837.
Sello, Potsdam und Sanssouci, Urkunden und Aktenstücke S. 183 ff., Breslau 1888.
— Stadtbuch der Neustadt Brandenburg, in „Märkische Forschungen", Bd. 18, S. 57 ff.
Hertel, Urkundenbuch der Stadt Magdeburg, 3 Bände, Halle 1892—1896.
v. Buchwald, Regesten aus den Fischereiurkunden der Mark Brandenburg 1150—1710, Berlin 1903. v. B. beschränkt sich lediglich auf einen Auszug von Riedel (siehe oben) und ist auch hierbei für die Zwecke der vorliegenden Arbeit nicht erschöpfend.

b) Archivalien:

Geheimes Staatsarchiv zu Berlin.
Königl. Regierung zu Potsdam, Domänen-Registratur.
Stadtarchiv zu Potsdam.
Lade der Fischerinnung zu Tiefwerder. Neben zahlreichen Urkunden und Aktenstücken findet sich eine Zusammenstellung derselben in der „Designatio documentorum quorundam" aus der Mitte des 18. Jahrhunderts.
Lade der Kietzer-Fischerinnung zu Potsdam.
Lade der altstädtischen Fischerinnung zu Potsdam. Eine vollständige Durchsicht der Akten dieser Innung, wie das bei sämtlichen anderen Innungen geschehen konnte, wurde von dieser Innung nicht gestattet.
Lade der Fischerkossäten zu Fahrland.
Lade der Fischerinnung zu Werder. Ein sehr sorgfältig angelegtes „Kopialbuch" vom Jahre 1793 enthält alle die Innung betreffenden Urkunden und Aktenstücke vom Jahre 1317—1792; 354 Seiten umfassend.
Lade der Fischerkossäten zu Phöben.
Lade der Fischergemeinde zu Göttin.
Lade der Fischerinnung zu Ketzin.

2. Darstellungen.

Berner, Geschichte des Preussischen Staates, 2 Bände, 1891.
Bolle, Beiträge zur Siedlungskunde des Havelwinkels, Halle, Diss. 1910.
Brückner, Die slawischen Ansiedlungen in der Altmark und im Magdeburgischen, Leipzig 1879. Preisschrift.
Brühl, See- und Binnenfischerei, in „Wörterbuch der Volkswirtschaft".
Buchenberger, Fischerei, in „Handwörterbuch der Staatswissenschaften".

Cossinna, Die Herkunft der Germanen, Würzburg 1911, Mannus-Bibliothek Nr. 6.
Curschmann, „Diözese Brandenburg", Leipzig 1906.
— Die deutschen Ortsnamen im nordostdeutschen Kolonialgebiet, Stuttgart 1910.
Eckstein, Die Fischereiverhältnisse der Provinz Brandenburg zu Anfang des 20. Jahr-
    hunderts, Berlin 1908.
Falke, Joh., Geschichte des deutschen Handels. 2 Bde, Leipzig 1858 u. 1860.
Fidicin, Territorien der Mark Brandenburg.
— Geschichte der Stadt und Insel Potsdam, Berlin 1855.
Fontane, Havelland, Neuausgabe 1910.
Friedel, Führer durch die Fischereiabteilung des märk. Provinzialmuseums, Berlin 1880.
Gerlach, Kollektaneen in Mitteilungen des Vereins für die Geschichte Potsdams, 1883.
Guttmann, Die Germanisierung der Slawen in der Mark. Forschungen zur Branden-
    burgisch-Preussischen Geschichte, Bd. 9.
Havenstein, Das Fischereirecht der Mark Brandenburg, Berlin 1903 bei Vahlen.
Heusler, Institutionen des deutschen Privatrechts.
Koblischke, Die Namen d. Havel als geschichtl. Zeugnisse, i. „Deutsche Erde" 1910, Heft 5.
Krause, Vorgeschichtliche Fischereigeräte und neuere Vergleichsstücke. Globus Bd. 71,
    1897, Nr. 17, S. 270 ff.
Kuntzemüller, Urkundliche Geschichte der Stadt und Festung Spandau 1881.
Kuske, Der Kölner Fischhandel vom 14.—17. Jahrhundert. Westdeutsche Zeitschrift,
    Jahrgang 24, 1905.
Landeskunde der Provinz Brandenburg, 3 Bände, Berlin 1909—1912.
Mitteilungen des Fischereivereins für die Provinz Brandenburg, 1907.
— des Vereins für die Geschichte Potsdams.
Müllenhoff, Deutsche Altertumskunde, 1906.
Sello, Lehnin, Berlin 1881.
Schmidt, Allgemeine Geschichte der germ. Völker bis zur Mitte des 6. Jahrhunderts,
    München und Berlin 1909.
Schiemenz, Vergleichung der Fruchtbarkeit von Seen und Flüssen in „Aus deutscher
    Fischerei", Neudamm 1911.
Schönemann, Diplomat. u. Topogr. Geschichtsbeschreibung d. Stadt Werder, Potsdam 1784.
Schröder, Richard, Lehrbuch der deutschen Rechtsgeschichte, 5. Aufl., 1907.
Strigel, Die Fischereipolitik der Bodenseeorte in älterer Zeit, Freiburger Diss. 1910.
Viereck, Assmanns Geschichte des Mittelalters III. Braunschweig 1906.
Weisker, Slawische Sprachreste, Rathenower Progr. 1896.
Wendt, Die Germanisierung der Länder östlich der Elbe, Liegnitzer Progr. 1889.
Wilke, Geschichte der Fischergilde zu Havelberg, Priegnitzer Volksbücher, 32.
Winter, F., Die Germanisierung und Christianisierung des Gaues Morzane, Geschichts-
    blätter für Stadt und Land Magdeburg V, 1870.

3. Karten.

Karte des Deutschen Reiches 1 : 100 000.
Karte von Berlin und Umgebung in 12 Blättern 1 : 50 000, Kgl. Preuss. Landesaufnahme 1901.
Curschmann, Gaukarte d. Bistums Brandenburg, in „Diözese Brandenburg", Leipzig 1906.
Fidicin, Karte „Das alte und neue Potsdam", in Territorien d. Mark Brandenburg II, 1858.
Plan der Gegend von Potsdam, herausgegeben von der Topograph. Abt. des grossen
    Generalstabes 1855.
Geologische Übersichtskarte der Umgegend von Berlin 1 : 100 000, herausgegeben von
    der Königl. Preuss. geolog. Landesanstalt.

Weitere Literaturangaben finden sich an den betreffenden Stellen.

Inhaltsverzeichnis.

Einleitung.

Historischer Rückblick auf die Mark Brandenburg.

In der Mark Brandenburg stehen wir auf altgermanischem Boden. Zur Zeit der Geburt Christi schon fast zwei Jahrtausend von Germanen besiedelt,[1] bevölkerten die märkische Erde die zu den Westgermanen gehörigen suebischen Semnonen, die diese jedoch um 200 nach Christi Geburt verliessen, um in das spätere „Schwaben" abzuwandern. Ein letzter Rest der Urbevölkerung, die sog. „Nordschwaben", siedelte 568 nach dem von den Sachsen verlassenen Gebiete zwischen Bode und Harz über.[2]

Vom Osten her rückten darauf in die Mark die Slaven ein. In welcher Weise dies geschah, ob sie ein völlig verlassenes, siedlungsleeres Gebiet antrafen, wie dies von der jüngeren Forschung vielfach angenommen wird,[3] darüber geben uns die Quellen keine Gewissheit; doch sei hier einmal auf den in der Fischerei begründeten natürlichen wirtschaftlichen Reichtum der Mark hingewiesen, der es bei primitivem Wirtschaftsbetrieb ungefähr 30—40000 Menschen (siehe Anhang) vom Fischerwerb zu leben gestattete, um jener Ansicht entgegenzutreten, die dieses von der Natur in dieser Weise so reich ausgestattete Land eine zeitlang völlig oder doch fast völlig verödet sein lassen möchte. Die vorslavische Bevölkerung der Mark, die in guter wirtschaftlicher Lage zumeist an den Flüssen und Seen ihre Siedlungen hatte, wird wahrscheinlich einem von Osten ausgeübten Druck gewichen sein oder aber in seinen Überresten sich mit den eindringenden Slaven vereinigt

---

[1] Cossinna, Die Herkunft der Germanen. Würzburg 1911, Mannus-Bibliothek Nr. 6.

[2] Schmidt, Allgemeine Geschichte der germanischen Völker bis zur Mitte des 6. Jahrhunderts. München und Berlin 1909, S. 188 ff.

[3] So Bolle, Beiträge zur Siedlungskunde des Havelwinkels. Halle, Diss. 1910, S. 25 ff., woselbst auch die einschlägige Literatur zitiert ist.

haben.[1]) Mehr als jede andere Wirtschaft ist die Fischerei bodenständig und überträgt diese Eigenschaft auf die ihren Erwerb darin suchenden Menschen. Wenn wir erst im Verlauf der Untersuchung gesehen haben werden, mit welcher beispiellosen Zähigkeit die späteren Slaven bei der Rekolonisation und Regermanisation der Mark im 12. und 13. Jahrhundert an ihren Fischerstellen festgehalten und ihre Rechte bis in die neueste Zeit siegreich verteidigt haben, so sollte es uns wundernehmen, wenn deren germanische Vorfahren, vor allem die zu sesshafter Kultur übergegangenen Westgermanen diese guten Positionen rein aus Wanderlust verlassen oder dem Ansturme fremder Nationen mühelos preisgegeben hätten.

In der Zeit von 600—900 sassen in der Mark die Slaven, und zwar der Stamm der Liutizen.[2]) Ein lebhafter Handelsverkehr, bei dem sie über Magdeburg getrocknete Fische und die Produkte der Zeidelei — eine slavische Kunst — ausführten, verband die Slaven mit dem Westen.[3]) Anfangs als Nachbaren der Sachsen scheinbar freundlich mit diesen verkehrend, wurden die Liutizen oder „Wilzen“, wie man sie auch nannte, dann durch Karl den Grossen (789), später Heinrich I. (928) dem Reiche unterworfen; doch kam es zu einer wirklichen Eindeutschung des Landes in der folgenden ottonischen Kolonisierungsperiode noch keineswegs. Ein gewaltiger Slavenaufstand um die Wende des ersten Jahrtausends machte der deutschen Herrschaft im Lande der Liutizen ein Ende. Erst im Jahre 1150 ging nach dem Tode des slavischen Fürsten Pribislav durch einen gütlichen Vertrag das Liutizenland an Albrecht den Bär über, um nun dauernd in deutschem Besitz zu bleiben. Es folgt die Zeit der Kolonisation und Germanisierung, die ihren Abschluss im allgemeinen findet um die Wende des 13. und 14. Jahrhunderts mit der völligen Verschmelzung beider Nationalitäten, die in der Gleichheit der Sprache und dem gleichen Recht ihren Ausdruck findet.

Bei der Sonderstellung der Fischerei im gesamten Wirtschaftsbetrieb der Mark darf es nun nicht wundernehmen, dass sich in dem Fischervolk und in den Fischergemeinden als Korporationen die slavische Art weit in die Neuzeit hinein erhalten hat. Wir werden im Verlauf der Untersuchung ihre höchst eigenartige verfassungsrechtliche Stellung kennen lernen.

Die Namen „Havel“ und „Spree“.

Der Name des Flusses „Havel“ ist germanischer Herkunft, wie das von allen namhaften Forschern (Müllenhoff, Brückner, Cursch-

---

[1]) So auch Schmidt, a. a. O. S. 26.

[2]) Guttmann, Die Germanisierung der Slaven in der Mark. Forsch. zur Brandenburg.-preuss. Geschichte, Bd. 9, S. 41.

[3]) Siehe Guttmann, a. a. O. S. 44, wie auch für die folgenden Ausführungen.

mann, Witte) nachgewiesen ist, und hat die slavische Zeit überdauert. Das Wort „Habula" — Habola, Ann. Lauriss. a. 789 u. a. m., Havela a. 981 (Förstem. 2, 715) — bedeutet nach Müllenhoff die seen-, gefässreiche.[1]) Für die Deutschheit von „Habula" spricht auch, dass „Hevelli" und „Heveldun" der deutsche Name für die wendischen Stoderanen an der Havel war. Aus dem germanischen „Habula" machten die Slaven „Obula" (Obla, Wobla), in welcher Form uns der Fluss in zahlreichen Urkunden des Mittelalters begegnet.[2]) Bei der Rückwanderung der Germanen im 12. und 13. Jahrhundert erhielt der Fluss die deutsche Namensform, die sich in den angrenzenden sächsischen Gebieten während der Slavenzeit behauptet hatte, zurück. Nur im Namen „Wublitz" (westl. von Potsdam), der vermutlich aus „jezero Woblesco (= der von der Wobla durchflossene See) entstanden, haftet der wendische Name noch heute und zwar ist die Wublitzgegend gerade der Teil des Havelgebietes, in dem sich die slavischen Volksreste am längsten (bis etwa 1400) rein erhalten haben.[3]) Noch an mehreren anderen Stellen hat sich der slavisierte Name „Wublitz" erhalten, so bei den Dörfern Döberitz[4]) und Fahrland,[5]) wie auch vielleicht in dem Ortsnamen „Wöplitz" bei Havelberg.[6])

Auch für den Namen des Flusses „Spree" lässt Müllenhoff eine Deutung aus germanischer Wurzel möglich erscheinen.[7]) In seinem mittleren Laufe in eine Unzahl von Armen geteilt, hiesse dieser Fluss lateinisch passend „Spargia", was im Deutschen zu „Spragia" oder „Spravia" hätte werden müssen. Bei Thietmar von Merseburg als „Spreva" erscheinend, wurde der Fluss von den anwohnenden Wenden einfach der „Fluss" (reka) genannt; die Polen sagten „Sprowa", die Tschechen „Spro".

Zur Landschaftsgeschichte der Mark.

Bei der Eigenart des zur Behandlung vorliegenden Stoffes muss der geschichtlichen Untersuchung eine naturgeschichtliche voraufgehen, eine Betrachtung des durch die Natur bedingten Elementes der Fischerei, nämlich des Wassers.

Das Landschaftsbild der Mark, besonders im Bereich des Havelstromes, ist im Laufe der Jahrhunderte bedeutsamer, in den Wirtschafts-

---

[1]) Karl Müllenhoff, Deutsche Altertumskunde 1906, 2. Bd., S. 211 ff.

[2]) Vgl. hierzu Koblischke, Die Namen der Havel als geschichtliche Zeugnisse, in „Deutsche Erde" 1910, Heft 5.

[3]) Siehe unten Kap. I. Die fischereirechtlichen Verhältnisse auf der Wublitz.

[4]) Siehe „Karte des deutschen Reiches", 1 : 100000, Blatt Rathenow.

[5]) Ebenda, Blatt Potsdam, „Jubelitz"-See, der im Erbreg. d. Amtes Fahrland v. J. 1704 (Geh. Staatsarchiv) noch den Namen „Wublitz" führt.

[6]) Wie Anm. 4, Blatt Havelberg.

[7]) Wie Anm. 1.

betrieb tief einschneidender Veränderung unterworfen worden. Die hydrographischen Verhältnisse bilden die Ursache. Einst war der natürliche Flusslauf mit seinen sanft ansteigenden Ufern, die ihm in jedem Frühjahr den freien Übertritt auf die angrenzenden Wiesen gestatteten, um diese dann oft kilometerweit zu beiden Seiten zu überschwemmen, noch nicht in ein künstlich geschaffenes Bett gezwängt, wie das die späteren Jahrhunderte dann durch Stromregulierungen, Deich- und Buhnenbau zur Ausführung brachten. Der Kulturmensch ist bestrebt, sich mehr und mehr von den „blinden" Naturgewalten unabhängig zu machen. Eine solche Naturgewalt verkörpert in sich aber auch ein Fluss, einmal in dem Zustand, wo er bei Hochwasser weite Uferstrecken unter Wasser setzt und dann, wenn er bei einer Trockenheit so seicht wird, dass er die Schiffahrt hemmt. Gegen beide Faktoren wusste sich der Mensch zu schützen, im ersten Falle durch Eindeichung und Schaffung besserer Abflussbedingungen, im zweiten durch Stauanlagen. Auch die Havel war in früheren und frühsten Jahrhunderten solch ein unbeständiger Strom, der im Vergleich zur Gegenwart zeitweise viel höher stieg, andererseits aber auch wieder viel niedriger sinken konnte. Im allgemeinen werden wir jedoch annehmen müssen, dass die mittlere Jahreshöhe des Wasserspiegels zur Gegenwart hin nicht unbedeutend abgenommen hat. Mannigfache Gründe lassen sich für diese Veränderung auffinden. Da fehlten zunächst in früherer Zeit die heute geschaffenen günstigen Abflussbedingungen auf dem Unterlauf der Havel von Brandenburg bis Havelberg. Noch Friedrich der Grosse hat derartige Stromhemmnisse, als welche er unter anderen auch die Wehranlagen[1]) betrachtete, beseitigen lassen (im Jahre 1771).[2]) Ferner ist zu betrachten, dass die Elbe vor ihrer Eindeichung ihr gewaltiges Wasser in zahlreichen Armen quer durch den heutigen „Havelwinkel" infolge der östlichen Neigung dieser Scholle zur Havel hin entwässerte,[3]) was natürlich ebenso zur Aufstauung des Havelwassers in deren oberen Teilen führen musste. Auch sei darauf hingewiesen, dass die frühere grössere Ausdehnung des Waldes mit seinem moosigen Humusboden und dessen Vermögen, die Niederschlagsmengen an allzu schnellem Einsickern zu hemmen, schon an sich ein höheres Niveau des gesamten Grundwasserspiegels bedingte, als das heute bei dem freien Feld mit leichter durchlässigem Boden der Fall sein kann. Kulturfähig wurde ein grosser Teil des märkischen Bodens erst durch die mühsame Arbeit der ersten Mönche und die planmässigen Entwässe-

---

[1]) Siehe unten Kap. 1, 2. Teil, § 4. „Wehrfischerei".

[2]) Geh. Staatsarchiv zu Berlin, General-Direkt. Kurmark, Mat. tit. CCLXXII, Wassersachen, Havel Nr. 5, 6.

[3]) Siehe Max Bolle, Beitr. zur Siedlungskunde des Havelwinkels. Diss. Halle 1910, S. 30 ff.

rungsarbeiten der deutschen Bauern. An eine Vermehrung des Kulturlandes innerhalb der Stammesgrenzen durch Roden der Wälder und Austrocknen der Sümpfe war vorher nicht zu denken, da es sowohl den Germanen[1]) in jener frühen Zeit an geeigneten Werkzeugen gänzlich gebrach, als auch den Slaven[2]) noch das Verständnis abging, Moorboden kulturfähig zu machen. Selbst beim Regierungsantritt Friedrichs des Grossen war z. B. noch „weit über die Hälfte des Grund und Bodens der Altmark von Brüchen, Mooren, Heiden und Wäldern eingenommen."[3]) Die eine Fläche von 1250 Quadratkilometern bedeckende havelländische Luchzone, das sog. Rhinluch und das havelländische Luch, wurde erst unter König Friedrich Wilhelm I. durch Anlage zweier grosser Gräben, einen nach der Havel, den anderen nach dem Rhin und durch unzählige andere Gräben in siebenjähriger Arbeit trocken gelegt.[4]) In wie hohem Mafse eine Dränage den Wasserspiegel eines Sees erniedrigen konnte, zeigt sich z. B. am Plessower See (bei Werder), bei dem im Jahre 1787 durch „die neuangelegte Meliorationes und Abzugsgraben" die Fischerei und Röhrung dergestalt gelitten, dass der Pächter die Fischereipacht nicht mehr zahlen konnte, wohingegen ein ansehnliches Wiesenund Weideterrain gewonnen war, so gross, dass es Gegenstand einer besonderen Verpachtung werden konnte.[5])

Ein gegen die heutigen Zustände in der Weise verändertes Landschaftsbild musste natürlich auf den Wirtschaftsbetrieb von tiefgehender Bedeutung sein. Während der schwere fette Boden an sich schon einen Teil des Jahres unter Wasser stand, konnte auch der Slave mit seinem hölzernen Pflug, dem „uncus", nur leichteren Boden beackern.[6]) Der war aber weniger ertragreich, liess infolgedessen nur lichtere Siedlungsweise zu. Dagegen spielte das Wasser mit der Fischnahrung eine grössere Rolle, in unserem Havelgebiet wahrscheinlich für lange Zeit die Hauptrolle und machte das Havelland zu einer der dichtbesiedeltsten Gegenden der gesamten Mittelmark.

Ein ungefähres Bild der früheren hydrographischen Verhältnisse können wir aus den heutigen Zuständen beim Frühjahrshochwasser gewinnen, das an Stellen natürlicher, ursprünglicher Strombedingungen und Uferbeschaffenheit zu beiden Seiten des Flusses weit über die Ufer tritt und sich in seiner Ausdehnung ungefähr mit der Verbreitung der jung-alluvialen geologischen Formation zu decken scheint. Diese For-

---

[1]) Schmidt, Allgem. Gesch. der germ. Völker, S. 25.

[2]) Guttmann, a. a. O. S. 74.

[3]) Brückner, Die slav. Ansiedlungen in der Altmark und im Magdb. Leipzig 1879, Preisschrift, S. 19, Anm. 42.

[4]) Berner, Geschichte des preuss. Staates I, S. 301.

[5]) Geh. Staatsarchiv, General-Direkt. Kurm. Tit. LIV., Amt Lehnin, Sect. b, Nr. 2.

[6]) Brückner, a. a. O. S. 16.

mation konnte also für eine Ackerwirtschaft in ihrem grössten Teil nicht in Frage kommen, gab jedoch, wo das Wasser zurücktrat, eine gute Weide. Die Ausbreitung dieser geologischen Formation kann uns nun wieder für die eingedeichten Strecken des Flusses, wofür in der Hauptsache die Stadt- und Kanalgebiete in Frage kommen, wie auch für heutige durch umfangreiche Dränage entwässerte Wiesengelände die ursprüngliche Ausbreitung des Wassers bei einstigen natürlichen Bedingungen anzeigen.

Auf das Vorhandensein wirklicher Seen in früherer Zeit deuten ferner die humosen Niederungen mit fettem Moor- und Torfboden, da die meisten norddeutschen Seen durch Verwachsung und Vertorfung endigen;[1] kommen Funde von Diatomeenerde oder von Fischereigeräten hinzu, so hat man sichere Anhaltspunkte. Bolle hat auf diese Weise im Havelwinkel allein 10 Seen nachgewiesen, die für das 12.—14. Jahrhundert noch urkundlich bezeugt sind.[2] Als Landschaftsbild für das Alluvium nimmt er, soweit nicht offene Wasserflächen bestanden, fast überall Sumpf und Wald an und denkt sich die Stellen, wo heute Schlick Humus oder Wiesenkalk lagern, für das frühe Mittelalter als unzugänglichen Morast.[3]

Für beide Annahmen, einmal die gegen heute weit grössere Ausdehnung des Wassers und die andererseits grössere Bedeutung des Wassers in wirtschaftlicher Beziehung, spricht die Randlage der meisten wirklich alten Siedlungen im Havelgebiet auf diluvialen Plateaus hart an den alluvialen Talzügen, während sie inmitten diluvialer Bänke oder in alluvialen Rinnen kaum anzutreffen sind. Es sei nur auf die Siedlungsärme auf dem Grunewald-Zauche und Nauen-Döberitzer Plateau hingewiesen im Vergleich zu der verhältnismässig dichten Besiedlung der Havel- und Luchgegenden.

Die natürlichen Bedingungen des Wasserlaufes führten nun zur Ausbildung einer zu beiden Seiten des Flusses oft viele Hundert Meter weit sich erstreckenden Uferregion. Diese Uferregion, welche vom äussersten Uferrande soweit in ein Gewässer hineinreicht, als der Pflanzenwuchs geht, ist nun aber wegen ihrer ausserordentlich zahlreichen kleinen tierischen und pflanzlichen Organismen der wesentlichste Bestandteil des Wassers bezüglich der Fischproduktion.[4]

Bei Betrachtung dieser ausserordentlich günstigen Bedingungen können für uns die Berichte mittelalterlicher Quellenschriftsteller[5] über

---

[1] Als klassisches Beispiel für einen im Verwachsen begriffenen See ist heute die Wublitz zwischen den Dörfern Marquardt, Uetz und Paaren anzusehen.

[2] Siehe Bolle, a. a. O. S. 32.

[3] Ebenda S. 30 ff.

[4] Paulus Schiemenz in „Aus deutscher Fischerei". Neudamm 1911, S. 76 ff.

[5] Siehe unter „Zeugnisse des Fischreichtums in historischer Zeit".

den grossen Fischreichtum der norddeutschen Gewässer nichts Übertriebenes mehr enthalten; andererseits tritt der durch die allmähliche Veränderung des Landschaftsbildes zum gegenwärtigen Zustand für die Fischproduktion entstandene Nachteil klar zutage. Das beste und auffälligste Beispiel hiertür bietet der durch die seit Friedrich dem Grossen betriebenen Meliorationen verursachte Rückgang der Oderfischerei. Hier gab es vordem eigene Zünfte der „Hechtreisser" mit besonderen Privilegien, die nur die Ausfuhr der gesalzenen Fische betrieben;[1] noch heute findet man in den Grundbüchern viele Besitzungen im Oderbruch als Fischerstellen bezeichnet, bei denen bis auf grosse Entfernungen kein Fisch, ja kein offenes Wasser mehr zu finden ist.[2]

Diesen historisch-geographischen Rückblick müssen wir als Basis für die gesamten Ausführungen betrachten.[3]

Alter der märkischen Fischerei und Zeugnisse des Fischreichtums in historischer Zeit.

Wie in der Urzeit überall die Fischerei neben der Jagd den Menschen die unentbehrliche Fleischnahrung lieferte, so lässt sich auch in der Mark Brandenburg die Ausübung der Fischerei bis in die ältesten prähistorischen Perioden zurückverfolgen. Reichhaltige Funde, die auf einen Fischfang hindeuten, bergen das Königliche Museum für Völkerkunde in Berlin wie auch das Märkische Provinzialmuseum daselbst. Ursprünglich mit der Hand, der Keule, der Schlinge, dann mit Speer und Pfeil gefangen,[4] stellte man den Fischen aber auch schon frühzeitig mit Netzen nach, wie das selbst aus der Steinzeit herrührende, aus Feuerstein gefertigte Netzbeschwerer bezeugen.[5] In 2—3 m Tiefe fand man unter der Torferde mehrfach an der Havel steinzeitliche Fischspeerspitzen mit Widerhaken (Fernewerder, Westhavelland), Harpunenspitzen aus Elchhorn (Döberitz und Gortz im Havelland und Netzen in der Zauche). Auch Harpunen und Speerspitzen aus Stein

---

[1] Siehe „Ordnung der Fischreisser zu Wrietzen" vom Jahre 1692, Märkische Forschungen Bd. XVII, S. 116.

[2] Friedel, Führer durch die Fischereiabteilung des märk. Provinzialmuseums, Berlin 1880, S. 34.

[3] Es sei noch hingewiesen auf die Gaukarte des Bistums Brandenburg von Curschmann, „Die Diözese Brandenburg", Leipzig 1906, die, obgleich sie z. B. die Ausdehnung des Waldes auch nur in dem heutigen Zustand wiedergibt, doch immerhin das Aussehen des frühmittelalterlichen Landschaftsbildes in der Mark ahnen lässt, siehe auch dazu S. 486 Für die landschaftliche Veränderung in einem Stadtgebiet ist ferner sehr instruktiv die Karte „das alte und neue Potsdam" in Fidicin, Territorien der Mark Brandenburg II, 1858.

[4] Krause, Vorgeschichtliche Fischereigeräte und neuere Vergleichsstücke. Globus Bd. 71, 1897, Nr. 17, S. 270 ff.

[5] Bei Cladow an der Havel gefunden, siehe Friedel, a. a. O.

kommen vor,[1]) wie auch endlich eiserne Angelhaken (z. B. Römer-
schanze bei Potsdam). Selbst Fischernachen aus Stein-, Bronze- und
Eisenzeit sind in tiefen Torfschichten aufgefunden worden (z. B. Linum-
Osthavelland und Rangsdorf-Teltow).[2]) 5—9 flunkige Fischspeere wurden
im Havelland wiederholt ausgegraben. Alle diese Fischereigeräte, die
nach gleichzeitigen keramischen Funden sowohl auf die germanische
als auch die ihr folgende slavische Kultur zurückgehen, sind zum Teil
noch heute, natürlich in verbesserten Formen, im Gebrauch; allein der
Fischspeer, der schon in Fischerordnungen des 16. Jahrhunderts als
schädliches Fischereigerät verboten wird (siehe Kap. III), ist abgeschafft,
obwohl er hier und da von Raubfischern noch heute im Frühjahr zum
Hechtstechen benutzt wird.

Wiederholt treffen wir im Mittelalter auf Zeugnisse deutscher
Schriftsteller, nach denen der Fischreichtum in Brandenburg, Mecklen-
burg und Pommern überraschend gross gewesen sein muss. Was Otto
von Bambergs Lebensbeschreibung über das Land der Pommeranen
sagt, wird auch für Brandenburg herangezogen werden können (Herbordi
vita Ottonis ep. Babenb. II, 41):[3]) „piscium illic tam ex mari quam ex
aquis et lacubus et stagnis habundantia est incredibilis carratamque
pro denario recentis acciperes allecis". (Ferner ebenda II, 1). Ähnlich
äussert sich vom Slavenlande im allgemeinen Helmold von Bosau
in seiner Slavenchronik.[4]) Wir werden diesen Zeugnissen Glauben
schenken dürfen, doch werden bereits um die Wende des Mittelalters
zur Neuzeit Stimmen laut, die vor einer unverständigen übermässigen
Ausübung der Fischerei warnen. Oft erwähnt wird ja der Ausspruch
Martin Luthers, dass es der Mark dereinst noch an Holzungen und
Fischen fehlen werde. Noch demselben Jahrhundert entstammen dann
die ersten staatlichen Fischerordnungen, die den Schutz der Fischerei
zum Zweck haben (siehe Kap. III).

I. Kapitel

Das Fischereirecht.

Entwickelung des Fischereirechtes im deutschen Reich und dem Kolonialgebiet der Mark Brandenburg.

Wie die Jagd in den Almendewäldern, so gehörte auch die
Fischerei in den Almendegewässern nach alter deutscher Rechts-

---

[1]) Siehe Krause, a. a. O.
[2]) Siehe Friedel, a. a. O.
[3]) Mon. Germ. Hist. Scriptores Bd. 20, S. 745.
[4]) Helmold v. Bosau, Chronica Slavorum 1160, I, 87. Mon. Germ. Hist.
Scriptores Bd. 21, S. 81.

anschauung zu den markgenossenschaftlichen Nutzungen und stand somit jedem Markgenossen zu. Das natürliche Gefühl der alten Rechtsbücher bringt diese im Volke lebende Anschauung zu klarstem Ausdruck, wie es dann in verhältnismässig später Zeit noch im Sachsenspiegel (II, § 4) heisst: „Ströme sind gemein zu fischen darin."[1] Kraft des Bodenregals hatten nun aber die Könige und seit der vollen Durchbildung der Landeshoheit auch die Territorialherren das unbeschränkte Recht, überall im Reiche für sich oder einzelne Begünstigte Wildbänne (Bannwälder: forestes venationis und Banngewässer: forestes aquaticae, f. piscationis) abzugrenzen, die dadurch bei Strafe des Königsbannes dem Rechte des freien Tierfanges entzogen und dem besonderen Jagd- oder Fischereirechte des Königs oder des von diesem Privilegierten vorbehalten wurden.[2] Die Ausbildung des Fischereirechtes zu einer Regalität — dieser Prozess vollzieht sich allmählich, uns deutlich sichtbar, von den Karolingern bis zu den Staufern[3] — findet ihren Abschluss und Ausdruck in der ronkalischen Konstitution Friedrichs I. vom Jahre 1158, wonach die Fischerei in den öffentlichen Flüssen, soweit nicht anderweitig seitens des Reiches darüber verfügt war, im Zweifel allgemein als Regal des Stromherrn galt. Die Berechtigung des Königs, über die Fischerei in den öffentlichen Gewässern zu verfügen, war eine natürliche Folge des Stromregals. Zugleich sehen wir das Fischereirecht von dem Wasserregal losgelöst und es schliesst sich somit dem Jagdrechte an.[4]

Durch Überlassung von Fischereiberechtigungen seitens der Landesherren an Grundherrschaften, Klöster, Gemeinden, Innungen, Mühlen u. a. entstand schon frühzeitig in der Verteilung der Fischereiberechtigungen ein sehr wechselvolles Bild, dessen Buntscheckigkeit noch zunahm, als mit Ausbreitung des römischen Rechtes, nach welchem das Eigentum am Wasser und am Bett nichtöffentlicher Gewässer den anstossenden Grundbesitzern zusteht, in umfangreichem Mafse ein Fischereirecht auch der Uferanwohner (Adjazentenrecht) sich ausbildete.[5] Daneben findet sich noch die „wilde oder freie Fischerei", die jedem Mitgliede einer fischereiberechtigten Gemeinde die Ausübung der Fischerei gestattete, sowie die „Koppelfischerei", d. h. eine gleichzeitige Vielheit von Berechtigungen an ein und derselben Wasserstrecke.

---

[1] Heusler, Institutionen des deutschen Privatrechts Bd. I, S. 368 f. Vgl. auch „Wörterbuch der Volkswirtschaft", Artikel „See- und Binnenfischerei" von Brühl, und „Handwörterbuch der Staatswissenschaften", Artikel „Fischerei" von Buchenberger.

[2] Richard Schröder, Lehrbuch der deutschen Rechtsgeschichte, 5. Aufl., 1907, S. 204 f. u. S. 220.

[3] Siehe Heusler, a. a. O. I, S. 368 ff.

[4] Die ronkalische Konstitution von 1158 trennt dergestalt: „regalia sunt viae publicae, flumina navigabilia, piscationum redditus. Heusler, a. a. O. I, S. 372.

[5] Siehe „Wörterbuch der Volkswirtschaft", Artikel „See- und Binnenfischerei" von Brühl, unter Nr. 4.

Wie gestalteten sich nun unter diesen Voraussetzungen die fischereirechtlichen Verhältnisse in der Mark Brandenburg, im besonderen auf den Flüssen Havel und Spree?

Im Kolonialgebiet der Mark Brandenburg betrachtete sich König Otto als Eroberer zugleich als Eigentümer alles Bodens und war somit auch vermutlich Herr aller Gewässer. Die späteren Markgrafen nahmen in der Mark die gleiche Stellung ein, und wir werden beobachten können, wie sich die fischereirechtlichen Dinge bei der Germanisierung der Mark in durchaus eigenartiger Weise unter Anpassung an frühere slavische Zustände entwickeln.

Die gesamte Bevölkerung des altpolnischen Reiches war dem Herzoge in einem Verhältnis verbunden, welches als Dienstbarkeit zu bezeichnen und als Korrelat des Bodenregals zu verstehen ist.[1]) Da dieses Verhältnis auch für die Liutizen, die unsere Gegend bevölkerten, anzunehmen ist, so wäre eine allgemeine Dienstbarkeit der Untertanen gleichfalls die Folge. Danach war also den Bewohnern der slavischen Fischerdörfer die Fischereinutzung in den Gewässern vom Herzog überlassen, wofür diese ihm ihrerseits persönlich dienstbar waren. Und zwar wird die Berechtigung zu fischen allen Mitgliedern einer slavischen Dorfgemeinschaft gemeinsam gewesen sein. Berufsfischer oder einzelne Privilegierte gab es nicht.

Wenn Schröder[2]) sagt, dass es sich bei den Wildbännen immer nur um die hohe Jagd und den edleren Fischfang handelte, so können wir dem in der Mark die Teilung der Fischerei in Grossgarn- und Kleinfischerei zur Seite stellen. Das grosse Garn nahm der Staat für sich in Anspruch und zog aus der Verpachtung Geld. Die Kleinfischerei überliess man den einzelnen dem Wasser anwohnenden Fischergemeinden, in der Mark also den Slaven. Das grosse Garn wurde seitens der deutschen Landesherren in Beschlag genommen und den slavischen Fischern dabei entzogen. Dass diese Art der Fischerei erst von den Deutschen eingeführt ist, muss ausgeschlossen erscheinen, da wir schon in frühesten Lehniner Urkunden[3]) (z. B. 1190) die Grossgarnfischerei technisch durchgebildet finden. Von frühester historischer Zeit an sehen wir das grosse Garn eigentümlich im Besitz des Landesherrn bezw. im Besitze anderer von ihm damit begabter Herrschaften oder Städte.

Die slavischen Fischergemeinden blieben auch unter deutscher Herrschaft im Besitz ihrer alten Kleinfischereien, gelangten dabei aber in eine für deutsche Rechtsverhältnisse eigenartige Abhängigkeit zu den Landesherren.[4]) Den deutschen Kolonisten wurden Fischereirechte

---

[1]) Guttmann, a. a. O. S. 94 ff.
[2]) Schröder, a. a. O. S. 204, siehe auch S. 549.
[3]) Riedel, Codex diplomaticus Brandenburgensis A 10, S. 182.
[4]) Siehe unten Kap. II.

nicht eingeräumt, doch bildeten sich auch bei diesen hier und da mit der Zeit allmählich zur Gewohnheit werdende Fischereiberechtigungen heraus, die dann den Mitgliedern einer deutschen Bauer- oder Bürgergemeinde eine beschränkte Ausübung der Fischerei gestatteten.[1])

„Fischereirechte" und „Fischereiberechtigungen".

Zur Klärung der fischereirechtlichen Verhältnisse wollen wir den Versuch machen, terminologisch zwischen einem Fischerei-„Recht" und einer Fischerei-„Berechtigung" zu scheiden. Unter einem Fischereirecht verstehen wir dabei das aus einem landesherrlichen, später staatlichen Hoheitsrecht fliessende Oberrecht bezüglich der Fischerei an einem Flusse, als dessen Inhaber einmal der Landesherr oder Staat und dann auch von diesem damit begabt andere Grundherrschaften, Klöster und Städte auftreten können, z. B. das Kloster Lehnin oder die Altstadt Brandenburg in unserem Gebiet. Meist wird mit diesem Fischereirecht die Grossgarnfischerei verbunden sein, deren Pachterträge recht eigentlich den materiellen Wert des Fischereirechtes ausmachen, doch finden sich auch Fälle, wo der Landesherr eine beschränkte kleine Fischerei hin und wieder einmal — allerdings nur sehr selten[2]) — verliehen hat. Dieses Fischereirecht kann auf privatrechtlichem Wege aus der einen Hand in die andere übergehen. In kleinem Maßsstabe zeigt sich dies z. B. so recht an den eigenartigen fischereirechtlichen Verhältnissen auf der Wublitz in der zweiten Hälfte des 14. Jahrhunderts.[3]) Aus dem Jahre 1383 sind uns die Formalitäten bei einem Verkauf von Fischereirechten durch das Protokoll einer Gerichtsverhandlung erhalten, wonach nach deutscher Sitte in gehegtem Dinge Fischereirechte mit einem Reis übertragen werden.[4])

Unter einer Fischereiberechtigung möchte ich nun jenes fischereirechtliche Verhältnis verstanden wissen, das auf einer alten Gewohnheit

---

[1]) So z. B. in Rathenow, wo wir ausdrückliche Bestimmungen über die Ausübung einer derartigen beschränkten Fischereiberechtigung seitens der Bürger besitzen, Kap. I, § 3, Nr. 3.

[2]) So begnadigt Joachim Friedrich im Jahre 1553 den Amtmann auf dem Müllenhof Kaspar von Klitzing für seine „willigen und fleissigen Dienste" mit der Fischerei auf der Havel und dem Pinnowschen See, wo die Bauern von Hennigsdorf und Lehnitz fischen, doch mit keinem anderen Zeuge, als beide Dörfer gebrauchen. Dafür muss K. v. K. durch seinen Fischer Aufsicht haben, dass kein Unbefugter dort fischt (Geh. Staatsarchiv, Erbreg. v. Spandau 1590, S. 60). Ein andermal schenkt im Jahre 1634 Kurfürst Georg Wilhelm dem Rat und Oberhauptmann v. Ribekken zu Spandau eigentümlich den See beim Dorfe Heiligensee (nördlich von Spandau) mit der Berechtigung mit grossem und kleinem Garn dort zu fischen. Auch darf v. Ribekken den See veräussern, doch unbeschadet der Fischereiberechtigungen des Krügers und anderer, denen diese verbleiben sollen (Erbreg. v. Spandau 1590, S. 136).

[3]) Siehe unten Kap. I „Die fischereirechtlichen Verhältnisse auf der Wublitz".

[4]) Riedel, a. a. O. A 8, S. 344; siehe auch Kap. I, 1. Teil, § 2, Nr. 6.

beruhend einen Menschen zur Ausübung der Fischerei „berechtigt". Mit dieser „Berechtigung" kann also niemand neu „begabt" werden, sie kann ihm nur zugestanden oder privilegiert werden. In dieser Weise berechtigt erscheinen uns alle die alten Fischergemeinden und Fischerinnungen, auch die einzelnen Ortschaften, denen jedoch, wie wir das noch beobachten werden, diese Berechtigungen stark beschnitten worden sind im Laufe der Jahrhunderte und heute nur noch auf bestimmten Grundstücken haften geblieben sind. Eine solche „Berechtigung" kann einmal oder wird vielmehr meistens sehr alt sein und leitet sich in der Mark in der Hauptsache aus der slavischen Zeit oder der ihr folgenden Kolonisationsperiode her, andererseits kann sie oder konnte sie, wenigstens bis zum Inkrafttreten des Bürgerlichen Gesetzbuches, sehr jung sein, nämlich durch „Ersitzung", und zwar während einer Reihe von 44 Jahren,[1]) erlangt sein; mit Inkrafttreten des Bürgerlichen Gesetzbuches ist die Ersitzung einer Fischereiberechtigung an öffentlichen Gewässern beseitigt. Die Ersitzung muss also nachweislich vor dem 1. Januar 1900 vollendet worden sein.

Während wir bereits sahen, dass ein Fischereirecht ganz beliebig veräussert werden konnte, war dies bei einer Fischereiberechtigung während aller Jahrhunderte bis zum Ende des 19. nicht möglich; sie haftete immer einem bestimmten Grundstück an. Desgleichen war bis zur Mitte des 19. Jahrhunderts eine Verpachtung von Fischereiberechtigungen nicht möglich; der Besitzer einer Fischereiberechtigung war stets zugleich der die Fischerei Ausübende. Wir besitzen aus den ersten Jahrzehnten des 19. Jahrhunderts dahingehende Gerichtsentscheidungen.[2]) Für die Stadt Berlin hatte Friedrich der Grosse im Jahre 1771 auf Anregung des Direktors vom dortigen Stadtgericht die Erlaubnis erteilt, die Fischereiberechtigungen gleich den Barbier- und Badestuben, den Buchdruckereien und Apotheken von gewissen Häusern zu trennen, ihre Anzahl jedoch festzulegen und über alle benannten Gerechtigkeiten ein besonderes Hypothekenbuch zu führen.[3])

Ob es in slavischer Zeit in diesem Sinne schon Fischereirechte gegeben hatte oder vielmehr nur Berechtigungen, müssen wir dahingestellt sein lassen — vielleicht bestand als alleiniges Fischereirecht in jedem slavischen Herzogtum das Oberrecht des Herzogs —, mit dem Auftreten der Markgrafen in Brandenburg ist dieser Unterschied jedenfalls vorhanden.

Sind nun auch vielleicht die beiden Termini „Fischereirecht" und „Fischereiberechtigung" nicht ganz einwandfreie Bezeichnungen für die beiden auf diese Weise getrennten Begriffe, so ist doch dem sachlichen

---

[1]) Allgemeines Landrecht § 35, II 14, § 629 ff., I 9.
[2]) Akten in der Lade der Fischergemeinde zu Göttin.
[3]) Novum corpus Constitutionum Prussico-Brandenburgensium 5 a, S. 259 ff.

Verständnis damit sehr gedient, und wir werden im Verlauf unserer Untersuchung diese beiden Worte allein in dem hier angedeuteten Sinne gebrauchen. Neben diesen beiden Ausdrücken steht uns in dem Worte „Fischereigerechtigkeit" noch eine weitere neutrale Bezeichnung zur Verfügung.

1. Teil.

Die Entwickelung des Fischereirechts an Havel und Spree bis zur Reformationszeit.

Wir wollen zunächst den Versuch machen, für das Mittelalter bis zur Einführung der Reformation, als dem Zeitpunkt, da das Kirchengut säkularisiert wurde, die Entwickelung des Fischereirechtes an der Havel und Spree, soweit sie in der Mark Brandenburg ihren Lauf haben, darzustellen, um auf diese Weise einen Einblick zu erhalten in die Fischereipolitik der Markgrafen und Kurfürsten, denen das Fischereirecht nach der Besitzergreifung der Mark als landesherrliches Regal zustand, und des weiteren dann zugleich in die Fischereipolitik der Klöster und Städte, soweit diese wieder von dem Landesherrn mit Fischereirechten begabt wurden. Nur nebenbei werden wir auch die Fischereiberechtigungen der alteingesessenen Fischergemeinden streifen, für die das urkundliche Material im Mittelalter einmal nur spärlich ist und Rückschlüsse aus neueren Urkunden und Aktenstücken nicht möglich sind, da die Erforschung derselben weit über den Rahmen der beabsichtigten Arbeit hinausgehen würde. Als Quellen liegen diesem Teil in der Hauptsache zu Grunde Riedels Codex diplomaticus Brandenburgensis,[1] der uns für unsere Frage einen fast lückenlosen Aufschluss gibt, und ferner als Ergänzung dazu das Landbuch Kaiser Karls IV. vom Jahre 1375[2] und die Schosskataster der mittelmärkischen Kreise aus den Jahren 1450, 1451, 1480 und 1481.[3]

Aus Gründen einer grösseren Einheitlichkeit und Übersicht legen wir der Darstellung das geographische Prinzip zugrunde und betrachten so der Reihe nach die Oberhavel (bis zum Dorfe Hennigsdorf oberhalb der Stadt Spandau), das mittlere Havelgebiet (bis zur Stadt Brandenburg), die Unterhavel (von dort bis zu ihrer Mündung in die Elbe) und die untere Spree.

§ 1. Das Fischereirecht auf der Oberhavel.

Naturgemäss wird die Darstellung der fischereirechtlichen Verhältnisse auf der Oberhavel, also vom Eintritt des Flusses in die Mark

---

[1] Riedel, Codex diplomaticus Brandenburgensis. 1. Hauptteil, Berlin 1838 bis 1868, in der Folge abgekürzt durch R. mit Angabe des Bandes und der Seitenziffer.

[2] Fidicin, Kaiser Karls IV. Landbuch der Mark Brandenburg. Berlin 1856.

[3] Ebenda S. 255 ff. — Beide werden zitiert als Lb. mit der Seitenziffer.

Brandenburg oberhalb der Stadt Zehdenick bis zum Dorfe Hennigsdorf oberhalb der Stadt Spandau, der geringeren wirtschaftlichen Bedeutung des Flusses wegen in diesem Gebiet gegenüber den später zu behandelnden sich auf einen verhältnismässig engen Raum beschränken können.

Wir müssen annehmen, dass das Fischereirecht auf der gesamten Oberhavel dem Landesherrn gehörte und, da es zu einer Ausbildung einer landesherrlichen Grossgarnfischerei des hier nur geringen Wasserareals wegen auf dem Fluss selbst bis zum Dorfe Hennigsdorf oberhalb Spandaus nicht kommen konnte, seinen praktischen Wert im Mittelalter vor allem in den Abgaben, sei es als Naturalleistung sei es in Geld, seitens der auf Grund alter Berechtigungen fischenden Flussanwohner fand, die vom Landesherrn dann wieder den einzelnen landesherrlichen Schlössern beigelegt waren.

Unter den Gütern, die von altersher zum Schlosse Zehdenick gehören, befinden sich, wie aus einer Lehnsbestätigung für die von Arnim vom Jahre 1473 hervorgeht,[1] auch Fischereien, Seen „unde die havele mit aller gerechticheit, bauen unde benedden Czedenick, ock dy weken vissche, die dar to gehoren, to allen weken unde gewonliken dagen to gewende". Danach besass das Schloss Zehdenick also die Havel oberhalb und unterhalb von Zehdenick, und die der Fischerei Obliegenden waren zu einer wöchentlichen Naturalabgabe an Fischen verpflichtet. Der umfängliche markgräfliche Seenbesitz war zum Teil schon frühzeitig teils verkauft, z. B. an die Stadt Zehdenick im Jahre 1299,[2] oder andererseits wurden die Einkünfte aus der Fischerei vergeben, so z. B. 9 Stück jährliche Hebungen aus einer Reihe von Seen an das Kloster Zehdenick im Jahre 1348 für 36 Mark brandenburg. Silbers.[3] Bei der Säkularisation wurden die Klostergüter dann zu einem Domänenamt umgebildet, wodurch auch die Fischereirechte an den Staat zurückfielen.

In Liebenwalde finden wir bereits die charakteristische Trennung von „piscatura" und „magna piscatura". Die „piscatura", also in diesem Falle wieder die Gefälle aus der Kleinfischerei, gehörte dem Schlosshauptmann, während sich der Landesherr die Grossfischerei vorbehält.[4] Die grössten Seen in der zur Vogtei Liebenwalde gehörigen grossen Heide Werbellin, nämlich der Werbellin und der Grimnitz, waren noch mit anderen 52 Seen im Jahre 1375 für 21 Talente Berlinischer Pfennige verpachtet.[5]

---

[1] R. Bd. 13, S. 148.

[2] R. Bd. 13, S. 131.

[3] R. Bd. 13, S. 134.

[4] „Dominus reservat silvas et omnes magnas piscaturas, que in stagnis sunt", Lb. S. 10.

[5] Lb. S. 19.

Freie Fischerei stand dem Pfarrer zu auf der Havel und dem Mühlenteich.[1]) Ferner hat das Gotteshaus einen „fischfangk auff dem Wotzs (Wutz-see), das gotswerder genandt", wird jährlich von einem „Gotshauszmann" gefischt und gibt davon im Jahre 18 Märk. Groschen.[2]) Einem in Liebenwalde wohnhaften Bürger Hans Licht wird das Schulzengericht zu Schönebeck übertragen und damit eine „Küchenfischerei"[3]) auf den zwei Seen „dy pynnow und dy glasaw" (im Jahre 1451).[4]) Bei der Verpfändung des Amts Liebenwalde durch Kurfürst Friedrich an Günther von Barby im Jahre 1466 heisst es, „dass die v. Barby dem, der sich an der Jagd oder Fischerei unberechtigterweise vergeht oder anders handelt als bisher üblich war, widerstehen sollen."[5]) Der „Liebenwaldische Kietz" mit einem „Fischerschulzen" an der Spitze und 8 Kietzern hat die Fischerei „von alters ungehindert" mit „wehre, Baal- undt Holzreusen, Fläcken undt Netzen auff der Hagell, als von der Oberhagell von Zedenick gegen das heilige landt am Exim, daselbsten ein Pfall, mit zwen Micken, im strohm stehet, bis auff die unterste Schmachtenhagsche Hagel. Noch beneben bey die Hagel oben den Weissenbergk zu fischen undt zu krebsen."[6]) Wenn der Kurfürst oder eine andere Herrschaft zu Bötzow und Kulenhorst Ablager halten, sind die Kietzer befugt und schuldig bis an die „Neue Mühle" zu fischen und zu krebsen und um eine entsprechende Bezahlung verpflichtet, der Herrschaft die Fische allda zu verkaufen. Als Abgabe haben die Kietzer zu zahlen jeder 1 Taler 7 Pfennig jährlich zu Pfingsten an Stelle der Dienstfische, die sie früher ins Amt zu liefern hatten, und jede Woche für 1 Schilling Fische, was aber auch zu einer Geldgabe geworden ist. Daneben hatten die Kietzer noch die charakteristischen Kietzerdienste zu leisten, als da sind Heumachen und zu Hofe dienen, den Vogt auf dem Wasser fahren; „wegen der Fischerei" müssen sie den Roggen und anderes Korn, das man zu Zehdenick mahlen lässt, für die Haushaltung hinführen, wofür jeder bekommt 2 Handbrote, 2 Quart Bier und Käse.

Nach einem Privileg vom Jahre 1546 hatten die Bürger zu Liebenwalde freie Fischerei mit Stocknetzen, Hamen und Angeln im See, Mühlenteich und dem Wutz.[7])

---

[1]) R. Bd. 12, S. 280.

[2]) R. Bd. 12, S. 281.

[3]) „das er in den zweyn Sehen .... czu siner eygen kuchen fischen muge."

[4]) R. Bd. 12, S. 269.

[5]) R. Bd. 12, S. 273.

[6]) Geh. Staatsarchiv zu Berlin Rep. 78, III, L. 29. Diese Aufzeichnung aus dem 17. Jahrhundert sei hier ausnahmsweise mitgeteilt, da sie auch für die vorhergehenden Jahrhunderte ckarakteristisch ist.

[7]) Geh. Staatsarchiv zu Berlin R. 21, 86, erwähnt in Fidicin, Territorien, Niederbarnim S. 31.

Das Schloss Bötzow (Oranienburg) hatte im Jahre 1375 ebenfalls Fischereinutzung.[1]) In dem dem Schlosse Bötzow unterstellten Dorf Lentzen (Lehnitz) erhob der Landesherr eine Abgabe von der Fischerei in einer Höhe von 1 Talent;[2]) wir haben in Lehnitz für das 14. Jahrhundert ein kleines hauptsächlich von der Fischerei sich nährendes Dorf zu erblicken. Im Jahre 1590 erstreckte sich die Fischerei der Lehnitzer Bauern auch auf die Havel und den Pinnowschen See.[3]) Wie der Pfarrer hat auch der Küster freie Fischerei auf der Havel.[4]) Der Rat und alle Einwohner haben auf Grund eines kurfürstlichen Privilegiums freie Fischerei auf dem Havelstrom,[5]) jedoch nach der Bötzowschen Schosstaxe vom Jahre 1567 „nur zur Notdurft".[3])

§ 2. Das Fischereirecht auf dem mittleren Havelgebiet.

In dem mittleren Havelgebiet, dem wir als Grenzen havelaufwärts das Dorf Hennigsdorf oberhalb Spandaus und havelabwärts die Stadt Brandenburg setzen wollen, dem wirtschaftlich bedeutendsten Teil des Flusses, findet sich eine Vielheit von Fischereirechten und Fischereiberechtigungen schon seit Beginn der Kolonisation ausgebildet. Wir können uns in diesem Teil der Arbeit im wesentlichen darauf beschränken die Fischereirechte zu untersuchen, da sich die Fischereiberechtigungen vom grössten Teil dieses Gebietes im zweiten Teil (§ 2) behandelt finden.

Wenn uns der Markgraf auch als Oberherr aller Gewässer und der Fischerei erscheint, insofern als alle privatrechtlichen Verträge seiner Bestätigung bedürfen und er bei Kompetenzstreitigkeiten auf fischereilichem Gebiet stets als Schiedsrichter angerufen wird, so sind im mittleren Havelgebiet die Fischereirechte mit den eigentlichen wirtschaftlichen Werten doch zum grössten Teil in den Händen anderer Grundherren, denen sie vom Landesherrn durch Verkauf oder Verleihung vereignet waren. Durch die weitere Verpfändung von einzelnen Erträgen aus diesen grösseren zusammenhängenden Fischereirechten wieder an dritte Personen entstand in der Geschichte des Fischereirechtes ein äusserst verwickeltes und buntes Bild.

In geographischer Folge betrachten wir die Fischereirechte des Landesherrn auf den Spandauer Gewässern, die des Jungfrauenklosters daselbst, sodann die Fischereirechte des Landesherrn auf den Potsdamer

---

[1]) Lb. S. 10.

[2]) Lb. S. 24.

[3]) Geh. Staatsarchiv, Erbreg. v. Spandau 1590, S. 60.

[4]) R. Bd. 12, S. 259.

[5]) R. Bd. 12, S. 260: „Item auf der Hagell von einer Dorsche zu der andern, und auf den ganzen waszerstrohme zwischen beyde Dorschen, frey Fischerey, ausgenommen den Pinnow."

Gewässern, die des Klosters Lehnin, die fischereirechtlichen Zustände auf der Wublitz, die Rechte des Bistums und Domkapitels zu Brandenburg und die der Alt- und Neustadt Brandenburg.

1. Die Fischereirechte des Landesherrn auf den Spandauer Gewässern.

Die Fischereirechte des Landesherrn auf den Spandauer Gewässern erstreckten sich vom Dorfe Hennigsdorf oberhalb Spandaus bis zum Dorfe Cladow unterhalb der Stadt;[1] sie waren im Jahre 1375 für 30 Schock Groschen verpachtet.[2]

Im Jahre 1355 verpfändet Markgraf Ludwig der Römer den Bürgern in Spandau Johann Schmergow und Wilkin Heiligensee alle Gewässer bei Spandau mit den Fischereien. Die Gewässer bilden hier also ein gelegenes Pfandobjekt. Für 38 Mark Silber, die die Bürger dem Markgrafen geliehen haben, sollen sie jährlich 6 „talenta novorum denariorum" aus den Wasserabgaben erhalten — 24 Talente sollen jedoch dem Markgrafen von der Pacht gezahlt werden — und zwar solange, bis der Markgraf die Summe abgezahlt hat.[3] Zwei Tage später verpfändet der Markgraf ebenso an Johann von Buch die übrigen „vir undtwintich stugken geldes, gelegen in unsern watern tu Spandau".[4]

Um eine wirkliche Verpachtung handelt es sich dagegen bei der Überlassung der Gewässer und der Heide bei Spandau an den Mühlenmeister Jakob Münchehofe seitens des Markgrafen Friedrich auf ein Jahr im Jahre 1418 und zwar für den Pachtzins von 50 Schock guter böhmischer Groschen.[5] Zugleich wird dem Pächter aufgetragen, die Wasser und die Heide also zu halten, dass sie nicht verwüstet werden. Es tritt uns hier zum ersten Mal die Sorge um eine zu grosse Ausbeutung der Gewässer entgegen.

Eigene Fischerei muss die markgräfliche Haushaltung in Spandau betrieben haben; in einer Abrechnung des markgrätlichen Küchenmeisters mit seinem Herrn vom Jahre 1430 findet sich unter anderem auch ein Aufwand für Fischnetze.[6] Es ist dies die später im 16. Jahrhundert vom Amtsfischer betriebene Zuhrfischerei (siehe Teil 2, § 3).[7]

2. Die Fischereirechte des Jungfrauenklosters zu Spandau.

Mannigfach sind die Fischereirechte, die das Jungfrauenkloster zu Spandau teils verliehen bekommt, teils durch Kauf erwirbt. Im Jahre

---

[1] Geh. Staatsarchiv, Erbreg. v. Spandau 1590, siehe Teil 2, § 1, Nr. 1.
[2] Lb. S. 19.
[3] R. Bd. 11, S. 48.
[4] R. Bd. 11, S. 49.
[5] R. Bd. 11, S. 76.
[6] R. Bd. 11, S. 89.
[7] Über die weitere Entwickelung der landesherrlichen Garnfischerei, siehe 2. Teil, § 1, Nr. 1.

1320 vereignet Herzog Rudolf von Sachsen dem Kloster Spandau den ihm von Heinrich von Rychow übereigneten See Glynecke.[1]) 1336 gibt Markgraf Ludwig dem Kloster für die Aufnahme der Tochter Albert Gruelhuts den See Falkenhagen.[2]) 1345 erhält es von Markgraf Ludwig jährliche Einkünfte (quinque frusta) aus den Gewässern zu Potsdam geschenkt.[3]) 1374 finden wir das Kloster im Besitz von weiteren Einkünften aus der Hälfte der Gewässer in Potsdam — gemeint ist das eine grosse Garn daselbst[4]) — welche Heinrich Haselberg ihm geschenkt hat.[5]) 1378 verkaufen Balthasar von Falkenrehde und seine Vettern dem Kloster eine Fischerei auf dem See zu Gross-Glienecke.[6]) Im Jahre 1393 wurde dem Kloster das Recht zugesprochen auf dem Lützensee einen Klosterfischer zu halten; die Grossfischerei wurde durch die „Wenden" auf dem Kietz zu Spandau ausgeführt; in den Fang teilten sich diese und das Kloster zur Hälfte.[7]) Im Jahre 1418 verkauft Wilke Zudem, ein Bürger zu Potsdam, dem Kloster eine jährliche Rente vom vierten Teil des grossen Garnes zu Potsdam in der Höhe von 35 Böhmischen Groschen für „8 Böhmische Schock guter Böhmischer Groschen" auf ewige Zeiten, und zwar soll der derzeitige Inhaber dieses Grossgarn-Anteils und alle nachkommenden Meister und Besitzer des Garns zu Lichtmess diese Rente auf eigene Kosten und Zehrung in dem Jungfrauenkloster zu Spandau abliefern.[8])

Im Jahre 1318 überlässt Markgraf Woldemar dem Kloster das Eigentum am Fischzoll zu Berlin und Cöln.[9]) Über diesen Fischzoll und zugleich über den Besitz des Plötzensees kam es im Anfang des 15. Jahrhunderts mehrfach zu Auseinandersetzungen zwischen dem Kloster und den Fischern zu Berlin und Cöln. In einem schiedsrichterlichen Spruch des Rates zu Berlin und Cöln vom Jahre 1436 entscheidet der Rat dahin, dass der Fischzoll in diesen Städten, der den Jungfrauen zu Spandau als Eigentum gehört, fortan von den Fischern erhoben werden soll in der Weise, wie das bisher vom Jungfrauenkloster geschehen ist. — Dafür und zugleich für die Fischerei im Plötzensee sollen die Fischer beider Städte durch ihre Meister jährlich dem Kloster 10 Schock böhmischer Groschen in zwei Raten zahlen und ferner jedes Jahr zu Mitfasten einen Zuber voll Essfische

[1]) R. Bd. 11, S. 26.
[2]) R. Bd. 11, S. 33.
[3]) R. Bd. 11, S. 36.
[4]) Siehe 2. Teil, § 1, Nr. 2.
[5]) R. Bd. 11, S. 62.
[6]) R. Bd. 11, S. 63.
[7]) Original in der Lade der Fischersozietät zu Tiefwerder; gedruckt in Märk. Forsch. XVII, S. 80.
[8]) R. Bd. 11, S. 75.
[9]) R. Bd. 11, S. 24.

und „4 gute löbliche Hechte" geben, und zwar sollen die Meister die Summe Geldes von den einzelnen Fischern zusammentreiben und dem Propst abliefern.[1]. Der Fischzoll wird also hier den Fischern regelrecht vermietet. Doch bald liegen die Fischer und das Kloster wieder im Streit um den Fischzoll. Das Kloster beschwert sich darüber, dass die Fischer („dy uns den vischtoll affe gemydet hadden") den Fischzoll nicht vollkommen gereicht oder mit Verzögerung gegeben haben. Es kommt mit Wissen des Markgrafen Friedrich im Jahre 1443 zu einem neuen Vergleich, nach dem nunmehr die Bürgermeister und die Räte der beiden Städte Berlin und Cöln mit Zustimmung der Vierwerke den Fischzoll selbst durch einen Zöllner, den sie dazu anstellen wollen, einnehmen lassen oder ihn auch um eine Summe Geldes vermieten, und zwar soll er in der Weise erhoben werden, wie das durch den Zöllner des Klosters und zuletzt durch die Fischer selbst geschehen ist. Der Pachtpreis beträgt jährlich 8 Schock böhmische Groschen an guten Berlinischen Pfennigen.[2]

Auch bezüglich der Fischerei auf dem See zu Glienicke gilt es einen Streit auszufechten; ein gewisser Gercke Sele weist seine Berechtigung mit 2 Freikähnen zu der kleinen Fischerei durch Zeugen nach (1471) und empfängt den See 1476 von der Priorin des Klosters zu Lehen mit der Erlaubnis mit 2 Barschnetzen, 2 Plötznetzen, 15 Ballreusen und auch mit Puvertjagd zu fischen. Dafür hat er die Aufsicht über den See, dass keiner, es sei denn von des Klosters wegen, darin fische.[3]

Im Jahre 1558 trat das Jungfrauenkloster zu Spandau alle seine Besitzungen an den Kurfürsten ab. In dem auf Lebenszeit den Klosterjungfrauen ausgesetzten Deputat findet sich die Verfügung: „Fische sollen ihnen von dem Amtsfischer gegeben werden oder in Ermangelung jeden Fischtag 8 Groschen".[4] Somit trat der Kurfürst in die gesamten Fischereirechte des Klosters ein. Im Jahre 1590[5] finden wir dann noch einmal die Fischereigerechtigkeiten des nunmehrigen Klosteramtes aufgezählt: „Fischerei zum Kloster: Gehört der Falkenhagensche See, der hat 15 Garnzüge, von diesem werden jetzt 18 Groschen jährliche Zins gegeben vor die Fischerei mit dem kleinen Zuge. Der Luetzen See hat 6 Garnzüge". Die Garnzüge auf dem See zu Glienicke hat der Oberhofmeister Georg von Ribbecke, der dagegen dem Kurfürsten 12 Taler Geldzins zu Ziedorf, Rehfelde und Hennigkendorf abgetreten hat. Jakob Zimmermann zu Potsdam gibt jährlich von dem grossen

---

[1] R. Bd. 11, S. 95.

[2] R. Bd. 11, S. 102.

[3] R. Bd. 11, S. 113 und 117.

[4] R. Bd. 11, S. 147.

[5] Geh. Staatsarchiv, Erbregister von Spandau 1590.

Garn 5 Taler 18 Groschen 8 Pfennige,[1]) die Räte beider Städte Berlin und Cöln geben jährlich auf Weihnachten 8 Märkische Schock, das sind 10 Taler 16 Groschen für den Fischzoll in beiden Städten und für den Plötzensee.

3. Die Fischerei des Landesherrn auf den Potsdamer Gewässern.

Im Jahre 1382 werden als von alters zur Stadt Potsdam gehörig[2]) („cum aquis, ad dictum oppidum [Postamp] antiquitus pertinentibus") die Gewässer von den beiden Garnzügen „Sypinhorne" und „Hwnt" beim Dorfe Cladow oberhalb Potsdams bis zum Ketziner Gemünde („versus Ketzin, usque ad illam partem Obule, que dicitur Gemunde") bezeichnet. Die geschichtliche Entwickelung der Fischereirechte bietet auf diesen Gewässern im Mittelalter ein äusserst verwickeltes Bild. Ursprünglich alle im Besitz des Markgrafen waren sie im Laufe des 14. Jahrhunderts zum grossen Teil an das Kloster Lehnin gelangt,[3]) so dass im Jahre 1375 dieser nur noch die Fischereirechte oberhalb Potsdams, also von der Grenze des markgräflichen Fischereibesitzes auf den Spandauer Gewässern beim Dorfe Cladow bis zur Brücke der Stadt Potsdam, besass. Nach dem Landbuch vom Jahre 1375[4]) teilte sich dieser Fischereibesitz in zwei Teile von je 22 Talenten jährlicher Einnahme, die aus der Verpachtung an die Garnmeister erzielt wurde. Dieser jährliche Zins bot nun, wie wir das ja schon auf den Spandauer Gewässern zu beobachten Gelegenheit hatten, ein willkommenes Pfandobjekt, und so sehen wir denn auch diesen Zins schon im Landbuche fast völlig vergabt. Von dem einen Anteil erhielten: Bürger Ryke in Berlin 4 Talente, Altar in Cöln 8 Talente, Bürger Peter Rode in Berlin 5 Talente, Altar in Fahrland 3 Talente, Altar in Spandau 1 Talent, Fritz Britzik 1 Talent. Der Ertrag von 22 Talenten war also regelrecht aufgeteilt. Der andere Anteil war folgendermassen verteilt: Kloster Spandau $6^1/_2$ Talente, die von Rochow 3 Talente 1 Schilling, Direken 3 Talente 1 Schilling, Altar in Fahrland $7^1/_2$ Talente, Altar in Cöln 1 Talent. Von diesem Anteil verblieben dem Landesherrn nur 18 Schillinge.

Ausserdem bezog der Markgraf im Jahre 1375 eine Zinsabgabe, die den Namen „Alrepe" trug; und zwar musste jeder Kahn, mit dem diese Fischerei betrieben wurde, ein Pfund Pfeffer entrichten, und überdies „geben sie alle noch 6 Pfennige".[4]) Auch dieser Zins wird mannig-

---

[1]) Diese Abgabe vom Potsdamer Garn finden wir noch in der Mitte des 18. Jahrhunderts, siehe 2. Teil, § 1, Nr. 2.

[2]) R. Bd. 24, S. 387. Es müsste in der Urkunde richtiger heissen „zum Schloss Potsdam gehörig"; die Stadt hat nie Fischereirechte besessen.

[3]) Siehe unten Nr. 4.

[4]) Lb. S. 119.

fach vom Markgrafen veräussert, so im Jahre 1429[1]) neben 1 Schock Groschen von den „Wasserherren"[2]) in Potsdam und zweimal im Jahre Herrenfische an eine Berliner Bürgersfrau. Nach dieser kommt der kurfürstliche Kammermeister von Waldenfels im Jahre 1451[3]) in den Besitz dieser Wasserzinsen, die auf 5 Schock und 20 Groschen angewachsen sind, und erhält die Erlaubnis die Kähne zu vermieten zum „Aalreifen und Aalfloten". Von diesem gehen die Wasserzinsen wieder auf seine Frau über,[4]) die die Potsdamer Fischer Ritter und Gores Males zu entrichten hatten neben 16 „guten löblichen" Fischen. Es sei dies ein Beispiel, wie mannigfach solche ursprünglich dem Landesherrn zustehenden Einkünfte aus der Fischerei von Hand zu Hand gingen.

4. Die Fischereirechte des Klosters Lehnin.

Einen ausserordentlich guten, fast lückenlosen Überblick gestatten die Quellen über die gesamte Fischereiwirtschaft des Klosters Lehnin, so dass eine etwas eingehendere Betrachtung der Fischereipolitik des Klosters gerechtfertigt erscheint.

Schon in sehr früher Zeit wurde das Kloster Lehnin mit Fischereirechten begabt. Eine Urkunde vom Jahre 1190,[5]) also 10 Jahre nach des Klosters Gründung, gibt uns ein Bild, wie diese Vergabungen vor sich gingen. Markgraf Otto II. schenkt hier dem Kloster das Dorf Deetz „mit dem Havelfluss", das Dorf „Tesekendorp" mit 3 Garnzügen im See „Surlou", das Dorf Nahmitz mit 5 Garnzügen im dortigen See. Wir finden hier schon völlig ein System von Garnzügen entwickelt vor, wie es von den Slaven überkommen war und von der noch immer slavischen Fischerbevölkerung beobachtet wurde. In der Folgezeit hat es nun das Kloster verstanden, sich in den Besitz umfangreicher Fischereirechte zu bringen. Meist sind es die bei Dörfern gelegenen Seen[6]) oder eine Strecke der Havel, „soweit sie die Grenzen des Dorfes berührt" (z. B. beim Dorfe Deetz),[7]) dann auch eine bestimmte Anzahl von Garnzügen (1201 im Nahmitzsee, 1205 im Schwielowsee),[8]) mit denen sich das Kloster vom Markgrafen als Schenkung oder Verpfändung begaben lässt. Auch Wehranlagen bringt es in seinen Besitz; im Jahre 1282 z. B. lässt der Markgraf Otto dem Kloster Lehnin ein Wehr im

---

[1]) R. Bd. 11, S. 164.

[2]) Gemeint sind die Garnmeister.

[3]) R. Bd. 11, S. 173.

[4]) R. Bd. 11, S. 175.

[5]) R. Bd. 10, S. 182; siehe auch Bestätigung durch den Erzbischof von Magdeburg vom Jahre 1207, R. Bd. 24, S. 326.

[6]) Z. B. 1191, R. Bd. 10, S. 183.

[7]) Urkunde vom Jahre 1205, R. Bd. 10, S. 189.

[8]) R. Bd. 10, S. 181.

See Netzem frei von aller grossen und kleinen Bede.[1]) Auch durch Kauf bringt das Kloster endlich Rechte an sich (1287, 1295).[2])

Im Jahre 1273 verleihen die Markgrafen Otto und Albrecht dem Kloster zwei umfangreiche Gewässer, den „Morsee" und den halben See „Retitz" (Rietz).[3]) Im Jahre 1305 überlässt Herrmann, Markgraf von Brandenburg, dem Kloster Lehnin das Dorf Schmergow und den Hof Trebegoz mit den zugehörigen Gewässern und Fischereien.[4]) Im Jahre 1318 verkauft Waldemar, Markgraf von Brandenburg, dem Kloster Lehnin den Werder Töplitz mit Fischereien.[5])

Ausgedehnte Vereignungen wurden dem Kloster ferner im Jahre 1317 vom Markgrafen Waldemar zuteil. Auch hier handelt es sich immer um die Abgaben von der Grossfischerei. Für die Ausübung der Fischerei bleibt die bisher beobachtete Gewohnheit bestehen, vor allem, was die Berechtigungen der einzelnen Fischergemeinden betrifft; sie weiss der Markgraf auch in der Folgezeit als Oberherr aller Gewässer bei ihren alten Rechten zu schützen. Mit einer solchen jährlichen Einnahme aus den Gewässern, die vordem der Markgräfin Kunigunde gehörten, stattet der Markgraf Waldemar nun im Jahre 1317 das Kloster zu Lehnin aus.[6]) Es sind 44 Talente brandenburgischer Pfennige, die der Markgraf zur Hälfte dem Kloster schenkt zum Seelenheile der Markgrafen Herrmann und Johann, die andere Hälfte aber verkauft er diesem für 200 Talente brandenburgischer Pfennige. Und zwar erstrecken sich die Abgaben auf folgende Gewässer: Einmal von der Brücke des Städtchens Potsdam in einer Entfernung durch den Schwielowsee bis zum Ort „Markgrafenhorn" zur Seite der Dörfer Caputh und Ferch.[7]) Für die Ausübung der Fischerei ordnet der Markgraf an, dass die Fischer des Klosters — es handelt sich hier also um die eigens vom Kloster zu verpachtende Grossgarnfischerei auf diesen Gewässern — das Wasser der Länge nach[8]) befischen und die Vorfischerei (propiscatura) vor allen anderen haben sollen. Die anderen, denen die Fischerei hier zusteht, dürfen nur von einem Ufer zum anderen querüber fischen. Zu dieser Gewässerstrecke gehören auch der Glindowersee, Plessowersee,

---

[1]) R. Bd. 10, S. 215.
[2]) R. Bd. 10, S. 217 und 221.
[3]) R. Bd. 10, S. 214.
[4]) R. Bd. 10, S. 226.
[5]) R. Bd. 10, S. 234.
[6]) R. Bd. 10, S. 231.
[7]) „Primo a ponte oppidi Postamp in longum per stagnum Zwylow usque ad locum dictum Marggrevenhorn ad latus villarum adiacentium, scilicet Capput et verch"; der Ort „Marggrevenhorn" ist ein Garnzug im Schwilow-See, der im alten Lehniner Amtsbuch (16. Jahrh., siehe Geh. Staatsarchiv) noch den Namen „Markgrafhorn" führt.
[8]) Bezieht sich auf die Garnzüge, die von den anderen Fischern nicht auch ausgefischt werden sollten.

der „Heide Botzin“ (Petzinsee), und der Linewitzsee mit ihren Fischereien. Die zweite Wasserstrecke[1]) beginnt an der Brücke des Städtchens Werder und geht bis zu den Dörfern Paretz und Schorin (heute Marquardt); auch 2 Wehranlangen gehören darauf dem Kloster. Auf dieser Strecke darf von den anderen Fischern nur mit kleinen Netzen, Puvert und Flock, gefischt werden; im übrigen soll die Ausübung der Fischerei so gehandhabt werden, wie seit alters geschehen. Dazu verpflichtet sich der Markgraf in einer Bestätigungsurkunde vom 26. August 1317,[2]) dass weder er noch seine Nachkommen noch irgendwer in seinem Namen in diesen Gewässern Fischerei treiben dürfen, ausgenommen die, die das gemäss alter Gewohnheit und auf Grund anderer Privilegien tun.[3]) Dieselbe Urkunde übereignet dann ferner dem Kloster 7 Stücke Geldes aus dem „Fischzoll“ benannten Zins zu Werder und eine Abgabe von der Kleinfischerei, „Alrep und Wehr“ genannt.[4])

Auch im Privatbesitz befindliche Fischereirechte suchte das Kloster an sich zu bringen. Im Jahre 1367[5]) geben Nikolaus und Mathias Retzow ihre Ansprüche auf die Grossfischerei, „tochwater“ genannt, im See zu Jeserig auf. Im Jahre 1386[6]) treten Claus, Ebel und Fritz von Prützke wegen eines von ihnen an dem Conversen Jakob Grünefeld begangenen Totschlages ihre Fischereigerechtigkeiten auf dem dem Kloster gehörigen Rietzer- und Moor-See dem Kloster ab.

Ein recht anschauliches Bild von den Einnahmen des Klosters Lehnin aus der Fischerei im ausgehenden 14. Jahrhundert und zugleich von der Art, wie dieses seine Fischereirechte nutzte, entwirft uns das Landbuch vom Jahre 1375. Danach bezog es aus den an seinen Wassern liegenden Dörfern folgende Einnahmen:[7])

Deetz: 3 Talente, von einem Wehr 6 Schilling, 1 Schock Aale.
Phöben: Wehrabgabe 8 Talente, von der Netzfischerei 12 Talente.
Schönerlinde:[8]) Von der Fischerei 3 Talente.

---

[1]) „Item aliarum aquarum protenduntur termini a ponte oppidi Werdere usque ad villam Paretz et usque ad villam Schorin, in quibus aquis duo sunt obstagia, que vulgariter dicunter were, que spezialiter ecclesie prenotate pertinebunt, et in his aquis piscari volentibus tantummodo cum minimis retibus, que puverde et vloch vulgariter dicuntur, conceditur, sicut presens et communiter modus piscandi ab antiquo observatur, debet ab omnibus deinceps observari.“

[2]) R. Bd. 10, S. 233.

[3]) „nisi secundum antiquum modum consuetum iuxta continentiam aliarum litterarum, quibus etiam in hoc alias privilegiati noscuntur.“

[4]) „. . . . in censu minutarum piscationum, que vulgariter Alrepe et Wer nuncupantur.“

[5]) R. Bd. 10, S. 252.

[6]) R. Bd. 10, S. 258.

[7]) Lb. S. 128.

[8]) Gehört nicht zu unserem Gebiet, liegt im Barnim, Lb. S. 66.

Golin:[1] Von den Wehren 2 Talente weniger 18 Denare.

Trebegotz: Vom Wasser und den Wehren 3 Schilling und 5 Talente.

Bei Phöben: Vom „unteren" Wehr 31 Schilling weniger 1 Pfennig. Ebendort von der Netzfischerei 3 Talente und 3 Schilling weniger 3 Obolen. Von der „Alrepe"-Fischerei 17¹/₂ Schilling und 1¹/₂ Pfd. Pfeffer.

Bei Töplitz: Von den Wehren 10 Schilling.

Bei Werder: Von der Netzfischerei 36 Talente und vom Zoll 9 Talente Pfennige.

Bei Leest: Von einem Wehr 15 Schillinge.

Bei Göttin: Von den Wehren 3¹/₂ Talente und 3¹/₂ Schilling. Der Schulze in Göttin gibt 7¹/₂ Talente Wasserpacht.[2]

Vom Wehr „Hatenow" 7 Schilling und 4¹/₂ Denare. Dazu kommen ferner als dem Kloster gehörig: Die gesamte Fischerei zu Nahmitz,[3] der See zu Krilow,[4] die Seen zu Götz und Jeserig.[5]

Die Schosskataster des 15. Jahrhunderts geben im wesentlichen nichts Neues.

Wir sehen hier also die gesamte Grossgarnfischerei auf den Gewässern des späteren „Werderschen" und „Phöbenschen Garnes" (siehe 2. Teil, § 1, Nr. 3 und 4) im Besitze des Klosters. Während die „Werderschen" Gewässer, wie das dann auch in der Neuzeit erfolgte, zusammen verpachtet erscheinen, sehen wir die späteren „Phöbenschen" Gewässer in einzelnen Teilen zu Deetz, zu Trebegotz, in und bei Phöben und in Göttin (hier an den Schulzen) verpachtet. Der Gesamtertrag aus beiden Gewässern betrug 60—70 Talente. Daneben brachten die Wehre noch rund 20 Talente. Nicht erwähnt finden wir den Ertrag aus den im Jahre 1317 an das Kloster gekommenen Gewässern (damals 22 Talente) von der Brücke zu Potsdam bis zum Schwilowsee, also bis zur Grenze der „Werderschen" Wasser; da noch im Jahre 1523 diese Havelstrecke zum Kloster gehörte (siehe weiter unten), muss dies auch für die Zwischenzeit der Fall gewesen sein. Es ist zu beachten, dass die aus slavischer Wurzel hervorgegangenen Fischer zu Werder, Phöben, Göttin, Deetz, Leest, Töplitz zu keinerlei Abgaben verpflichtet waren. Die Wehre waren teils an deutsche Bauern (rustici z. B. Töplitz und Leest) teils an die Fischer (zu Göttin) verpachtet. Im Jahre 1382[6] verkaufte Markgraf Sigismund dem Kloster Lehnin zu-

---

[1] Vermutlich „Golm", welches Dorf mit den Wehren im Jahre 1295 vom Markgrafen Otto dem Kloster Lehnin verkauft war, siehe R. Bd. 10, S. 221.

[2] Lb. S. 96; der Schulze hatte vermutlich die Grossfischerei gepachtet.

[3] Lb. S. 127.

[4] Der See ist scheinbar heute verlandet.

[5] Lb. S. 128.

[6] R. Bd. 24, S. 387.

sammen mit der Stadt und dem Schloss Potsdam sowie dem dortigen Kietz auch die Gewässer von Cladow oberhalb Potsdams bis zum Städtchen Ketzin unterhalb, in welchen Wassern die von altersher beobachtete Art bei Ausübung der Fischerei mit grossen und kleinen Netzen unverletzt weiter beobachtet werden sollte. Dazu gehörten noch der Wannsee, Grünesee (= Sakrower See), Weissensee bei Fahrland und ausserhalb der Havel der Griebnitzsee, der Nuthefluss und alle übrigen Gewässer und Seen. Wie lange das Kloster im Besitz dieser Gewässer gewesen ist, wissen wir nicht; doch wurden jene Pfandobjekte bald wieder ausgelöst und weiter verpfändet,[1] ohne dass je wieder von den Gewässern so ausdrücklich wie hier die Rede ist. Aber auch diese werden zusammen mit den anderen Pfandobjekten weiter verpfändet worden sein. Jedenfalls erstrecken sich die Befugnisse des Klosters im Jahre 1523 nach wie vor nur auf die schon in der Urkunde vom Jahre 1317 erwähnten Gewässer unterhalb Potsdams.

Bei der grossen Ausdehnung der Fischereirechte des Klosters und dem mitunter ungewissen Besitzrecht an einzelnen kam es häufig zu langdauernden Streitigkeiten. Von mehreren dieser Art berichtet uns der Abt des Klosters, Heinrich Stich, in einem 1419 angelegten Gedenkbuch über die Streitigkeiten des Klosters.[2] Eine ganz erbitterte Fehde hatte sich da um das „Rositzer Wehr" angehoben, und zwar mit dem Propst auf der Burg zu Brandenburg. Ein Mann hatte dieses zum Kloster gehörige Wehr gegen eine jährliche Abgabe zu Erbe und wollte es im Jahre 1400 dem Kloster verkaufen, worauf dieses jedoch nicht einging, weil ihm der Preis zu teuer schien. Darauf bot jener es dem Propst zu Brandenburg an, der um die Zustimmung zum Kauf beim Kloster Lehnin nachsuchte, das diese jedoch verweigerte. Da nun dieses Wehr im „tochwater" (also im Grossfischereibezirk) der Burg zu Brandenburg lag und der Propst es widersinnig fand, dass „ein anderer sollte eine Kammer haben in seinem Hause wider seinen Willen", so liess er seine Fischer zu dem Wehr fahren und den Fang heben, während die Lehniner ihre Fischer dasselbe tun liessen. So blieb es, bis Markgraf Jobst dem Kloster Lehnin das Wehr wieder rechtlich zusprach. — Auch um den Fischzoll zu Werder kam es zu Auseinandersetzungen zwischen dem Kloster und der Neustadt Brandenburg. Der Abt Stich berichtet uns, dass die Bürger der Neustadt Brandenburg seit Menschengedenken den Fischzoll bezahlt hätten, bis es ihnen vor 6 Jahren von dem Bürgermeister von Brandenburg verboten worden sei. Und zwar stützt sich die Neustadt auf alte Privilegien, in denen sie des Zolles in der Mark befreit sei. Das Kloster will

---

[1] 1400, R. Bd. 11, S. 156.
[2] R. Bd. 10, S. 414 ff.

dieses Privilegium nicht anerkennen, da es ihm gegenüber so lange Zeit verschwiegen worden sei. Auch habe die Neustadt hinter dem Rücken des Klosters eine Gerechtigkeit gefordert, ohne dass das Kloster gefragt worden sei, zumal sie doch des Klosters Gerechtigkeiten beschnitten habe. Das sei ganz und gar wider jedes Recht.[1]) In einem Vergleich vom Jahre 1469[2]) einigt man sich dahin, dass die Bürger der Neustadt Brandenburg, die in Werder Fische kaufen, den Fischzoll an das Kloster zahlen sollen, da das Privilegium des Klosters älter sei als das der Neustadt über die Befreiung vom Zolle.

Derartige Vergleiche und kurfürstliche Entscheidungen, die die Klärung fraglicher Besitzverhältnisse bezwecken, begegnen uns nun ferner während des ganzen ausgehenden Mittelalters. Eine Urkunde vom Jahre 1452[3]) regelt die Besitzansprüche an Fischerei und Wehranlagen zwischen dem Kloster, den Diricken und von Arnim zu Paretz und den Fischern zu Göttin.

Eine schiedsrichterliche Entscheidung vom Jahre 1462[4]) zwischen dem Kloster und Dietrich von Rochow ist insofern von Wichtigkeit als sie die Fischereirechte zweier an den klösterlichen Gewässern belegenen Dörfer, Plessow und Caputh, regelt. Danach haben Dietrich von Rochow und alle Bauern und Einwohner des Dorfes Plessow das Recht, 3 Tage im Jahre Hechte zu stechen, und zwar haben sie das 8 Tage vorher anzukündigen, damit der Abt des Klosters die von ihm ausgehobenen und zwischen seinen beiden Seen gelegenen Gräben vollfüllen kann, bis die 3 Tage vorüber sind. Ferner dürfen die beiden von Dietrich von Rochow belehnten Freibauern zu Plessow jeder mit 2 Plötznetzen und einem Barschnetz fischen; ihre beiden Wehre sollen sie in derselben Grösse wie bisher halten. Der Schulze zu Plessow darf mit 2 Plötznetzen, die übrigen Bauern, sowie der Schulze zu Kemnitz je mit einem fischen. Während der Laichzeit sollen sich die Bauern der Fischerei enthalten. Alle andere Fischerei wird verboten. Ferner darf Dietrich von Rochow und in der Dorfgemeinde Caputh ein jeder Bauer mit einem Plötznetz im See Heydebutzin fischen. Andere Fischerei ist auch ihnen verboten.

Im Jahre 1474[5]) entscheidet das Kloster selbst in einem Streit zwischen den Fischern zu Werder und den Bauern zu Geltow. Den Bauern zu Geltow ist vom Kloster Fischerei und Stintfang im Glindower

---

¹) Bei Aufführung der Urkunde vom Jahre 1317, nach der das Kloster mit dem Fischzoll zu Werder begabt wird, lässt der Abt den Passus „nisi secundum antiquum modum consuetum iuxta continentiam aliarum litterarum, quibus etiam in hoc alias privilegiati noscuntur" bezeichnenderweise weg.

²) R. Bd. 10, S. 319.

³) R. Bd. 10, S. 289, siehe auch S. 293.

⁴) R. Bd. 10, S. 308.

⁵) R. Bd. 10, S. 333.

See vermietet worden. Ihren Fang sollen sie in Werder verkaufen und verzollen. Im übrigen sollen sie sich an ihren gegenseitigen Fischereien nicht hindern.

Von der Grossgarnfischerei auf dem See Mönchelanck, die von der Altstadt Brandenburg[1]) betrieben wurde, hatte das Kloster eine jährliche Einnahme von 1 Schock Groschen Märkischer Wehrung,[2]) dazu erhielt es Herrenfische. Ferner hatte das Kloster das Recht, durch einen Kellner den Bauern von Wachow die kleine Fischerei auf dem Mönchelanck und Riewend zu vermieten.[2]) Im Jahre 1484[3]) verkauft der Abt des Klosters dann die kleine Fischerei auf dem Riewend zu zinsbarem Besitz an einen Einwohner in Wachow für 20 Schock brandenburgischer Bezahlung. Die Fischerei darf betrieben werden mit Wehren, grosser und kleiner Flackerei, Puvertjagd, Netzstellen und anderen kleinen Geräten. Dem Kloster ist dafür alle Jahre eine Rente von $1^1/_2$ Schock brandenburgischer Wehrung zu zahlen, wie auch der Kellner, wenn er in Wachow ist, mit Essfischen versorgt werden muss. Sollte der jetzige Inhaber der kleinen Fischerei diese wieder verkaufen wollen, so soll er sie zuerst dem Kloster für denselben Preis wie oben anbieten, dann erst einem anderen, und zwar muss der neue Erwerber in dem Dorf Wachow ansässig sein.

Von welcher Bedeutung eine Wehranlage für das Kloster sein konnte, zeigt eine Urkunde vom Jahre 1473,[4]) nach der das Kloster wiederkäuflich an Bastian Meine das halbe Fürstenwehr bei Phöben verkauft. Der Kaufpreis beträgt 70 Schock Groschen brandenburgischer Bezahlung und jährlich 10 Schock Zins. Auch soll der Käufer, wie auch der, welcher die andere Hälfte des Wehres befischt, dem Kloster wie vor alters den Aal geben, der in der Sonntagsnacht Quasimodogeniti gefangen wird. Ferner soll er dem Hofmeister zu Töplitz in der Fastenzeit alle Tage und das Jahr über an allen Fastentagen Speisefische geben und sonst 4 Tage in der Woche das ganze Jahr hindurch (Montag, Mittwoch, Freitag und Sonnabend) so viel Fische, dass er für das Gesinde genug hat. Der Hofmeister selbst erhält Herrenfische alle Tage, so viel er gebraucht. Auch hier soll das Kloster bei einer etwaigen Veräusserung des Wehres durch Bastian Meine das Vorkaufsrecht haben für 70 Schock. Will es nicht, so kann das Wehr so teuer wie möglich an einen anderen Käufer, der aber in Phöben wohnen muss, verkauft werden. Die jährlichen Zinsen verbleiben dem Kloster.

Im Jahre 1523[5]) kommt es zu einem umfangreichen Vergleich zwischen dem Abt zu Lehnin und den Städten Berlin, Cöln, Spandau

---

[1]) Siehe unten Nr. 7.
[2]) 1463, R. Bd. 10, S. 310.
[3]) R. Bd. 10, S. 351.
[4]) R. Bd. 10, S. 330.
[5]) R. Bd. 10, S. 366.

und Potsdam, in dem die Kompetenzen der Fischer dieser Städte geregelt werden. Es handelt sich hier also um die Art der Ausübung der Fischerei seitens der von alters her zur Kleinfischerei berechtigten Fischer — deren Gewerbebetrieb war ja in keiner Weise bisher durch die höheren Fischereirechte berührt worden — in dem Grossfischereibezirk des Klosters Lehnin. Schon lange lagen die Fischer mit dem Kloster im Streit; die Bürgermeister und Räte obiger Städte bringen zwischen beiden Parteien nun folgende gütliche Einigung zustande: Die Fischer sollen wie vor alters auf des Klosters Wassern ihrem Erwerb nachgehen und also von der Brücke zu Potsdam an bis „Margenhaken" nach Inhalt ihrer Privilegien ungehindert fischen, und zwar sollen sie des Montags zum Fischen ausfahren; jeder Fischer darf 12 Bleinetze und 12 Barsnetze führen in der Zeit von Michaelis bis auf Ostern und 4 Klebenetze zum Plötzfang von Ostern bis Michaelis. Der „Ungebührlichkeit, so sie mit der Stangen und Mücken bisher im Grunde des Wassers gebraucht," sollen sich die Fischer hinfort enthalten, ebenso des „Umstellens". Die Kähne dürfen ferner beim Fischen nicht zusammengebunden werden und ganz besonders soll das Fischen mit den „Mucken" unterlassen werden, da es den Wassern grossen Schaden tut. Für Übertretung dieser Forderung hat jede Stadt die Strafgewalt über ihre Fischer.

Ein Pachtvertrag aus dem Jahre 1532[1]) gewährt uns einen Einblick in die Pachtverhältnisse des grossen Garnes. Der Rat der Neustadt Brandenburg übernimmt hier vom Kloster das grosse Garn zu Töplitz auf 8 Jahre und bezahlt dafür dem Kloster alle Jahre am Dienstag Palmarum 40 Schock, desgleichen 4 Schock Assumtionis Mariä „vor die freytagische Herrenfische, so man von Ostern bis auf Exaltationis Crucis gibt" — diese frühere Naturalabgabe erscheint hier also durch Geld abgelöst, — gibt ferner dem Kloster die Herrenfische „so genannt werden Galreydenfische" am Pfingstabend, am Abend Assumtionis Mariä und am Tage St. Bernhardi. Ferner soll der Kaplan am Ostersonnabend 3 Züge mit dem Garnmeister und dessen Leuten ziehen dürfen. In der Bleilaichzeit hat die Fischerei mit dem grossen Garn 14 Tage zu ruhen. Hier sowohl wie bei einer anderen Verpachtung im Jahre 1532[2]) beobachten wir die Gepflogenheit, dass die für die Grossgarnfischerei nötigen Geräte sich im Besitz des Klosters befinden und bei der Pachtung dem Pächter übergeben werden.

Bei Einführung der Reformation trat dann der Staat in die Rechte des Klosters ein. In einem Abschied der Kirchenvisitatoren vom Jahre 1541[3]) erbittet das Kloster vom Kurfürsten dreimal in der Woche Fische

---

[1]) R. Bd. 10, S. 373.
[2]) R. Bd. 10, S. 375.
[3]) R. Bd. 10, S. 399.

speisen zu dürfen und ebenso in der Fastenzeit alle Tage. — Die gesamte Grossgarnfischerei des Klosters wurde darauf in 4 grosse Teile zerlegt: Das Phöbensche Garn und das Werdersche Garn bleiben beim Amte Lehnin, das Garn unterhalb Potsdams wurde dem Potsdamer Garn oberhalb Potsdams angegliedert.[1] Die ausserhalb der Havel unmittelbar beim Amte Lehnin gelegenen Gewässer wie Netzensche See, Moorsee, Rietzsee u. a. bildeten in Zukunft einen eigenen Garnbezirk, der im Jahre 1602 200 Taler jährlichen Zins abwarf.[2][3]

5. Die fischereirechtlichen Zustände auf der Wublitz.

Eine besondere Erwähnung verdienen die fischereirechtlichen Verhältnisse auf der Wublitz, eines seenartig erweiterten Nebenarmes der Havel von ungefähr 10 km Länge, die in ihrer Art in der Mark Brandenburg einzig dastehen. Es liegt uns eine Reihe von Urkunden aus der 2. Hälfte des 14. Jahrhunderts vor, die uns einen Blick in die hier herrschenden eigenartigen Zustände tun lassen. Es handelt sich auch hier durchweg um Fischereirechte, die sich aber hier in der Hand einzelner Privatpersonen befinden und zu denen neben dem Wasser auch die alte slavische Fischerbevölkerung gehört.

Im Jahre 1358[4] verkauft Zabel von Schorin mehreren Bürgern zu Nauen seinen Anteil an der Wublitz („myn Verndel erfliken Wateris der Wubelitze") für 18 Mark brandenburgischen Silbers mit 4 Wenden auf dem Kietz zu Schorin.[5] Im Jahre 1372[6] verspricht das Domkapitel für eine jährliche Rente von 2 Pfund Pfennigen aus dem Wublitzer Wasser, das zu den Fischereien des Dorfes zu Schorin (das heutige Marquardt) gehört, für den Bürger Blankenfelde zur Neustadt Brandenburg Seelenmessen zu halten. 1378[7] verkauft Eckard von Bardeleben an Marten, Mathis, Klaus Ronnebom und Tyle Paren das ihm angeerbte Wasser Wublitz, und will es auflassen vor dem Schulzen von Schorin mit 8 Wenden, deren 4 in Schorin und 4 in Uetz wohnen, nebst ihrem Hühnerzins von 4 Schock Hühnern, von denen er sich 1 Schock reserviert. Würde er aber die Wenden zu Uetz „verunrechten", so dass

---

[1] Siehe 2. Teil, § 1, Nr. 2—4.

[2] Kgl. Regierung zu Potsdam, Dom.-Registr. Fischereis. Generalia Paq. III, 24.

[3] Im Jahre 1819 waren diese Gewässer als „Nahmitzsches" und „Lehninsches" Garn für 330 Taler verpachtet. Geh. Staatsarchiv, Prov. Br. Rep. 7, Domänenamt Lehnin F 10, Nr. 3.

[4] R. Bd. 7, S. 321.

[5] „dat is met deme Gerichte overste unde sydeste up deme vorbenumeden erfliken Watere met Erve Tynsen, Alrep, Togen, med grod unde kleyne Vischeryen unde met vir Wenden up deme Kytze tu Schoryn, met overste unde sydeste Gerichte darover, met vryer Weide, wes not ist, met Tegede, med Rokhunnren."

[6] R. Bd. 8, S. 297.

[7] R. Bd. 8, S. 318.

sie von da wegziehen und lieber in Schorin wohnen wollten, so sollten sie ihn „um seine Mandeln beernten und ihn um seine Scheffel bedreschen".[1]) Mit dieser Freizügigkeit wird eine allerdings noch beschränkte persönliche Freiheit der Wenden anerkannt. 1381[2]) verkaufen Gyse Direke und seine Söhne, nachdem Direke zuerst von dem im Jahre 1358 erfolgten Verkauf seitens Zabels von Schorin, sodann, wie er selbst zu dem Besitz dieses Gutes gekommen, erzählt hat, an den Pfarrer zu Etzin Johann von Knoblauch ein halbes Viertel erblichen Wassers der Wublitz mit hohem und niederem Gericht auf dem Wasser, mit Zügen, Erbe, Zins, Alrep, mit grosser und kleiner Fischerei mit 2 Wenden auf dem Kietz zu Schorin und hohem und niederem Gericht darüber. Diesen Anteil verkauft nun Johann von Knoblauch seinerseits wieder 1382[3]) an das Domkapitel zu Brandenburg. Dasselbe erwirbt 1389[4]) von Herrmann Bardeleben vor Hans Bamme, dem Richter und den Bauern zu Schorin das diesem gehörige Viertel des Wublitzer Sees mit Alrep, grosser und kleiner Fischerei, Anspruch auf 10 Schillinge brandenburgischer Pfennige, Zugwasser, Fischerei und 4 Wenden auf dem Kietz zu Schorin, die zu dem Wasser gehören, nebst deren Abgaben und dem Gericht. 1391[5]) spricht Arnt Clot, Bürger der Altstadt Brandenburg, als Schiedsmann dem Domstift zu Brandenburg und dem St. Johannisaltar zu Nauen den Kahnzins auf der Wublitz und 4 Wenden zu Uetz bei Schorin zu. In einem zweiten Schiedsspruch[6]) spricht Arnt Clot zu Recht, dass das Domkapitel, der Altarist Johann von Knoblauch u. a. ein besseres Recht auf den Kahnzins auf der Wublitz vierer Wenden zu Uetz haben als der Bürger Vinzentius Coldenborn zu Neustadt Brandenburg, so dass dieser sie nicht behindern oder vor das Gericht von Schorin laden dürfe. Heyne Dammeker, Bürger der Altstadt Brandenburg, bestätigt als erkorener Obmann diesen Schiedsspruch im Jahre 1392.[7]) Auch die Havel beim Dorfe Paaren gehörte dem Domkapitel nach einer Urkunde vom Jahre 1399[8]) mit Fischerei, Alrep, Kahnen und „Wenden diensten". Der Johannisaltar zu Nauen tritt hier auf Vermittelung des Probstes Ortwin zu Berlin dem Kapitel zu Brandenburg 6 Stücke Geldes, alljährlich auf St. Martinstag zu nehmen, die Markgraf Ludwig der Römer dem Johannisaltar im Jahre 1359 vereignet

---

[1]) „. . . . so scholen sy my Egarde ousten umme myne mandele unde dorschen my umme mynen schepele." Siehe hierzu 2. Kap. § 3.

[2]) R. Bd. 8, S. 334.

[3]) R. Bd. 8, S. 337.

[4]) R. Bd. 8, S. 361.

[5]) R. Bd. 7, S. 341.

[6]) R. Bd. 8, S. 368.

[7]) R. Bd. 7, S. 344.

[8]) R. Bd. 7, S. 348.

hatte,[1]) in der Wublitz ab. Der Landesherr wird ursprünglich auch auf der Wublitz die gesamten Fischereirechte besessen haben.

Es sass also hier an der Wublitz noch eine Wendenbevölkerung, am Ufer verteilt in einzelnen Familien in den Dörfern Schorin, Uetz und Paaren. Die durch die natürliche Lage bedingte Weltabgeschiedenheit der Gegend hat hier die ursprünglichen Verhältnisse, wie sie sich zur Zeit der Eroberung und Kolonisation herausbildeten, in einer Weise gewahrt, wie wir sie zu dieser späten Zeit sonst nirgends mehr antreffen. Die wendische Bevölkerung gehörte hier noch zum Wasser und war auf Grund ihres Erwerbes mit diesem verwachsen. Jede Familie hatte ihren Anteil am Wasserbezirk zur Bewirtschaftung und ging mit diesem durch die Hände der jeweiligen Besitzer, ein Zustand, der ursprünglich aus der Hoheitsstellung des deutschen Eroberers den unterlegenen Slaven gegenüber entstanden war, dessen Abgabenpflicht an Hühnern und Kahnzins wie auch das Gericht über ihn zuerst vom Landesherrn als willkommenes Verpfändungsobjekt begrüsst waren, und später dann in privatrechtlichem Verkehr von Hand zu Hand gingen. Heute erinnert so gut wie nichts mehr an jene Zustände.[2])

Bezogen sich diese Fischereirechte ausschliesslich auf die Wublitz oberhalb des Dorfes Schorin (Marquardt), so besass das Fischereirecht auf dem Schlänitzsee und der unteren Wublitz, wie wir das oben gesehen haben, seit dem Jahre 1317 das Kloster zu Lehnin. Auch hier sassen in Leest und Töplitz slavische Bevölkerungsreste, doch brachten es diese früher zu einer Selbständigkeit (siehe 2. Teil, § 2, Nr. 6, wie auch Kap. II). Die Bauern zu Grube endlich besassen nach einem im Jahre 1548 zwischen ihnen und den Fischern zu Phöben, Leest, Töplitz und Göttin abgeschlossenen Vergleich[3]) die Berechtigung „von Golm hinauf, do Ihre Wiesen angehen, bis an den Brunen Hacken . . . und dann von Brunen Hacken bis gegen Schorin" mit Puverden und kleinen

---

[1]) R. Bd. 7, S. 322.

[2]) Der Kietz in Marquardt ist, ohne eine Spur hinterlassen zu haben, verschwunden. Dagegen deutete bis vor 30 Jahren im Dorfe Uetz die Bezeichnung „Auf dem Kietz" für einen Ort mit dem noch einzigen Fischerhause, hart am Ufer der Wublitz an der Fährstelle gelegen, auf das frühere Vorhandensein einer Kietzsiedlung. Auch der „Kietzdamm" (heute Erlendamm) war Zeuge dafür (nach Angabe des Gemeindevorstehers in Uetz). Die Fischerei liegt auf der Wublitz sehr danieder, da diese selbst, die vor 25 Jahren noch mit grossen Steinkähnen befahren wurde, in einem Umfang von 500—600 Morgen völlig verkrautet und mit Rohr und Erlen bestanden ist, ein undurchdringlicher Morast; nur ein schmaler Arm dient kleineren Kähnen als Fahrstrasse. Zu Uetz und Marquardt gibt es je einen Gutsfischer; über die Entstehung dieses Fischereirechtes siehe 2. Teil, § 5.

[3]) Akten in der Lade der Fischerkossäten zu Phöben. Es ist die Abschrift einer beglaubigten Kopie und fälschlich 1448 datiert, während aus dem Inhalt und einem Vermerk in der Domänen-Registratur der Königl. Regierung zu Potsdam hervorgeht (Königl. Reg. zu Potsdam, Generalia Paq. 3, 20), dass es sich ums Jahr 1548 handelt.

Netzen und nur so weit, als das Rohr an ihrer Seite geht, zu fischen. Hatten die Bauern auf dem zweiten Stück die Fischerei allein, so durften die obenerwähnten Fischer das übrige Wasser „wie vor alteis" befischen.[1])

6. Die Fischereirechte des Bistums und Domkapitels zu Brandenburg.

Das im Jahre 949 von Otto I. gegründete Bistum Brandenburg war früh in den Besitz umfangreicher Fischereirechte gelangt. Ein beträchtlicher Anteil seiner Besitzungen wurde dem am Bischofssitze errichteten Domkapitel beigelegt. Das Domkapitel, das im Jahre 1161 ebenfalls auf der Burg seinen Sitz nahm, zog allmählich die nahegelegenen bischöflichen sowohl als markgräflichen Besitzungen und Hebungsrechte sämtlich an sich.[2]) Nach Urkunden aus dem Anfang des 14. Jahrhunderts gehörten bedeutende Anteile an der Havelfischerei zwischen den Städten Pritzerbe und Werder um diese Zeit noch dem Bistum. Danach verkauften und verschenkten die Bischöfe sehr viel an ihr Domkapitel, Verwandte oder Gläubiger.[3])

Im Jahre 1187[4]) vereignet Markgraf Otto II. dem Domkapitel den von Burchard von Plötzke zu diesem Behuf resignierten Zumeltsee bei Brandenburg und schenkt aus eigenen Mitteln einen beträchtlichen Teil der oberen und niederen Havel hinzu. Und zwar gehören dazu die „obere Havel" von der „Ketzinschen Havel" an von dem „Bisebusch"[5]) benannten Ort gegen Ketzin bis an die „Vürstede"[5]) genannte Stelle. Hierin sollen dem Domkapitel alle Wehranlagen (gurgusta) und Fischfänge (piscium captura) gehören, wie auch die Ausbesserung verfallener Wehranlagen und auch die Neuanlage solcher gestattet sein, dazu die

---

[1]) Später wurde bei der Ansiedlung der Schweizer Gemeinde in Nattwerder durch den Grossen Kurfürsten im Jahre 1685 den einzelnen Familien das Recht des freien Angelns in der Wublitz beigelegt, siehe **Friedrich Backschat**, „Nattwerder", Potsdamer Tageszeitung vom 17. November 1911.

[2]) R. Bd. 8, Einleitung.

[3]) Wenn **Curschmann** („Diözese Brandenburg", S. IV) sagt, es sei unmöglich, ein auch nur einigermassen genaues Bild von dem Grundbesitz des Bischofes und seinen Rechten zu gewinnen, so lassen sich diese auf fischereirechtlichem Gebiet jedoch klar erkennen und begrenzen.

[4]) R. Bd. 8, S. 116.

[5]) Die beiden Ortsbezeichnungen „Bisebusch" und „Vürstede" verlangen ihrer Bedeutung als Grenzorte wegen ein näheres Eingehen. Diese Namen lauten im Jahre 1187 genau so wie im Jahre 1394 und auch heute noch werden sie in der Umgangssprache der Fischer von allen gekannt. Nach Aussage der Fischer liegt der „Bisebusch„ (= Binsenbusch) der Insel gegenüber, die man „Arkenbude" (siehe Karte des Deutschen Reiches 1 : 100000) oder „Erkenbude" nennt, beim Dorfe Deetz. „Vürstede" (= Feuerstätte) liegt auf einer Insel vor dem Dorfe Götz, an der sich in gewisser Jahreszeit die Fischer nach vollbrachter Arbeit abends sammelten, um zu ruhen und ihr Essen zu bereiten. Diese „Vürstede" ist heute noch im Gebrauch wie damals, siehe Mitteilungen des Fischereivereins für die Provinz Brandenburg 1907, S. 45.

Gross- und Kleinfischerei und die Garnzüge, zu jederzeit die Fischerei
auszuüben. Ohne die ausdrückliche Erlaubnis des Kapitels darf keiner
in diesen Wassern fischen weder mit „Puvert, Lamme, Alrep, Heve-
korven, Rusestellen, Esekorven, Klevenetten, Vloken", noch irgendeiner
anderen Fischereiart, auch keine neuen Wehranlagen errichten. Wer
dawider handelt, darf gepfändet werden und die neu errichteten Wehre
sollen zerstört werden. Für jeden Übertretungsfall soll der Übertreter
der Kirche zehn Pfund reinsten Goldes zahlen. Ferner gehört zu dieser
Vereignung die „untere Havel" (insuper inferiorem Obulam retro urbem
Brandeburch et Woltitz usque Pardwin).

Nachdem Markgraf Otto II. die Fischereianlagen (piscaria) des
Kapitels im Jahre 1197[1]) von allen öffentlichen Abgaben frei gesprochen
hatte, bestätigte er im Jahre 1204[2]) dem Kapitel weitere Fischereigerechtigkeiten, die schon von den Vorfahren Ottos der Kirche eingeräumt waren. Gerade der Spezialangaben wegen verdient diese Urkunde Erwähnung: 2 Garnzüge im See bei Mötzow gelegen mit den
von alters zu Mötzow gehörigen Fischereien, die kleine Fischerei in den
Seen „Middelsey" und „Rewensee" (Gerckens Stiftshistorie hat Plauen-
see), dazu die Wehranlagen oder Fischfänge, die man Carpwere bezeichnet, und im See von diesen Wehren 240 Fuss in Länge und Breite
freie Fischerei, und weitere Wehre und Fischereien beim Dorfe Krakow
erscheinen hier als Gerechtsame des Domkapitels. Auch hier sollen
Übertreter mit 20 Pfund reinsten Goldes der brandenburgischen Kirche
verfallen sein.

Nachdem der Markgraf Johann im Jahre 1316[3]) dem Bischof von
Brandenburg den Besitz der oberen Havel bestätigt hat, verkauft der
Bischof Johann dem Domkapitel einen Teil des Havelflusses im Jahre
1320,[4]) und zwar die obere Havel von der Ketzinschen Havel an und
dem Orte „Bisebusch" gegen Ketzin oberhalb des Hofes Trebegow[5])
bis zur unteren Havel an den Ort „Vurstede". Ohne des Kapitels
Willen soll hier niemand fischen weder mit „Puvert, Alrep, Lamme,
Hevecorven, Rusestellen, Clevenetten, Czocheren" noch auf irgendeine
andere Weise. Allein die kleine Fischerei, „Floken" genannt, darf ausgeübt werden. Der Kaufpreis beträgt 120 Mark brandenburgischen
Silbers. Im Jahre 1321 erwirbt das Domkapitel ein weiteres Stück der
Havel. Der Herzog Rudolf von Sachsen, der nach Aussterben der
Markgrafen des Anhaltschen Hauses sich die Geistlichkeit der Mark
zu Bundesgenossen dadurch zu gewinnen suchte, dass er für mässige

---

Gelddarreichungen Gebiete verlieh,[1]) verkauft dem Domkapitel ein Stück der Havel mit den Wenden auf dem Kietz zu Brandenburg am 19. August 1321.[1]) Es umfasst der Verkauf die Havel von dem Orte „Vurstede" bis zur Neustadt Brandenburg mit allen Wehren und Fischereien, den in diesen Wassern liegenden jährlichen Zinsen, bestehend aus Geldgaben und Aallieferungen; dazu werden nun hier die Wenden mitverkauft, die in einem „Kietz" benannten Dorf, „zur rechten Seite, wenn man vom Kloster zur Neustadt Brandenburg geht," wohnen mit ihrem Jahreszins an Denaren und Hühnern. Die Wenden erscheinen hier also wie auf der Wublitz zum Wasser gehörig. Der Kaufpreis ist nicht genannt. Doch wir erfahren näheres aus einer Urkunde vom Jahre 1327,[2]) nach der Markgraf Ludwig der Ältere dieselbe Havelstrecke mit dem im Kietz „Woltitz" — wir erfahren hier auch den Namen des Kietzes — wohnenden Wenden von neuem dem Domkapitel verkauft, und zwar soll der Kaufpreis nicht 7 Mark betragen — diesen niedrigen Preis hatte scheinbar Herzog Rudolf beim ersten Verkauf festgesetzt — sondern 35 Mark brandenburgischen Silbers.

Im Jahre 1378[3]) lässt Heine Bremer vor den Schöffen und dem Schulzen des Kietzes Woltiz, zuständig der Kirche zu Brandenburg, auf die Hälfte in der Havel von der Ketziner Havel abwärts bis zum Orte Fürstede gegen eine Zahlung von 20 Mark an den Kellermeister der Kirche zu Brandenburg Zabel Pole als Empfänger des Domstifts. 1383[4]) verkauft Katharina, Witwe des Heine Bremer, dem Domkapitel zu Brandenburg die halbe Ketzinsche Havel bis zur niedersten Havel an den Ort Fürstede für 30 Mark Silber.[5]) 1386[6]) lässt Claus Cuneke, Bauer im Dorfe Paaren bei Roschow, vor dem Schulzen und den Bauern zu Paaren dem Domherrn Marquard Crummensee für das Domkapitel zu Brandenburg im Paarenschen Wehr die Hebung von 25 Schilling und

---

[1]) R. Bd. 8, S. 244. — [2]) R. Bd. 8, S. 232. — [3]) R. Bd. 8, S. 322. — [4]) R. Bd. 8, S. 344.

[5]) Der formelle Hergang beim Verkauf gestaltete sich folgendermassen: Vor dem Schulzen und 7 Schöffen und Bauern des dem Domkapitel gehörigen Kietzes, „Wolkitz" genannt, gibt in gehegtem Dinge Margarete, Witwe des Bürgers Claus Bremer, mit einem Reise auf und verlässt an Katharina, Heine Bremers Witwe, so viel von dem Erbe ihres Mannes, als Heine Bremer von diesem gekauft aber nicht aufgelassen bekommen hatte und das nun der Katharina und deren Tochter angestorben war. Darauf gibt Margarete 6 Pfennige zu „afvartt" und 3 Pfennige zu „winkope". Dann gibt der Schulze dieses Erbe an der Havel der Katharina mit demselben Reise auf, worauf diese dem Schulzen einen „wetepenning" gibt, ferner 6 Pfennige zu „upvartt", 7 Schöffenpfennige, 3 „winkoppennige" und 1 „fredepenning". Hierauf lässt Katharina dieses Erbe dem Domprobst Hentze für das Kapitel auf und zahlt „afvart" wie zuvor. Dann übergibt der Schulze es mit demselben Reise an den Domprobst, der dafür „wetepennige, upvartpennige, schepenpennige, wincoppennige und vredepennige" wie zuvor gibt, und der Schulze „wrachte" von Gerichtswegen Frieden darüber.

[6]) R. Bd. 8, S. 349.

das halbe Paarensche Wasser, das 5$^1/_2$ Schillinge gibt, auf, oder was Wehr und Wasser mehr bringen mögen. Auch hier waren also genau wie auf der Wublitz die ursprünglich landesherrlichen Fischereirechte in dem Besitz von Privatpersonen.

Ein Pachtkontrakt vom Jahre 1394[1]) zeigt uns einmal den Gesamtbesitz des Domkapitels an der Havel und lässt uns ferner einen Blick tun in die Pachtverhältnisse jener Zeit. Hermann Wolters, Bürger der Altstadt Brandenburg, pachtet von Ostern an auf 3 Jahre von dem Domkapitel zu Brandenburg die oberste Havel von der Ketzinschen Havel vom Bisebusch bis zur Fürstede und die niederste Havel von der Fürstede bis zu den Mühlendämmen und der Brücke beider Städte, ferner die Havelwasser und den See von Trebbow, die Zachowsche und Paarensche Havel, die Zidelitz und die halbe Ketzinsche Havel zu befischen und mit Garnen zu beziehen gegen Zahlung für die oberste und die niederste Havel von 12 Mark brandenburgischem Silber und dazu 4$^1/_2$ Pfund brandenburgische Pfennige am Martinitage und gegen eine wöchentliche Lieferung, wenn er mit dem grossen Garne fischt, von einem Zuber Fische; für die Havelwasser und den Trebbower See 7$^1/_2$ Pfund brandenburgische Pfennige halb am Martinitage (11. November) und halb zu Lichtweih (2. Februar); für die Paarensche Havel und Gewässer 9 Schillinge zu Martini; für die Zidelitz 16 Schillinge brandenburgische Pfennige; für die Ketzinsche Havel 1 Mark Silber oder Groschen und 1 Pfund brandenburgische Pfennige zu Martini.[2]) Das im Besitz des Domkapitels befindliche Havelgebiet umfasste demnach die gesamte Havel von dem Städtchen Ketzin bis nach Brandenburg, eine Wasserstrecke von rund 20 km Länge, und grenzte somit bei Ketzin an die Besitzungen des Klosters Lehnin (siehe Nr. 4). Es simmt dies auch mit den Angaben im Lb. Kaiser Karls vom Jahre 1375 überein,[3]) wonach die gesamte obere Havel, genannt die Ketzinsche Havel, von Bisebusch bis zur Neustadt Brandenburg dem Domkapitel gehört. Unmittelbar bei Brandenburg finden sich folgende Grenzangaben: „tota obula, a molendino iuxta ecclesiam kathedralem descendendo usque ad vicum, qui dicebatur Woltiz, et a tali vico directe usque ad veterem civitatem Brandeburg, et ab ea civitate iuxta viam ascendendo, usque ad viam superiorem, que ducit ad ultimum molendinum Crakow, situm apud fundum olim hospitalem . . .“[4]) Auch ein lacus, „Lanke“ genannt

---

[1]) R. Bd. 8, S. 370.

[2]) Dieser Pachtkontrakt ist mit einigen Veränderungen im Jahre 1400 erneuert. (Siehe R. Bd. 8, S. 370).

[3]) Lb. S. 114, „tota obula, superiora obula, que dicitur dy cottzynsche Havele, a loco qui dicitur bysebusch usque ad novam civitatem Brandenburg“.

[4]) Lb. S. 114.

und bei der Neustadt gelegen, und ein stagnus, „Dunkersee", gehören von alters her dem Domkapitel.

Das Schosskataster vom Jahre 1450 zählt die Wasser der Burg auf und verzeichnet folgende Einnahmen:[1]

„Von dem waszer zcü Kotzin II schock.,
von der obersten habele V pfunt, fac. II schock. XV gr.,
von dem sehe zcu Trebow VIII $^1/_2$ pfunt, fac. III schock XLV gr.,
von dem Bornymschen waszer IX schill., fac. XIII $^1/_2$ gr.,
von der halben sehe bey Reytz und nedersten Habel XII schock.,
von der sehe Smerzk und Czolchow, Etziner sehe V schock.,
von der sehe zcu Grenjnghe IIII schock."

Die Fischereinutzung der Hälfte des beim Dorfe Rietz gelegenen umfangreichen Sees, die im Jahre 1284[2] der Bischof Gebhard dem Domkapitel für 10 Mark brandenburgisches Silber verkauft hat, wird im Jahre 1351[3] vom Domkapitel einem Bürger der Neustadt Brandenburg, Petrus von Posyn, als Lehn verkauft, ebenfalls von 5 Schillingen Zins aus dem Gewässer, „Demester" (Emster) genannt, vier, der eine bleibt zum Zeichen des Eigentumsrechtes vorbehalten und muss von Petrus und seinen Lehnserben am Johannistage jährlich gezahlt werden. Diese Stücke werden zusammen mit einer Rente von 15 Schillingen aus der kleinen Fischerei des Rietzer Sees, die Petrus laut offener Briefe von dem Domkapitel früher für 5 Mark als Lehn gekauft, diesem zu Lehnrecht übertragen. Die andere Hälfte des Rietzer Sees stand dem Kloster Lehnin zu (siehe Nr. 4). Die Besitzrechte des Domkapitels an der Wublitz sind bereits oben (siehe Nr. 5) erwähnt worden.

Auch die auf der in seinem Besitz befindlichen Havelstrecke gelegenen Wehre war das Domkapitel bestrebt aufzukaufen; so erwirbt es im Jahre 1396[4] das Rüsterwehr in der oberen Havel für 38 Schock „grossorum cruceatorum", im Jahre 1398[5] das Zidlitzer Wehr „pro 8 sexagenis et media mandala grossorum cruceatorum" und im selben Jahre noch das halbe „alte Wehr" bei Saaringen[6] „vor negende halve Marck" brandenburgischen Silbers.

Bei Streitigkeiten wurde in zweifelhaften Fällen der Hauptmann der Mark angerufen. Im Jahre 1391 trifft Botho von Kastolowitz, Hauptmann der Mark, die Verfügung,[7] dass Henning von Butzow, gesessen zu Butzow, von des Kapitels Leuten zu Recht mit Fischen gegriffen wurde, da er auf des Kapitels Eigentum gefischt habe.

Zahlreich sind die Streitfälle zwischen dem Domkapitel und der Neustadt Brandenburg, der eine Berechtigung zum Fischen von alters her auf Grund zweier Privilegien aus den Jahren 1315 und 1324 auf

---

[1] Lb. S. 329. — [2] R. Bd. 8, S. 173. — [3] R. Bd. 8, S. 267. — [4] R. Bd. 8, S. 375. — [5] R. Bd. 8, S. 376. — [6] R. Bd. 8, S. 377. — [7] R. Bd. 8, S. 367.

des Kapitels Wassern zustand,[1]) und zwar handelte es sich um die Kleinfischerei, die von den Fischern und Einwohnern der Neustadt und den Domkietzern ausgeübt wurde und deren Kompetenzen jetzt genau geordnet wurden. Im Jahre 1412 klagt die Neustadt Brandenburg bei Burggraf Friedrich gegen das dortige Domkapitel, dass es sich des städtischen Kietzes, Wolcze genannt, „unterwunden" und dass es die Bürger und die Bauern auf dem Kietz an ihrer kleinen Fischerei „(smal-vischerei") auf der Havel behindere und sie mit Drohen und Bann davon abbringen wolle, ihnen auch ihre Netze weggenommen habe. Dagegen klagt nun das Domkapitel gegen die Neustadt,[2]) dass deren Bürger auf dem stiftischen Wasser und der Havel ungewohnte und unrechte Fischerei betreiben, so, dass sie Flügelreusen ausserhalb der Hauptpfähle vor die Fahrt stellen, mit Puffertnetzen und Lamen in den Hechtlaich fahren, Bruchwehre bauen, Welsangeln legen, ungewöhnliche Flocknetze haben, Hebekörbe stecken, womit sie des Kapitels Gewässer wüst machen. Den Schaden erachtet das Kapitel jährlich auf 20 böhmische Schock. Dadurch, dass die Bürger ferner in dem Karpbruch Gräben gezogen hätten, sei an den Fischereien ein jährlicher Schaden von 100 Schock entstanden. Die Neustadt antwortet auf die Klageschrift des Domkapitels,[3]) ihre Bürger und Untersassen betrieben keine unrechte Fischerei, sondern hätten die kleine Fischerei auf der Havel auf Grund alter Urkunden schon besessen, bevor das Kapitel von Heine Bremer dessen Besitz an der Havel gekauft habe (1378, siehe oben). Zu einem umfangreichen Vergleich kommt es dann im Jahre 1483.[4]) Petrus, Abt von Lehnin, Jürgen von Waldenfels der alte, Nickel Pfuel, Ritter und Peter Borgstorf, Vogt zu Küstrin, entscheiden als Richter des Markgrafen Johann den Streit des Domkapitels und der Neustadt über die Grenzen und die Fischerei: Die Fischer der Neustadt und die Fischer vom Domkietz mögen miteinander „flaken" mit weiten und engen Netzen, mit Balreusen, Puffert und „Körben unter die Heven zu stellen", Welsangeln und mit „Krefft hamen" bis an die Furstede und die Deetzke Havel; Trebbesehe, Trebner Wasser und Zachower Wasser sollen Hegewasser sein, auf denen niemand ohne des Eigentümers Erlaubnis fischen darf. Genannte Fischerei „Flakerei, Pufert, Körbe unter die Heven zu stellen" fängt am anderen Tage nach Johanni (25. Juni) an und dauert Tag und Nacht bis Martini (11. November), und nicht länger. Das Fischen auf dem Hegewasser wird bestraft. Die kleinen Flacknetze sollen so weit sein, dass man 2 Finger bis an die Faust hineinstecken kann. Niemand soll Kulbarschflackerei betreiben, nicht „lamen" oder Quäste legen, sondern nur oben genannte Fischerei betreiben. Die Ruder sollen die festgesetzte Länge haben. Hechte,

---

[1]) R. Bd. 9, S. 12 und 24. — [2]) R. Bd. 9, S. 90 ff. — [3]) 1413, R. Bd. 9, S. 92 ff. — [4]) R. Bd. 9, S. 222 ff.

deren 3 oder 4 einen Pfennig kosten, soll man wieder laufen lassen und nicht verderben. Wer dawider handelt, fällt in eine Strafe von 1 Schock Brandenburgische Pf., 4 Wochen im Turm oder muss die Stadt verlassen. Die Bürger fallen unter das Gericht des Rates, die Leute des Kapitels unter dessen Gerichtsbarkeit. Des Propstes Garnmeister soll seine Garne redlich halten und nichts neues aufbringen, auch soll er keine Stinthaken hinten an seinem Garn führen.

Wir beobachten also auch hier wieder, wie die Grossgarnfischerei, aus deren Verpachtung man erhebliche Einnahmen bezog, Gegenstand privatrechtlichen Verkehrs geworden ist, während völlig unabhängig davon an derselben Wasserstrecke zahlreiche Berechtigungen zur kleinen Fischerei bestehen, die auf altes Gewohnheitsrecht zurückgehen (siehe auch Nr. 8). Über die Gerichte auf der Havel entscheidet Kurfürst Friedrich in einem Streit zwischen dem Kapitel und der Neustadt im Jahre 1454[1]) dahin, dass die Havel mit Fischerei und oberem und niederem Gericht urkundenerweislich beiderseit bis an die „Ronnynge" der Neustadt an dem Holzmarkt hinter dem Bethause mit der Mönchelank dem Propst auf der Burg und seinem Kapitel auf ewige Zeiten zustehe, entgegen allen Widersprüchen der Einwohner der Neustadt. Befinden sich aber die Einwohner ausserhalb der Stadt im Winter beim Eisen, dann soll vorkommendenfalls weder dem Propst noch der Neustadt die Gerichtsbarkeit über irgendwelche Vergehen zustehen.

7. Die Fischereirechte der Alt- und Neustadt Brandenburg.
a) Die Altstadt.

Mit reichem Fischereibesitz hat sich die Altstadt Brandenburg durch die Landesherren begaben lassen. Das Eigentum der Stadt an dem Wasser erstreckte sich auf den Beetzsee, der 1308[2]) zusammen mit dem Wendkietz, dem die Ausübung der Fischerei auf dem Beetzsee zustand,[3]) von den Markgrafen Otto und Waldemar dieser geschenkt war. 1323 verleiht König Ludwig der Altstadt das oberste Gericht auf dem See bei der Stadt.[4]) 1324 schenkt Markgraf Ludwig der Altstadt den See zwischen der Stadt und den Dörfern Riewend und Bagow gelegen[5]) mit den gesamten an der Stadt oberhalb und unterhalb vorüberfliessenden Gewässern, die Nikolaus von Bone gehörten, zu vollem Besitz mit oberem und niederem Gericht. Auch erstreckten sich diese Gewässer bis zum Fluss „Wazmok" und zum Plauer Wasser.[6]) In

---

[1]) R. Bd. 9, S. 180. — [2]) R. Bd. 9, S. 8.

[3]) Nach einer beglaubigten Zusammenstellung der Rechte des Kietzes der Altstadt Brandenburg in den Regierungsakten zu Potsdam, „Fisch 12".

[4]) R. Bd. 9, S. 21.

[5]) R. Bd. 9, S. 26. „ . . . stagnum inter civitatem et villas Rewant et Bogow fluens cum ceteris universis aquis prope civitatem undique superius et inferius decurrentibus . . .".

[6]) . . . . „dictarum quoque aquarum distinctio usque in fluvium Wazmok et usque in aquas que Plauerwater nuncupantur vulgariter se extendit . . ."

ihrem Gesamtumfang umfassten diese Gewässer eine Strecke von rund 25 km Länge, die bei der Grösse des Beetzsees allein von 1018,90 ha einen bedeutenden Anteil der Havelfischerei darstellt. Noch heute befindet sich die Stadt Brandenburg im Besitz der Grossgarnfischerei. Der auf ihrem Wasser berechtigte Kietz hat sich zu einer Innung entwickelt, während die auf alter Gewohnheit beruhenden Berechtigungen der dem Beetzsee anliegenden Gemeinden noch heute in Gestalt sog. Haus- und Küchenfischerei sich erhalten haben.[1]

Zahlreich waren die Kompetenzstreitigkeiten, in die die Altstadt im Laufe der Jahrhunderte verwickelt wurde. Im Jahre 1383[2] vergleichen sich das Domkapitel und die Altstadt erstens wegen deren Wehr, das vor alters im Beetzsee stand und jetzt allernächst steht dem See zur linken Hand vor des Domstifts „Carpwere", das steht unterhalb der Brücke, wenn man von der neuen Stadt nach Mockzow geht und oberhalb der Brücke zur rechten Hand vor dem Dom zu Brandenburg, zweitens wegen des Wehres vor der Crackowschen Brücke, das der Propst unter sein Gericht ziehen wollte; drittens wegen der Lanke vor der Crackowschen Brücke. genannt Heilige Geist-Lanke vor dem Kietz der Altstadt; viertens wegen zweier Züge im Beetzsee gegen Moktzow; fünftens wegen der kleinen Fischerei in dem Riewendsee oberhalb Moktzow dahin, dass das Domkapitel alle diese Stücke zugunsten der Altstadt verlässt. Dagegen überlässt die Stadt dem Domkapitel das Wehr, dazu 20 Klafter von den nächsten Hauptpfählen genannter Brücke zum See hin und von den Zeichen zu beiden Seiten des Wehres 26 Klafter zu alleiniger Befischung gegen 25 Schillinge Rente zu Weihnachten zahlbar. Die Stadt behält Gericht und Eigentum am Wehr, dagegen soll das Kapitel an den vorgenannten Wehren vor der Crackowschen Brücke ferner ihren Zins und, was es sonst daran hat, behalten. Wir sehen, die Besitzverhältnisse konnten recht verwickelter Natur sein.

Zu zahlreichen und zugleich für die Geschichte des Fischereirechtes interessanten Auseinandersetzungen kam es mit den dem Beetzsee anliegenden Gemeinden, die sich um die Mitte des 15. Jahrhunderts abspielen. Man suchte Ordnung in die noch wenig geklärten fischereilichen Verhältnisse zu bringen, aus welchem Grunde die diesbezüglichen

---

[1] Seitens der Stadt Brandenburg ist die Grossgarnfischerei ihres Anteils an Berufsfischer verpachtet. Ein Teil des Sees (Beetz-See) ist als Schaarfischerei der Altstadt-Innung, ein anderer kleiner Teil dem Domkapitel überlassen. In den am See gelegenen Gemeinden Brielow, Radewege, Butzow, Ketzur, Lünow, Gorz, Bagow und Päwesin wird von 26 Berechtigten Haus- und Küchenfischerei, in Wachow von 2 Berechtigten Gewerbsfischerei ausgeübt, siehe Eckstein, Die Fischereiverhältnisse der Provinz Brandenburg zu Anfang des 20. Jahrhunderts, II. Teil, Berlin 1908, S. 11.

[2] Rd. 9, B. S. 63.

Entscheidungen eine besondere Beachtung verdienen. Sehr lehrreich ist in dieser Beziehung ein Vergleich vom Jahre 1440,[1]) nach dem Jaspar Landin, Bürger zu Brandenburg, der Altstadt gegenüber seine und seiner Zinsleute zu Butzow vermeintlichen Rechte auf die Fischerei mit „Flaken, Bystellen, Clevenetten" und auf alle andere Fischerei in der Stadt Zugwasser zu Butzow aufgibt; dagegen soll ein von ihm oder seinen Erben zu ernennender Einwohner von Butzow in diesem Wasser mit einem Kahn bei dem Lande kleine Fischerei haben, an den Bruchwehren Reusen stellen, mit Puffert jagen und 2 Clevenetten führen, die er am Rohre entlang stellen mag, ohne in die Zugwasser zu geraten. Aus der ungeordneten „wilden" Gemeindefischerei wurde hier also eine geordnete beschränkte.

Die Fischerei beim Dorfe Lünow betrifft ein Streitfall vom Jahre 1442.[2]) Erdtmann Clot klagt, dass der Rat der Altstadt Brandenburg zwei seiner Leute, die nachts auf dem See bei Lünow gefischt, habe verjagen und ihnen mit Gewalt ein Flocknetz nehmen lassen. Der Rat antwortet, er habe mit den 2 Leuten, die auf seinem Gewässer unrechte Fischerei betrieben, nach dem Rechte verfahren wollen. Da diese flohen, habe er das Flocknetz zu Recht gepfändet. Die Ansprüche des E. Clot, die Fischerei auf dem Wasser als Lehn und väterliches Erbe überkommen zu haben, bestreitet der Rat, worauf folgender gerichtlicher Entscheid erfolgt: Kann der Rat mit Fürstenbriefen beweisen, dass der Lunowsee sein Eigentum sei und mit einem Bürgermeister, 2 Ratleuten und 6 unbescholtenen Männern den Beweis erbringen, es sei niemand mit seinem Willen eine Gewere an den Wassern eingeräumt, so mag er sein Eigentum und Gewer behalten. Die Altstadt will sich dieser Beweisführung unterziehen.[3]) Dennoch will Markgraf Friedrich diesen Streit in Freundschaft begleichen.[3]) Er entscheidet dahin, dass die Gebrüder von Bardeleben und der junge Clot zu Lunow auf dem See zwischen der Stadt und Riewendt auf die Flockerei verzichten sollen, und dass Abt Johann von Lehnin, Probst Peter zu Brandenburg und Ritter Achim Kerkow entscheiden sollen, wie es mit der anderen Fischerei mit Puffert, Klebenetzen und Reusenstellen gehalten werden soll.

1444[4]) vergleichen sich beide Städte Brandenburg über die Fischerei bei Päwesin und Zudam. Die Einwohner beider Orte sollen ihre von alters in den Gewässern der Altstadt ausgeübte Fischerei auch ferner betreiben dürfen, mit Ausnahme des Flakens und Beistellens beim grossen Garn. Für diesen Verzicht soll Hinrik Hopenrade, oder wer auch Posin haben wird, von der Altstadt jährlich zu Martini 2 Pfund Pfennige erhalten. Wir finden hier also eine regelrechte Ablösung alter Gerechtigkeiten seitens der Altstadt Brandenburg. Die vom Rate dürfen durch

---

[1]) R. Bd. 9, S. 151. — [2]) R. Bd. 9, S. 156. — [3]) R. Bd. 9, S. 157. — [4]) R. Bd. 9, S. 161.

den „strenk" zu Posin fahren, müssen aber aufgezogene Pfähle und Hürden wieder hinsetzen und Schaden bessern, wogegen die von Posin ihre Wehre nicht anders bauen sollen, als sie von alther gewesen. In ähnlichem Fall entscheidet Kurfürst Friedrich 1451[1]) gegen Heine Broseke, die Flakerei und das Beistellen auf dem Wasser, das die Dörfer Ketzür, Garz und Riewendt umfliesst, hinfort zu unterlassen. Ebenso interessant für das Aufhören der „wilden" Fischerei ist ein Vergleich vom Jahre 1452[2]) zwischen der Altstadt und denen von Brösicke dahin, dass diese auf den Gewässern bei Garz, Ketzür und Riewendt auf die Flakerei und das Beistellen verzichten, doch dürfen in jedem Dorf 2 Männer die Fischerei betreiben, ein jeder mit 2 löblichen Klebenetzen, nicht zu kurz und nicht zu lang, und mit Pufertjagd, vom Lande an, so weit er reichen kann.

Zwei Urkunden vom Jahre 1452 und vom Jahre 1462[3]) bringen das Zeugnis des Richters und der Bauern zu Riewendt, dass der Riewendt-See von alters der Altstadt Eigentum sei bis an den Klinkgraben, die Mönchelanke und das „krutze schoss" (1462: „Kurtzsehen"), und die von Wachow dort nie hätten fischen dürfen. Es hängen diese Zeugenaussagen zusammen mit einem Streit der Altstadt gegen das Kloster Lehnin, den im Jahre 1463[4]) Kurfürst Friedrich II. schlichtet. Die Altstadt soll den See Mönchelanke behalten, aber dem Kloster für die grossen Züge darauf 1 Schock märkische Groschen alle Jahre geben. Der Riewendt-See, von der Mönchelanke bis an die krummen Weiden, fällt an die Altstadt, die den Abt durch einen freien Hof und Wohnung in der Stadt zu freiem Eigentum entschädigt hat; auch soll sie dem Abt und den Sendboten von Lehnin von den grossen Zügen wie vor alters Herrenfische geben. Die kleine Fischerei dagegen darf der Kellner von Lehnin den Bauern von Wachow vermieten. Im Jahre 1467[5]) liegt man wiederum in Streit über die Fischereien im Mönchelank und Riewendt, und der Bischof Dietrich von Brandenburg stiftet einen Vergleich auf Grund eines ausführlichen Zeugenverhöres, zu dem die ältesten Umwohner des Riewendt-Sees geladen waren. Die Zeugenaussagen ergeben, dass die Einwohner von Wachow seit alten Zeiten auf den Wassern gen Wachow die kleine Fischerei ausgeübt hätten, niemals aber auf dem Riewendt, es sei denn, sie hätten es „stalinge" (heimlich) getan. Ausserdem hätten die von Wachow das Vorstellen bei den grossen Zügen gehabt. Auf Grund dieser von 5 alten Leuten gleichmässig gemachten Aussagen einigt man sich.

b) Die Neustadt.

Die Gewässer rings um Brandenburg mit ihrer Grossgarnfischerei waren unter Domkapitel und Altstadt aufgeteilt. Es blieb für die Neu-

---

[1]) R. Bd. 9, S. 171. — [2]) R. Bd. 9, S. 176. — [3]) R. Bd. 9, S. 196 und R. Bd. 10, S. 309. — [4]) R. Bd. 10, S. 310. — [5]) R. Bd. 10, S. 312.

stadt nur eine auf alter Gewohnheit beruhende Berechtigung ihrer Bürger zur Ausübung der Kleinfischerei. In zwei Privilegien aus den Jahren 1315 und 1324[1]) gestatten der Markgraf Johann und nach ihm Ludwig den „Fischern und einzelnen Einwohnern" der Neustadt, havelaufwärts wie -abwärts bis zum Ort Fürstede die sog. „Smalvischerye" auszuüben, wann und sooft es ihnen gefällt.[2]) Im Jahre 1551 findet sich in einer kurfürstlichen Fischerordnung[3]) der Vermerk, dass auf Vereinbarung mit dem Domkapitel weder Hausleute noch Handwerksgesellen, sondern allein die eingesessenen Bürger die Fischerei auf der Havel ausüben dürfen.

Im Jahre 1319[4]) verkauft Markgraf Woldemar an die Neustadt den Kietz Woltitz, wobei die Kietzer natürlich ihren havelaufwärts gelegenen Berechtigungsbezirk behielten und ihn so gleichsam der Neustadt mit zutrugen. Auffallend ist, dass derselbe Kietz Woltitz im Jahre 1327[5]) von Markgraf Ludwig dem Älteren dem Domkapitel zu Brandenburg verkauft wird und im Jahre 1378[5]) als „zuständig der Kirche zu Brandenburg" bezeichnet wird, im Jahre 1412 jedoch wieder von der Neustadt als ihr Eigentum beansprucht wird.[6])

c) Streitigkeiten zwischen Altstadt und Neustadt.

Wiederholt kam es bei der engen Nachbarschaft der Altstadt und der Neustadt zu heftigen Zwistigkeiten. War es einmal der Fischmarkt und seine Regelung,[7]) worüber man besonders in der ersten Hälfte des 14. Jahrhunderts in Fehde lag, so waren es andererseits mancherlei Berechtigungsfragen bei der Ausübung der Fischerei, die gelegentlich zu harten Auseinandersetzungen führten, ja mitunter selbst unter Anwendung von Gewalt zum Austrag gelangten. So erheben im Jahre 1420[8]) die Städte beiderseits Klage gegeneinander beim Kurfürsten, unter Einreichung umfangreicher Klageschriften. Die Altstadt wirft da der Neustadt vor, auf der ihr gehörigen Havel mit einem Garn gefischt zu haben, was doch seit alters nie üblich gewesen, ferner, dass sie die freien Brücher mit Beschlag belegt habe, wo sonst die Bürger und Kietzer der Altstadt, wie auch die Leute des Propstes die Weiden zum Flechten der Fischkörbe geholt hätten, dass Bürger der Neustadt in der Altstadt Havel ungewohnte Wehre gebaut hätten, mit „upkoruen

---

[1]) R. Bd. 9, S. 12 und 24.

[2]) „ . . . . Demum etiam volumus et plenam concedimus potestatem piscatoribus et singulis memorate civitatis inhabitatoribus, ut per totius aque descensum et ascensum usque ad locum, qui Vurstede nominatur, utantur piscatura et licite fruantur, que Smalvischerye vocatur, quando et quotienscunque ipsis videbitur expedire."

[3]) Mylius, Corpus Constitutionum Marchicarum IV, Bd. II, S. 183 ff.

[4]) R. Bd. 9, S. 14. — [5]) Siehe Nr. 6. — [6]) R. Bd. 9, S. 89.

[7]) Siehe Kap. IV, § 2.

[8]) R. Bd. 9, S. 101 ff. und 109 ff.

und hovetpeelen", dass sie mit einem Wehr die Flutrinne der Schiffahrt verbaut und 2 neue Wehre vor den Mühlen unberechtigter Weise errichtet habe, dass sie Kohlgärten und Hopfenwälle anlege, wo sonst die armen Bürger und Bauern auf dem Kietz ihre Körbe und Reusen zum Trocknen hinlegten, dass sie unrechten Zoll auf der Flutrinne erhebe, ihre Fischer vom Markt vertrieben, obgleich sie lebende Fische feilhielten, und diesen die Fische weggenommen und die Mulden habe zertreten lassen, dass sie zur selben Zeit ihre Fischer beim Fischmarkt auf dem Mühlendamm angegriffen und gefangen genommen habe und von jedem Fuhrmann der Altstadt, der auf dem Mühlendamm Fische kaufe, 1 Schilling nehme, das sonst nie gewesen und in den letzten 5 Jahren erst aufgebracht sei. Dagegen berühren die Klagepunkte der Neustadt wider die Altstadt folgende Punkte: Die Altstädter sind mit Gewalt in der Neustadt Wasser und Eigentum, genannt „dye kumarkt", gedrungen und haben einen Bauern gegriffen mit all seiner Habe und Geräte, als Taue, Kähne, Fische, Hudefässer und Kescher. Ferner hat die Altstadt ein neues Wehr errichtet, wodurch sie den Bürgern und Bauern „van dem Kumarket und to Smollen" an ihren Fischereien grossen Schaden tut und wovon sie zu ihrem Nutzen jährlich 10 Schock böhmische Groschen einnimmt. Von einem Totschläger auf dem Kietz hat die Altstadt widerrechtlich Sühne genommen. Zu Posin hat sie ferner den Bauern die freie Fischerei auf dem Bauernwasser untersagt, das Eigentum der Bauern zu Bagow ist und die Ratmannen der alten Stadt jährlich den Bauern abmieten, wofür sie den Gotteshäusern beider Städte 1 Pfund Pfennige geben. Ebenso hindert die Altstadt die Bauern an der freien Fischerei in den Wassern, die sie kürzlich von Heine van den Bohone bekommen hat, der sie seinerseits vom Markgrafen zum Lehn hatte, und hat mit Gewalt und gewaffneter Hand den Bauern die Wehranlagen zerstört. Auch den Bürger Hans von Prutzke behindert die Altstadt an der freien Fischerei mit 4 freien Kähnen auf dem Riewendt, was man auf 50 Schock böhmische Groschen Schaden erachtet. Auch hat die Altstadt die Bauern zu Niendorf flaken und fischen lassen auf dem Wosmick,[1] der dem Heiligengeiststift zusteht und Hegewasser ist, was man auf 100 Schock böhmische Groschen Schaden erachtet. In einer Rechtfertigungsschrift[2] führt die Altstadt zu diesen Punkten dann folgendes aus: Die Neustadt habe kein Recht dazu, ihre Bauern mit einem Garn auf der Havel fischen zu lassen, die ja auf Grund ihrer Fürstenbriefe von Riewendt und Bagow rings um Brandenburg bis zum Wusmick, genannt „Plauerwater", der Altstadt Eigentum sei. Den Bauern zu Bagow sei sie übrigens an ihrem jährlichen Zins nichts schuldig geblieben. Sonst wäre das Wasser ihr altes Eigentum, wie

---

[1] Wosmick, Plauer-Wasser. Siehe Urk. v. J. 1420, 8. Dez. R. Bd. 9, S. 112 ff.
[2] R. Bd. 9, S. 112 ff.

sie mit Fürstenbriefen beweisen könnten, auf dem die Bauern dort widerrechtlich mit „ffloten und alquesten" fischten, was doch noch nie gewesen sei. Im übrigen bestehe die Fischerei des Prutzke mit 4 Kähnen zu Unrecht, es läge auch kein noch so grosses Dorf an dem Wasser, das von Recht mehr als einen Kahn haben solle, was sie wohl beweisen könnten. Was nun aber das Fischen der Bauern zu Niendorf auf dem Wusmick betreffe, so geschehe das zu Unrecht und keinesfalls unter ihrem Einverständnis.

Zu einem interessanten Vergleich zwischen beiden Städten kommt es im Jahre 1423.[1]) Danach dürfen die Bauern zu Niendorf, zu „smollen", „dy gathmarchschen, kumarchschen, beyden Kitzen", und auch die Bürger in beiden Städten, so oft es einen gelüstet, sich des „stintlekes" gebrauchen, wann die Zeit ist, bis in das Wehr, das bei Niendorf liegt, und mit dem Reusenstellen sollen die Bauern es halten, wie seit alters geschehen; dazu mögen sich die „kumarkschen to yse der swaten" gebrauchen, wie sie das von alters getan. Endlich entscheidet im Jahre 1516[2]) Kurfürst Joachim zwischen beiden Städten: Das neue Korbgatter, das von dem Schulzen auf dem Kietz errichtet ist, soll bestehen bleiben, aber nicht erweitert und die Grenze durch Pfähle festgelegt werden. Die Altstädter sollen den Neustädtern das Wehr (Korffgat) im Plutenick gönnen und die gepfändeten Reusen zurückgeben, das Elenden-Wehr soll in seinem jetzigen Umfange bestehen bleiben.

8. Die Fischereiberechtigungen der der Havel anwohnenden Dorf- und Stadtgemeinden.

Neben der Vielheit von Fischereirechten, die wir in der Hauptsache bisher betrachtet haben, gab es im Mittelalter an der Havel noch eine bei weitem verwickeltere Menge von Fischereiberechtigungen, die völlig unabhängig von den Fischereirechten neben diesen bestanden und von Fischern im Hauptberuf wie auch im Nebenberuf genutzt wurden, die sich ihrerseits zu kleineren Verbänden zusammengeschlossen hatten. Auf die Fischergemeinden zu Hennigsdorf, Damm, Kietz zu Spandau, Pichelsdorf, Kietz zu Potsdam, Burgstrasser zu Potsdam, Kietz zu Fahrland, Innung zu Werder, Phöben, Göttin, Leest, Töplitz, Ketzin, Deetz, Schmergow, Paretz brauchen wir an dieser Stelle nicht einzugehen, da wir ihre mittelalterliche Geschichte bei Behandlung der Neuzeit aus dem Grunde der Einheitlichkeit im 2. Teil dieses Kapitels mitbehandelt haben. Als Fischergemeinden finden sich dann ferner noch an der mittelereren Havel die zu Saaringen und zu Brandenburg.

Während es für die grösseren Fischergemeinden charakteristisch ist, dass ihre Berechtigungsbezirke oft weit über ihre Gemarkungsgrenze hinausragen, finden wir bei den übrigen dem Wasser anliegenden Dorf-

---

[1]) R. Bd. 9, S. 119 ff. — [2]) R. Bd. 9, S. 266.

gemeinden die etwaigen Fischereiberechtigungen stets auf ihre Gemarkung beschränkt. Wir haben bereits gesehen, wie in einzelnen Ortschaften im Laufe des 14. Jahrhunderts aus der „wilden" Fischerei, die allen Gemeindemitgliedern zustand, eine beschränkte wurde (siehe Nr. 7). Im Jahre 1375 finden wir Fischereiberechtigungen in fast allen der Havel anliegenden Ortschaften: In Nieder-Neuendorf,[1]) Paren,[2]) Zachow,[3]) Trebow,[4]) Bagow,[5]) Riewendt,[6]) Bähnitz,[5]) Lunow,[7]) Kotzyre,[5]) Butzow,[5]) Grabow,[5]) Radewege,[9]) Wachow,[4]) Namitz,[10]) Prützke,[10]) Gartz,[7]) ferner im Jahre 1590 in Gatow,[11]) Kladow[11]) und Heiligensee.[12]) Die Berechtigungen der Dörfer Caputh und Plessow lernten wir bereits oben (siehe Nr. 4) kennen. Von den Stadtgemeinden haben Potsdam, Werder und Ketzin niemals Fischereirechte besessen und auch die Fischereiberechtigungen lagen stets nur auf den Fischergemeinden, die in diesen Städten wohnten. Die Fischereirechte der Alt- und Neustadt Brandenburg sind schon oben (siehe Nr. 7) behandelt. Endlich besass auch die Stadt Spandau im Jahre 1590 ein Fischereirecht innerhalb des Stadtgebietes.[13])

§ 3. Das Fischereirecht auf der Unterhavel.

1. Die Fischereirechte des Klosters Lehnin.

Bereits bei der Behandlung der Fischereirechte der Altstadt Brandenburg (siehe § 2, Nr. 7) hatten wir die Unterhavel betreten, da diese sich nach einer Urkunde vom Jahre 1324 bis zum „Plauer Wasser" erstreckten. Unmittelbar hieran schliessen sich nun die Fischereirechte des Klosters Lehnin an. Der Gesamtbesitz des Klosters war auf folgende Weise zustande gekommen:

Im Jahre 1287[14]) kauft das Kloster Lehnin von Dietrich von Torgow 20 Pfund Abgaben von dem Plauer Wasser für 130 Mark Brandenburgischen Silbers. Im Jahre 1291 schenkt Markgraf Otto auf Bitten seines in Lehnin lebenden Bruders diesem Kloster das Eigentum der Gewässer bei Plaue.[15]) Aus dem Jahre 1294[16]) wird uns ein weiterer Erwerb mitgeteilt, und zwar mit genau spezialisierten Angaben. Der Schöppenstuhl und der Rat der Altstadt Brandenburg bekunden den Verkauf von Fischereirechten des Martinus von Kare und Gerkinus von

---

[1]) Lb. S. 95. — [2]) Lb. S. 97. — [3]) Lb. S. 113. — [4]) Lb. S. 307. — [5]) Lb. S. 106. — [6]) Lb. S. 98. — [7]) Lb. S. 101. — [8]) Lb. S. 107. — [9]) Lb. S. 105. — [10]) Lb. S. 127.

[11]) Geh. Staatsarchiv, Erbreg. von Spandau vom Jahre 1590.

[12]) Geh. Staatsarchiv, Erbreg. des Amts Mühlenbeck 1591.

[13]) Heute besitzt die Stadt eine Berechtigung zur Kleinfischerei auf dem halben Strom der Unterhavel bis zu dem Klostermühlengraben; dagegen ist die Berechtigung zur Kleinfischerei auf dem halben Strom von der Schleuse bis zur Triftstrasse aus Anlass der Anlage des Grossschiffahrtweges im Jahre 1910 abgelöst (Bescheid der Königlichen Forstkasse zu Spandau).

[14]) R. Bd. 10, S. 217. — [15]) R. Bd. 10, S. 217. — [16]) R. Bd. 10, S. 220.

Visen an das Kloster Lehnin für 56 Mark, nämlich deren gesamtes Erbe am Plauer Wasser: 1 Garnzug „Geseritz" (unam sagenam que vocatur Geseritz), zwischen Grobene und Derentin gelegen am Anfang des Plauer Wassers, 1 Garnzug „Marckschedinge", neben dem See Loseke gelegen, das Wasser von der Burg Plauen, das man „Coione" nennt, aufwärts bis zum See des Dorfes Wusterwitz, 3 Garnzüge zu vollem Besitz (in plenaria potestate) und einen vierten, den sie mit dem Herrn des Dorfes Wusterwitz gemeinsam haben, ferner das Havelgewässer von der Brücke zu Plaue abwärts bis zum Wasser des Dorfes Brisitz (Briest) und von diesem Ort und dem Dorf Grobene an aufwärts bis zum markgräflichen Gewässer der Altstadt Brandenburg. 1308[1]) verkauft Erzbischof Burchard von Magdeburg dem Kloster für 110 Mark Stendalschen Silbers das Eigentum wie an den vom Kloster erworbenen Dörfern in der Zauche so auch am Besitz von 25 Stücken im Plauer Wasser, welche Güter an das Kloster durch Kauf oder Schenkung übergegangen waren.

Im Jahre 1419[2]) berichtet der Abt Heinrich Stich zu Lehnin, dass Hans von Quitzow Ansprüche am Plauer Wasser dem Kloster gegenüber erhoben habe. Diese seien aber zu Unrecht erhoben; von alters her gehörten die Plauer Wasser dem Kloster und nie sei ein Einspruch erfolgt, auch sei das Kloster den Hauptleuten zu Plaue keine Abgaben schuldig, mit Ausnahme der Garnmeister, die eine Abgabe zu entrichten hätten, was sie auch stets getan. Ferner habe Hans von Quitzow im Plauer Wasser neue Wehre errichtet zum grossen Schaden des Klosters.

Im Jahre 1516[3]) vergleicht sich Valentin, Abt des Kloster Lehnin, mit denen von Waldenfels über die Fischerei in dem See bei Plaue und Möser, welchen Vergleich Kurfürst Joachim noch im selben Jahre bestätigt,[4]) und zwar handelt es sich um die kleine Fischerei auf diesen beiden dem Kloster eigentümlich gehörigen Seen. Die Fischer zu Plaue dürfen jeder allein 4 Güsternetze und 4 Plötznetze, nach berlinischer und brandenburgischer Weite und Länge, führen, alle anderen weiten Netze und „Mowesen" sind verboten; auch sollen nie mehr als 2 beieinander die Netze stellen. Ebenso soll mit Quästen nicht mehr gefischt werden. Obwohl die von Plaue nach altem Herkommen auf dem Eise nicht fischen dürfen, so soll ihnen doch gestattet sein auf Bitten derer von Waldenfels, dass jeder mit einem Puffert nach brandenburgischer und berlinischer Weite und Länge am Ufer die Eisfischerei ausübe, doch nie mehr als zwei beieinander. Obwohl ferner der Mösersche See des Klosters Hegewasser sei und auch die kleine Fischerei ihm zustehe, so will es doch den Plauern gestatten mit einem Kahn und Güster- und Plötznetzen darauf zu stellen, doch jeder für sich allein.

---

[1]) R. Bd. 10, S. 229. — [2])) R. Bd. 10, S. 414 ff. — [3]) R. Bd. 10, S. 360. — [4]) R. Bd. 10, S. 362.

Auch ein Puffertnetz zu führen wird den Plauern gestattet, auch dürfen 4 Kähne in der Zeit, in der die Grossgarnfischerei nicht ausgeübt wird, mit den Pufferten zusammen fischen, doch des Flockens sollen sie sich enthalten und in der Laichzeit 3 Wochen lang nicht fischen. Die Bruchwehre an der Wustrow[1]) sollen sie behalten, diese aber nicht zu weit stecken; ebenso können sie in der Laichzeit an die Wustrow Reusen legen, sonst aber sollen sie an der Wustrow kein Recht haben. Kein Teil soll dem anderen Schaden tun in seiner Gerechtigkeit. Kommt einer dem anderen zu nahe, so soll man die Netze pfänden und bei der Herrschaft des Übertreters Klage erheben.

Ein Pachtkontrakt vom Jahre 1532[2]) berichtet uns ausführlich über die Grossgarnfischerei auf dem Plauer Wasser. Bürger und Einwohner von Plaue mieten vom Kloster das grosse Garn und die grossen Züge und Fischereien auf diesem See gegen einen jährlichen Zins von 40 Schock märkischen Groschen, 20 Schock zu Weihnachten, 20 zu Ostern fällig. Dazu 6 Mahlzeiten gute Herrenfische, „up Marien Latere, alle Godes Hiligen, up winachten, Lichtmessen, am Aschedage, Marien und Vasten" und allemal 8 Stück grosse wohlgewachsene Hechte und 8 Stück gute grosse Barse. Diese Fische sind jedesmal an den Dom von Brandenburg zu bringen und frisch und lebendig dort abzugeben, sofern das Eis daran nicht hindert. Die Fischerei erstreckt sich über die Zeit von Bartholomäi bis auf Paschen; Neuerungen jeder Art, etwa mit „Waden" oder anderer kleinen Fischerei sonderlich auf dem Eise, seien verboten. Die Schiffe und Kähne müssen mit „Czinteln, Krammen, Teer und Pech" von Jahr zu Jahr gut bewahrt werden und dem Kloster wieder so gut übergeben werden, wenn das Garn nicht mehr gezogen wird, wie die Bürger sie jetzt übernommen haben. Auch das Garn „von Stück zu Stück, neues wie altes, mit Repen[3]) oder Selecken (Seilen) samt den Rudern, Netzen, Tauhaken, Keschern und alles andere Zubehör" ist dann nach Inhalt der Register zurückzugeben. Immer auf ein Jahr soll der Vertrag gelten und auf Johannis-Baptisten-Tag im Mittelsommer erneuert werden.

In der Mitte des 16. Jahrhunderts gehörten dem Kloster Lehnin auf den „Plauisch Wassern" 21 Garnzüge, auf dem Möserschen Wasser 22 Garnzüge und der Wusterwitzsche See mit 5 Garnzügen.[4])

2. Die Fischereirechte des Domkapitels zu Brandenburg.

An die Fischereirechte des Klosters Lehnin reiht sich der Besitz des Domkapitels zu Brandenburg. Im Jahre 1340[5]) tritt Bischof Lud-

---

[1]) = Wustrau, eine weit in den Plauer See hineinspringende Landzunge, siehe Karte des Deutschen Reiches 1 : 100 000, Blatt 292, Brandenburg a. H.

[2]) R. Bd. 10, S. 375.

[3]) Rep = Tau, Strick, noch heute ein gut nd. Wort und in der Mark gebräuchlich.

[4]) Geh. Staatsarchiv, Altes Lehniner Amtsbuch.

[5]) R. Bd. 8, S. 250.

wig dem Domkapitel zu vollem Besitz folgende Rechte ab: Den See hinter Pritzerbe mit allen dazugehörigen Gewässern, die Pritzerber Havel, die Havel von der Briester Havel abwärts bis zum Wehr „Stechow", dazu die beiden Lachen (lacunae), genannt die „nedersten Lanken" mit grosser und kleiner Fischerei, mit der Alrep-Fischerei (piscatura dicta Alrep) und jeder anderen Art der Fischerei mit allen Garnzügen und Zinsen, zu jeder Zeit zu fischen. Ohne Zustimmung des Kapitels hat niemand irgendeine Art der Fischerei hier auszuüben. 1382[1]) verkauft Dietrich Vogelsack dem Domkapitel eine jährliche Rente in Höhe von 1 Pfund brandenburg. Pfennige in ihrem Wasser zu Pritzerbe und entsagt aller Ansprüche auf das Wasser. 1403[2]) erwirbt das Kapitel von der Elendengilde der Alstadt Brandenburg eine Rente in Höhe von 1 Pfund brandenburg. Pfennige aus dem Pritzerber Wasser. 1387[3]) erwirbt das Domkapitel käuflich vom Erzbischof zu Magdeburg den See zu Wusterwitz und zu Möser mit den Zügen und der grossen und kleinen Fischerei für 150 Mark brandenburg. Silbers. Im Jahre 1437[4]) überlässt dann Erzbischof Günter von Magdeburg dem Domstifte diesen bisher nur pfandweise besessenen See eigentümlich für die Pfandsumme von 150 Mark. 1389[5]) verkauft Zander Vreilstede dem Domkapitel die grosse und kleine Fischerei, sowie Alrep und alle Fischerei, Renten und Zinsen, die er zu seinem Leibgedinge in den Seen zu Wusterwitz und Möser hatte, für 30 Schock böhmische Groschen.

Das Domkapitel nutzte seine Fischereirechte durch Verpachtungen. Sahen wir, dass 1532 die Bürger zu Plaue das grosse Garn im anliegenden See vom Kloster Lehnin pachteten, so pachten in Pritzerbe schon 1394[6]) dortige Bürger vom Domkapitel die Fischerei in der Pritzerber Havel, „die da anhebt an dem Krikwerder bei dem Dorf zu Briest und niederwärts endet an dem Briffwehr bei dem Dorf zu Gopel"[7]) — wir erfahren also hier genau die Grenzen des Havelbesitzes des Domkapitels —, dazu die Lanken in der Havel und alle anderen dem Kapitel zu Pritzerbe gehörigen Wasser mit Zügen, Alrep, Reusenstellen, Körbelegen, mit grosser und kleiner Fischerei. Ohne des Kapitels Erlaubnis soll niemand hier fischen noch Quäste legen; die von Tykow dürfen von der Kirche wegen auf der „Sankt Niklaus Lanke" Quäste legen. Die Pachtzeit beläuft sich auf 12 Jahr, die Pacht selbst beträgt 18 Pfund und 5 Schilling brandenburg. Pfennige. Dazu müssen die Pächter dem Kapitel das Holz abfahren helfen, so oft dieses es begehrt. Im Jahre 1548[8]) finden wir hier noch denselben Zustand vor.

---

[1]) R. Bd. 7, S. 472. — [2]) R. Bd. 8, S. 381. — [3]) Bd. R. 8, S. 352. — [4]) R. Bd. 8, S. 408. — [5]) R. Bd. 8, S. 359. — [6]) R. Bd. 7, S. 474.

[7]) = Kolonie Gapel, an der Havel gegenüber Bähnitz, ehemals ein Dorf, später wüst geworden, siehe Fidicin, Territorien. Westhavelland 17.

[8]) R. Bd. 7, S. 480.

Bischof Joachim von Brandenburg stiftet einen Vergleich zwischen den Garnleuten des Städtchens Pritzerbe mit den Dorfschaften Föhrde und Ferchesar wegen der Fischerei im See; es handelt sich um das Reusenstellen. Künftig sollen die Garnleute bei Übertritt des Wassers auf die Wiesen („wenn sich der See ergossen") nicht mehr auf dem Grund und Boden der beiden Dörfer ihre Reusen stellen, weil dabei zuviel Zwietracht bisher geschehen, dagegen dürfen die beiden Dörfer das innerhalb ihrer Grenzen auf ewige Zeiten tun. Wieweit dies geschehen kann, soll durch Stangen und Pfähle nach dem jetzigen Wasserstande festgelegt werden. Der Pufertjagd und Fischerei mit der Wate dagegen sollen sich die Dörfer enthalten.

Die kleine Fischerei im Grosswusterwitzer See tut das Domkapitel 1447[1]) erblich aus an Klaus Clagentin, Claus Wolter, Hans Moser und Hans Kruger für 4 Pfund brandenburgische Pfennige. Ein Wiederverkauf soll nur mit Wissen des Kapitels geschehen. Noch einmal überlässt im Jahre 1454[2]) das Kapitel die Hälfte der kleinen Fischerei zu Grosswusterwitz gegen einen jährlichen Zins von 2 Pfund brandenburgischer Pfennige dem Jürgen Möser.

In einem Streit des Kapitels mit Henning Direken, zu Gutzkow gesessen, entscheiden im Jahre 1488[3]) der Erzbischof Ernst zu Magdeburg und Markgraf Johann, dass Direken mit 2 Kähnen mit Flackerei, Puffert und Klebenetzen auf der halben Havel von seiner Wohnung zu Gutzkow an bis an den Stechow fischen darf, zu derselben Zeit und nicht eher als die von Pritzerbe das tun.

Bis zum Jahre 1732 wurde die Grossgarnfischerei seitens des Domkapitels an Bürger zu Pritzerbe verpachtet. In diesem Jahre verkaufte das Kapitel diese in zwei Teilen, den einen für 1200 Taler, den anderen für 90 Taler, an die bisherigen Pächter des grossen Garns.[4])

3. Die Fischereiberechtigung der Stadt Rathenow.

Der geringen Breite des Flusses wegen scheint sich auf der Havel bei Rathenow eine staatliche Grossfischerei nicht ausgebildet zu haben. Die Bauern in den Dörfern und die Fischer in den Fischerdörfern — bei Rathenow gab es allein 3 Kietze (Ober-, Mittel- und Unterkietz mit im Jahre 1793 noch 28 Fischern und 3 Schulzen)[5]) — nutzten die Fischerei auf Grund alter Berechtigungen.

Eine ausführliche und in vielen Punkten sehr interessante Verordnung über die Fischereiberechtigung der Stadt Rathenow und ihrer Bürger hat sich aus der Zeit um 1600 erhalten, die aber auch für die vorhergehenden letzten beiden Jahrhunderte Gültigkeit beanspruchen

---

[1]) R. Bd. 8, S. 413. — [2]) R. Bd. 8, S. 416. — [3]) R. Bd. 8, S. 468.

[4]) Geh. Staatsarchiv, General-Direkt. Kurmark. tit. CXV, sect. O, 13 Fischer, Nr. 1.

[5]) Kgl. Regierung zu Potsdam, Dom.-Reg., Generalia-Fischereisachen, Fach I, Nr. 5.

kann.[1]) Danach haben „die Bürger, so in der Ringmauern ihr eigen Haus und Feuerherd haben, und der Stadt mit Pflichten verwandt sein, die Freiheit, dass sie von Johannis Baptistä an, und nicht eher, bis auf Bartolomäi, und nicht länger, mit dem Hahme, doch auf folgendermassen fischen mugen": Sie dürfen im freien Havelstrom und an den Orten, wo es von alters vergönnt und so weit die Grenzen vom Rat durch Steine und Weiden abgesteckt sind, fischen. Das Nachtfischen bleibt wie bei den Vorfahren auch ferner verboten. Übertretung wird zum Abscheu der anderen mit Gefängnis oder einer Geldbusse bestraft.

Weil ihrer viele des Sommers ihr Handwerk ganz ruhen lassen und sich mit dem Fischen eine tägliche Arbeit machen, so sollen sie solches übermässige Fischen, das ihnen mehr schädlich denn erspriesslich ist, fortan ganz einstellen und wöchentlich nur noch zweimal und jeden Tag nur einmal, entweder vor- oder nachmittags fischen bei Strafe eines Talers. Wenn ihrer mehr als zwei oder drei zusammen gesehen werden, verwirkt das für jeden eine Bestrafung von einem Taler.

Die Maschen der Fischhamen müssen so weit sein als das „Spuhn", so in der kurfürstlichen Fischerordnung festgesetzt und im Rathaus oder am Tor angeschlagen steht, aufweist, damit der Laich und kleine Same nicht verwüstet werde; Zuwiderhandlung wird mit einem Taler Strafe belegt und die Hamen werden zerhauen.

In der Laichzeit sollen die den Fischern auf den drei Kietzen gehörigen Reusen, ihre Hegewasser, Krautberge und Gelege verschont werden bei Strafe eines Talers.

Der Same, der mit zu Lande gezogen wird, soll wieder ins Wasser gesetzt werden, damit er den Vögeln nicht zuteil werde.

Den Einwohnern soll das Fischen gänzlich verboten sein, und kein Bürger soll denselben neben sich zu fischen gestatten, sondern sie zurücktreiben, und wenn sie sich nicht wollen weisen lassen, ihnen die Hamen wegnehmen und sie dem Gericht überantworten, das dieselben mit Gefängnis oder auf andere Weise bestrafen soll.

„Weil auch viel Weiber, unverschämter Weise, des Fischens sich bisweilen gebrauchen, und solches sehr ärgerlich, auch wider Zucht und Ehrbarkeit läuft, soll ihnen solches bei Strafe der Gefängnis, hiermit verboten sein."

Alle Torwächter und Brückenleute sollen bei ihrem dem Rat geschworenen Eide darauf achten, dass die, „die ausfischen laufen", allen den in dieser Verordnung niedergelegten Weisungen Folge leisten, insonderheit bezüglich der Maschenweite an den Hamen. Bei Verlust ihres Dienstes haben sie Übertreter dem Rat anzuzeigen.

---

[1]) Geh. Staatsarchiv, Rep. 78, III. R. 9. In diesem Paket befindet sich ein Fragment einer dem Anschein nach alten Stadtordnung, das der Schrift nach um 1600 anzusetzen ist, von S. 59—110 erhalten.

Die Kietzer sollen die Bürger bei Ausübung ihrer Berechtigungen nicht hindern und sich nicht mit Worten oder Taten an ihnen vergreifen bei Gefängnisstrafe; sollten die Bürger aber den Kietzern in ihren Gelegen oder Hegewassern zu nahe kommen, dann soll gegen solche Verbrecher nach dieser Ordnung verfahren werden.

Wenn auch wohl, wie die Erfahrung gezeigt hat, ein ordentlicher Fischmarkt wie in anderen Städten wöchentlich auf gewisse Tage nicht angeordnet werden kann, so sollen doch die Fischer sich dahin bemühen, dass ein jeder Bürger zur Not Fische bekommen kann.

Die Kietzer sollen die Fische nicht heimlich hinterhalten und bei ihren Fischwehren aussetzen, um sie hernach Fremden zu verkaufen, bei 2 Taler Strafe. So sollen sie auch, wenn sie zum Fischen ausfahren, des morgens um 8 Uhr, des nachmittags um 4 Uhr wieder am Lande sein, und die Zollfische, die ihnen beschert, den Bürgern für einen billigen Pfennig zukommen lassen. Endlich, wenn im Herbst die Garnzüge gehalten werden, sollen sie jedem Bürger, der an Speisegut etwas begehrt, solches um gebührliche Bezahlung zukommen lassen und alsdann, was übrig bleibt, ihrem Käufer zuschlagen.

4. Die Fischereirechte der Fischergilde zu Havelberg.

Die fischereirechtlichen Verhältnisse zu Havelberg verdienen aus innerlichen Gründen eine genauere Betrachtung. Wir haben hier von den sonst an der Havel beobachteten Zuständen abweichende Formen. Schon in sehr früher Zeit ist es hier nämlich, wohl durch die engere Nachbarschaft zum Reich hervorgerufen, zur Ausbildung einer Gilde gekommen. In Magdeburg bestand im 15. Jahrhundert eine Fischerbrüderschaft mit Ober- und Untermeistern[1]) und in Arneburg a. d. Elbe im 16. Jahrhundert eine auch im Namen an die Havelberger Verhältnisse erinnernde und durch ausführliche Statuten geregelte „Fischer-Componei".[2]) 1371 als „Angeler" bezeugt,[3]) bilden die Havelberger Fischer schon im Jahre 1431 eine „Fischer-Kumpanie",[4]) im Jahre 1584 eine „Gilde".[5]) Dieser Vorgang, der seine Erklärung entweder in dem deutschen Ursprung der Fischer findet oder in einer durch die Geschichte gerechtfertigten — da die Kolonisierung hier intensiver als weiter ostwärts erfolgte — früher als bei den anderen slawischen Fischergemeinden. zum Abschluss gekommenen Germanisierung ehemals slawischer Fischer, hatte für die rechtliche Stellung der Gilde, gegenüber der der slawischen Fischergemeinden, bedeutende Folgen. Da ebenfalls in Havelberg eine slawische Fischergemeinde vorhanden war, so lässt sich gerade hier dieser in der rechtlichen Stellung zum Ausdruck gelangende Gegensatz

---

[1]) Siehe Hertel, Urkundenbuch der Stadt Magdeburg, III, S. 136.
[2]) Siehe Hegert, Märkische Forschungen, Bd. 17, S. 91 ff.
[3]) R. Bd. 3, S. 397. — [4]) R. Bd. 3, S. 299. — [5]) R. Bd. 3, S. 328.

beobachten. Die, sagen wir „deutsche" (ob deutschen Ursprungs oder früher als andere Fischergemeinden germanisiert, lassen wir dahingestellt) Fischergilde, ist von Anfang an eine freie Korporation, während die slawische Fischergemeinde, wie wir das noch bei allen anderen slawischen Fischergemeinden beobachten werden (siehe Kapitel II), sich in Abhängigkeit befindet, und zwar hier in Havelberg in Abhängigkeit vom Domkapitel.

Im Jahre 1371[1]) erhalten die „Engheler" (Angler) zu Havelberg vom Markgrafen Otto ein Privileg, wonach niemand „die Engheler czu hauelberge an dy same und an dy Krudberg und an allen andern iren rectikeiten, die sie haben an vischweiden oder woran das sei, von rechte und von alder gedechtnusse" hindern solle. Wer das tut, tut es gegen den Markgrafen selber, und das soll diesem nicht vergessen sein.

Zu diesem Fischereiprivileg gesellte sich sehr bald das Monopol des Kaufens und Verkaufens. Im Jahre 1472[2]) entscheidet Kurfürst Albrecht von Brandenburg in einem Streit zwischen dem Propste Gerhard Detert zu Havelberg, der Stadt und den Käufern (kopern) dortselbst einerseits und der Stadt Rathenow andererseits wegen des Fischverkaufes und der Schiffsvermietung dahin, dass die von Rathenow ihre Fische und Ware frei in den brandenburgischen Strömen und Landen schiffen und führen mögen; wenn sie aber damit nach Havelberg kämen, sollten sie die Fische den von Havelberg oder den Käufern daselbst zum Kauf anbieten und gegen gebührliche Bezahlung verkaufen. Wenn die Havelberger nicht kaufen wollten, dann dürften die Rathenower ungehindert mit ihren Fischen fahren, wohin sie immer wollten. Wir beobachten hier also ein zünftiges Privileg, das dieser Gewerbekorporation die ausschliessliche Ausübung ihres Gewerbes in einem gewissen Umkreise garantiert. Die Rathenower mussten hiermit einverstanden sein, denn sie konnten auf ein gleiches Recht, ihrer Abhängigkeit als Kietzer wegen, gegenüber der freien Havelberger Korporation nicht bestehen.

Die Fischergilde suchte ihre Rechte zu erweitern und zu befestigen. Im Jahre 1486[3]) erwirkte sie sich neben einer Bestätigung ihrer alten Rechte vom Kurfürst Johann das Privileg, dass zwischen Rathenow und Havelberg niemand als die Käufer zu Havelberg mit Angelkähnen fahren und dass niemand mit engen ungewöhnlichen

---

[1]) R. Bd. 3, S. 397. Markgraf Jobst erneuert dieses Privilegium durch eine dem wesentlichen Inhalte nach gleichlautende Urkunde vom 18. April 1409, ebenso Kurfürst Friedrich I. am 10. Februar 1416, Kurfürst Friedrich II. am 5. August 1441, Markgraf Friedrich der Jüngere Ostern 1453 und Kurfürst Albrecht am 28. April 1472. Hegert, Mitt. des Fischerei-Vereins für die Provinz Brandenburg, 20. Dez. 1899.

[2]) Geh. Staatsarchiv, Rep. 19, Nr. 39; gedruckt: Märk. Forsch. Bd. XVII, S. 84.

[3]) R. Bd. 3, S. 305. Bestätigung Kurfürst Johann Georgs vom Jahre 1571 auf Pergament im Besitz der Fischerinnung zu Havelberg; gedruckt von Hegert, Märk. Forsch. Bd. XVII, S. 88.

Garnen dort auf der Havel fischen dürfe. Ein Privileg Markgraf Joachims vom Jahre 1536[1]) bringt das Monopol ausschliesslichen Kaufes und Verkaufes mit noch klareren Worten zum Ausdruck. Zwischen Rathenow und Havelberg soll niemand denn die Fischer und Fischkäufer zu Havelberg mit Angelkähnen und „Hudefesseren"[2]) und anderen „nassen gefessen in unser Stadt Havelberge sellen mugen". Auf die Klage der Fischer, dass man ihnen den Fischkauf auf dem Prietzener See (Gülper-See) und vom Garn des Domkapitels streitig gemacht habe, verfügt Kurfürst Joachim II. im Jahre 1555,[3]) dass die Amtleute zu Tangermünde die Fischer schützen sollten. Die Beamten zu Tangermünde haben darauf eine bestimmte Ordnung über den Fischkauf auf dem Prietzener See erlassen, die selbst zwar nicht bekannt ist, deren aber 1644 zum ersten Mal Erwähnung getan wird.[4])

Im Jahre 1609 beschweren sich „sämtliche Fischer und Käufer in Havelberg" in einer Eingabe an den Kurfürsten darüber, dass die Gräben und Schläuche, durch die in der Frühlingszeit das Wasser auf die Wiesen austrete, fast allerorts von den am Ufer wohnenden Landleuten verzäunt und verbuhnt würden, wodurch die Fische und der abgesetzte Same nicht wieder zurück in den Strom kommen könnten und infolgedessen ein „unglaublicher Ruin der Fische" dadurch erwachse. Sie bitten in einem neuen Privileg dies bei 50 Taler fiskalischer Strafe zu verbieten und den Zollwächtern zu Havelberg und Rathenow die Aufsicht darüber zu übertragen.

Nach einem zwischen dem Domkapitel und der Stadt Havelberg 1691 geschlossenen und 1693 vom Kurfürsten bestätigten Hauptrezess sollten dann die Fischkäufer des Köperberges mit den Fischkäufern in der Stadt eine Gilde bilden.[5])

Im Jahre 1693 erlässt der Kurfürst auf Bitten der Havelbergschen Fischer eine Gildeordnung, die in den Jahren 1703 und 1714[6]) Änderungen erfährt und im Jahre 1792 gänzlich erneuert wird.[7])[8])

5. Die Fischereirechte des Domkapitels zu Havelberg.

Das vom Bischof Anselm im 12. Jahrhundert in Havelberg gegründete Domkapitel besass neben anderem Besitztum auch Fischerei-

---

[1]) R. Bd. 1, S. 60.

[2]) = Hütefässer, ein hölzerner Fischbehälter.

[3]) Geh. Staatsarchiv, Rep. 19, Nr. 39; gedruckt von Hegert, Märk. Forsch Bd. XVII, S. 87.

[4]) Geh. Staatsarchiv, Rep. 78, IV, 7, 2.

[5]) R. Bd. 3, S. 280.

[6]) Gedruckt von Hegert, Märk. Forsch. Bd. XVII, S. 120.

[7]) Ebenda S. 127.

[8]) Siehe auch zum Fischhandel der Havelberger Fischergilde Kapitel IV, § 1.

rechte auf der Havel. Diese waren besonders beträchtlich auf dem Fluss selbst und erstreckten sich hier von Lütau bei Saldern-Scheide bis zum Krautberge. Ausserdem gehörte dem Kapitel die Fischerei im Kümmernitzer See, in der Aderlanke bei dem grossen Weinberge, in einer Lanke unter Nitzow, in einer Kuhle auf dem Nitzowschen Felde und in dem sog. Jöden- oder Judenborn.[1]

Das Domkapitel und die Stadt standen sich häufig in offener Feindschaft gegenüber und hatten unablässig Streitigkeiten miteinander, besonders über die Gewerbeberechtigungen der „Beiberger"[2] und die Fischerei.

Mit dem Kurfürsten hatte das Domkapitel sogar eine recht heftige Fehde zu bestehen. So liess dieser in Uneinigkeit mit dem Domstifte über die Bischofswahl nach dem Tode des Bischofs Johann von Schlabberndorf einfach durch die Bürger Havelbergs die Wehre des Stiftes in der Havel zerstören.[3] Im Jahre 1520 räumt das Domkapitel dem Dechanten Peter Ruloff die Befugnis ein, solch ein Wehr in der Havel wieder aufzubauen.[3]

Im Jahre 1581 trifft das Domkapitel über das Fischen mit den kleinen Garnen folgende Bestimmung:[4] Weil durch das Fischen mit kleinen Garnen auf des Kapitels See der Fisch im Sommer aufgefangen und der See dadurch verwüstet werde, sollten in Zukunft die Domherren weder zu Winters-, Herbst- und Sommerszeit damit fischen dürfen, auch sollten sich die Bürger und Beiberger des Fischens enthalten bei Wegnahme der Netze. Mit Hamen und Waden dürfe das Gesinde um den See herum wie vor alters fischen. Zu Sommerszeit mögen die residierenden Domherren mit einem Hamen an beiden Säumen des Ufers fischen lassen, aber nicht mit mehr, bei Strafe von einem Wispel Roggen.

Nachdem das Domkapitel im Jahre 1506 seine Prämonstratenser Mönchsregel aufgegeben und weltliches Stift geworden war, wurde es erst Anfang des 19. Jahrhunderts aufgelöst und seine Besitzungen den Staatsdomänen zugeschlagen, die dann das Rentamt Havelberg bildeten (1819). Zu den weltlichen Beamten des Domkapitels im 18. Jahrhundert[5] gehörte auch der „Tokieper", zur Wahrnehmung der Fischereiangelegenheiten. Dieser Beamte hatte darauf zu sehen, dass die Garnkähne in gutem Stande erhalten würden, dass das grosse Garn nebst dem Sacke solche Weite hätte, dass man durch die Netzmaschen einen Daumen und durch die Stacknetze 3 Finger stecken könnte. Ferner hatte er die zur Haushaltung des Kapitels nötigen Fische abzuholen und darauf

---

[1] R. Bd. 3, S. 26. — [2] 1429, R. Bd. 1, S. 44. — [3] R. Bd. 3, S. 122. — [4] R. Bd. 3, S. 190. — [5] R. Bd. 3, S. 65.

zu achten, dass der „Mett-Ketzer" für die Domherren gehörig vollgefüllt würde.

Im Jahre 1784 wurde dann die Domfischerei in den vor Havelberg befindlichen Seen an Heinrich Friedrich Lefftreu vererbpachtet.[1]

6. Die Fischereiberechtigung der Stadt Havelberg.

Aus einem Vertrage des Domkapitels mit der Stadt Havelberg vom Jahre 1527,[2] den Markgraf Joachim durch zwei kurfürstliche Kommissarien vermitteln lässt, geht hervor, dass vom Domkapitel der Stadt und der ganzen Gemeinde das Recht eingeräumt wird, neben des Kapitels Leuten mit Hahmen und Stosswaden (Stasswaden) zu fischen, soweit man waten kann vom Vlothenhofe an bis an die Aderlangk, und unterhalb der Stadt vom Sperlingsberge bis an das Feld von Dalen gleichermassen mit Hahmen und Stosswaden, vier Ellen lang, nicht aber die Lanke am Mühlenholz und dem Dorf Toppel.

Ein Fischereirecht der Stadt, das zum Besten der Kämmerei verpachtet wurde,[3] war unbedeutend. Es bestand in der Fischerei auf der Nöhre, einem Ausflusse der Havel, und auf der Secke, einem Pfuhl an der Sandauschen Grenze. Bis ins 18. Jahrhundert bedienten sich die Herren vom Rat dieser Fischerei für ihre Küche von Amts wegen. Seitdem wurde sie verpachtet für 4—6 Taler jährlich.

7. Das Fischereirecht des Landesherrn auf dem Prietzener (Gülp-) See.

An dem See „Pretzimar" (1333), später Prytzen (1435) und heute Gülpsee genannt, hat sich das landesherrliche Besitzrecht bis in die neueste Zeit erhalten.

Im Jahre 1333 verlieh der Markgraf Ludwig diesen See der Gattin Bertholds von Wildberg zum Leibgedinge.[4] Im Jahre 1435 verpachtete Markgraf Johann die Fischerei in dem See auf 3 Jahre dem Bürger Hans Kurde in Havelberg für 12 Mark Stendalischer Währung und 12 gute rheinische Gulden, zweimal im Jahr zu Martini und Walpurgis zu zahlen.[5] Den Kaufleuten, die des Fischkaufes wegen zum See fahren wollten, wurde dabei sicheres Geleit zugesagt. Im Jahre 1437 vermietet Markgraf Friedrich der Jüngere den See auf 9 Jahre an den Havelberger Bürger Claus Czeleke für 36 Mark Stendalischer Währung.[6] Auch gehörte zur Verpachtung eine Fischereigerechtigkeit „bey der Haveln" und in einigen zum See gehörigen Lanken. Im Jahre 1440 verpfändete Markgraf Friedrich den See für 8 Mark Stendalischer Währung an den Bischof und das Domkapitel zu Havelberg. Sollte diese Summe vom Markgrafen nicht zurückgezahlt werden, dann dürften diese den See selbst vermieten oder auch mit eigenen Garnen befischen lassen,[7]

---

[1] R. Bd. 3, S. 29. — [2] R. Bd. 3, S. 308. — [3] R. Bd. 3, S. 284. — [4] R. Bd. 7, S. 21. — [5] R. Bd. 7, S. 25. — [6] R. Bd. 7, S. 26. — [7] R. Bd. 7, S. 27.

doch wurde dieser Besitz bald wieder eingelöst. Im Jahre 1472 überlässt dann Kurfürst Albrecht den See Prietzen auf 6 Jahre dem Bürger Fogeler zu Havelberg.[1] Dieser hat den See auf eigene Kosten und Zehrung mit eigenem Fischerzeuge zu befischen; die Hälfte aller gefangenen Fische oder ein entsprechendes Geld gehören dem Kurfürsten.

In neuerer Zeit ging der Gülpsee an 3 Gildemitglieder zu Havelberg über, zuerst in Erbpacht, dann völlig in Besitz. Über 100 Jahre war er Eigentum der drei Familien, bis er vor wenigen Jahren durch Kauf in die Hände eines Brandenburger Fischers überging.[2]

§ 4. Das Fischereirecht auf der Unterspree.

Wegen der nur geringen Grösse des Wasserareales ist es auf der unteren Spree zwischen ihrer Mündung und den Köpenicker Gewässern mit Ausnahme des Stralowschen Sees zur Ausbildung einer von der Kleinfischerei getrennten und vom Landesherrn mit Beschlag belegten Grossgarnfischerei nicht gekommen. Neben dem Fischereirecht des Landesherrn, der dieses für die Hofküche in seiner Residenz nutzte, erscheinen auf dieser Strecke noch Fischereiberechtigungen der Spandauer Kietzfischer,[3] der Berliner Fischer — im Jahre 1407 durften es auf der „niederen Spree" nur 3 Fischer mit 3 Kähnen sein,[4] im Jahre 1481 dann 6 Kähne;[5] für die Spree oberhalb Berlin-Cölns fehlen für das Mittelalter genaue Angaben —, und der Fischer zu Stralow, deren Berechtigungsgebiet sich nach Köpenick zu bis zur sog. „Kanne" erstreckte.[6] Die selbständigen Fischereirechte der Stadt Berlin (Stralower See), des Landesherrn (auf den Köpenicker Gewässern) und der Stadt Köpenick (Clodenick) werden wir noch kennen lernen. In eigenartiger Weise hat sich sodann das Fischereirecht auf der Spree in ihrem Grenzlaufe zwischen der Mark und den Herrschaften Beeskow-Storkow entwickelt. Endlich werden wir auf den Gewässern der Herrschaft Beeskow-Storkow das Fischereirecht wieder in der bekannten Art der Grossgarn- und Kleinfischerei ausgebildet finden.

1. Das Fischereirecht der Stadt Berlin.

Im Jahre 1381 befindet sich der Rat der Stadt Berlin im Besitz von „Ses punt gewonliker Berlinischer pennige jerliker renten und ewiger plicht, die si scolen nemen alle Jar von deme sehe by Stralow",

---

[1] R. Bd. 7, S. 31.

[2] „Geschichte der Fischergilde zu Havelberg", Priegnitzer Volksbücher, Heft 32, S. 10.

[3] Siehe Kap. 1, 2. Teil, § 2, Nr. 2.

[4] Urkunde gedruckt Märk. Forsch. Bd. 17, S. 81.

[5] R. Bd. 11, S. 119. In der Neuzeit ist darüber, wieweit und in welcher Weise die Berliner Fischer spreeabwärts fischen dürfen, wiederholt verhandelt worden. Akten in der Domänenregistratur der Kgl. Regierung zu Potsdam, Paketakten.

[6] Geh. Staatsarchiv, Erbreg. des Amtes Mühlenhoff 1591.

die er bisher vom Markgrafen zu Lehen gehabt hat;[1]) der Landesherr hatte also auch hier die Grossgarnfischerei ursprünglich für sich in Anspruch genommen. Der Rat verkauft in diesem Jahre diese Hebung für 72 Schock „breiter böhmischer Groschen" an die Kalandsbrüder zu Berlin. Im Jahre 1400 regeln Bestimmungen die Ausübung der Fischerei auf dem Stralowschen See,[2]) wobei den Kalandsherren die Nachtfischerei verboten und die Maschenweite der Netze auf 2 Finger festgesetzt wird. Im Jahre 1423 verträgt der Rat zu Berlin den Garnmeister und die Fischer zu Stralow bezüglich der Fischerei auf dem Stralowschen See dahin, dass diese, wenn der Garnmeister fischt, das „by an fischen" — das spätere sog. „Beistellen", eine zur Gewohnheit gewordene Berechtigung der Kleinfischer bei der Grossgarnfischerei — haben sollen, doch dürfen sie dabei der „Meteritze"[3]) und den „Heylepelen" nicht zu nahe kommen; auch für die Grossgarnfischerei wird die Zeit der Ausübung festgesetzt (von Maria-Magdalenentage bis Ostern).[4]) Im Jahre 1424 überlässt dann der Rat zu Berlin die vom Kalande im Jahre 1419[5]) wieder eingelöste Grossgarnfischerei der Fischergemeinde zu Stralow für eine jährliche Pacht von 6 Schock böhmischer Groschen und eine dreimalige Fischlieferung im Jahr.[6]) In der Neuzeit erhöhte sich dann der Pachtzins verschiedentlich.[7])

2. Das Fischereirecht des Landesherrn.

Das Fischereirecht des Landesherrn erstreckte sich nach dem Landbuche vom Jahre 1375 auf die Gewässer bei Köpenick und war dem Schlosse zu Köpenick beigelegt. Die Grossgarnfischerei war für 36 Schock Groschen verpachtet.[8]) Die kleine Fischerei und die Wehranlagen brachten jährlich 3 Talente brandenburgischer Denare; dazu kam eine Abgabe von 14 Pfund Pfeffer im Werte von $1\frac{1}{2}$ Schock. Zum Schlosse gehörte der Kietz (vicus qui dicitur Kytz);[9]) jedes der dort befindlichen 23 Häuser zahlte jährlich 15 Denare. Die Kietzgemeinde hatte für 36 Schock und 40 Groschen die Fischerei mit grossen Netzen gepachtet. An der Havel begegnet uns die Pachtung des grossen Garns seitens einer Fischergemeinde erst in der Neuzeit; es befand sich dort ja überall das grosse Garn in der Hand einzelner Grossgarnfischer, der „Garnmeister". Ausserdem entfielen dem Schloss

---

[1]) Fidicin, Historisch-Diplomatische Beiträge zur Geschichte der Stadt Berlin, 1. Teil, Berlinisches Stadtbuch, Berlin 1837, S. 60 ff.

[2]) Ebenda, S. 260.

[3]) Mit „Meteritz" wird der Garnsack bezeichnet.

[4]) Ebenda, S. 253.

[5]) Fidicin, a. a. O., 2. Teil, S. 141.

[6]) Derselbe, 1. Teil, S. 237.

[7]) Derselbe, 5. Teil, S. 178.

[8]) Lb. S. 19. — [9]) Lb. S. 21.

von den Wehranlagen 34 „solidi denariorum"[1]) und 28 „solidi" aus der „Alreph" benannten Fischerei.

Die Grenzen der zu dem Schloss Köpenick gehörigen Gewässer erstreckten sich nach einer Matrikel vom Jahre 1487[2]) vom Müggelsee bis an die Grenze der Berlinischen Gewässer, nach der anderen· Seite bis Rahnsdorf. Ferner gehörten dazu die sog. Heidewasser, der Crossin-, Seddin-, Kalksee, der Flaken- und Haulsee und der Stolpstrom, welche Wasser in ihrer Gesamtheit ein recht beträchtliches Gebiet umspannen. Die Fischer vom Kietz zu Köpenick, Rahnsdorf und Wendisch-Woltersdorf waren darauf zur Kleinfischerei berechtigt.

Auch hier bildeten, wie wir das an der Havel so vielfach beobachtet haben, die Einkünfte aus den Gewässern ein beliebtes Pfandobjekt. Im Jahre 1387[3]) werden sie mit der Stadt und dem Schloss Köpenick von den Gebrüdern von Bieberstein, denen der Markgraf Sigismund diese Güter verpfändet hatte, dem Rate von Berlin weiter verpfändet. Im Jahre 1394 erscheint der Rat zu Berlin im Besitz des Zinses aus der Müggel.[4]) Im Jahre 1428[2]) gestattet Markgraf Johann dem Pfandinhaber von Köpenick, Hans von Uchtenhagen, sogar, einige dahingehörige Gewässer wiederkäuflich auszutun, nämlich 15 Schock Geld jährlicher Rente daraus an einen Berliner Bürger; doch soll Hans von Uchtenhagen beim Wiederkauf seitens des Markgrafen Schloss und Stadt Köpenick mit allen seinen Zubehörungen „frei, ledig und los" zurückgeben. Im Jahre 1440[5]) verpfändet Markgraf Friedrich ebenso 10 Schock Geldes jährlicher Rente an Bürger zu Berlin. Im Jahre 1457[6]) verleiht Kurfürst Friedrich II. dem Henning Schowelbolz mit dem Schloss Köpenick auch den „kanezynsz" auf Lebenszeit. Im Jahre 1463[7]) verleiht der Kurfürst dem Friedrich Berfelde ein freies Burglehn zu Köpenick, wozu das Recht gehört, auf Lebenszeit mit kleinem Zeuge („czaw") auf den Köpenickschen Gewässern zu fischen, doch nur für eigenen Bedarf, nicht zum Verkauf.

Die Oberhoheit des Kurfürsten über alle Gewässer drückt sich auch gewissermassen in einer Urkunde vom Jahre 1481[8]) aus, nach der er Albrecht Diricke gestattet, dass er Thomas Blankenfeld 3 Schilling Groschen auf Peter Ramlosz Wehr zu Köpenick für 9 Schock und 27 Groschen verkaufe, doch so, dass er diesen Zins, sobald er könne, wieder ablöse.

Auch hier wurde dann die staatliche Grossgarnfischerei in der Neuzeit durch Verpachtung genutzt.

---

[1]) Lb. S. 21. — [2]) R. Bd. 11, S. 433. — [3]) R. Bd. 12, S. 18. — [4]) R. Bd. 12, S. 9. — [5]) R. Bd. 12, S. 20. — [6]) R. Bd. 12, S. 23. — [7]) R. Bd. 12, S. 24. — [8]) R. Bd. 12, S. 26.

3. Das Fischereirecht der Stadt Köpenick.

Die Stadt Köpenick, die als Stadtwappen zwei mit den Bäuchen gegeneinander gekehrte Fische und einen zwischen beiden aufwärtsstehenden Schlüssel führt,[1] besass eigentümlich den sog. Clodenick. Eine Entscheidung des Hofgerichtes vom Jahre 1451[2] orientiert uns über die fischereirechtlichen Verhältnisse auf diesem See. Danach sollen die Kietzer zu Köpenick die „ewige Fischerei" auf diesem Wasser haben, wofür sie alle Jahr auf St. Martinstag dem Rate 1 Schock Groschen als Zins geben sollen und ebenso jedes Jahr in der Kreuzwoche eine Tonne Bier und Fische im Werte von 12 Groschen.

Die Schmöckwitzer hatten in des Rates Wasser Wehre gegen einen Zins, woran die Kietzer jene nicht hindern sollten. Während des Fischens durften die Kietzer soviel Brennholz, wie sie gebrauchten, aus des Rates Gehölz nehmen, jedoch nicht in Kähnen nach Haus fahren. An den Fischen und der Tonne Bier, die die Kietzer alljährlich dem Rate in der Kreuzwoche schuldig waren, sollten diese nicht teilhaben und sie nicht mit dem Rate zusammen verzehren.

4. Die Spree als Grenzfluss der Mark und der Herrschaft Beeskow-Storkow.

In eigenartiger Weise geordnet finden wir die fischereirechtlichen Verhältnisse auf der Spree in ihrem Grenzlaufe, die Mark Brandenburg und die Herrschaft Beeskow-Storkow bis zu deren Angliederung an die Mark trennend. Dem Fischereirechte des Bischofs zu Lebus standen hier alte Berechtigungen einiger der Spree anliegenden Beeskow-Storkowschen Dörfer gegenüber. Ein Vertrag vom Jahre 1510[3] zwischen dem Bischof zu Lebus und Hans Birkenholz, der im Auftrage des Herrn zu Beeskow-Storkow, Ulrich von Bieberstein, handelt, bestimmt, dass die Fischer zu Fürstenwalde die Spree von dem Damm vor Fürstenwalde an auf beiden Ufern und allen Lanken an beiden Seiten niederwärts wie vor alters befischen mögen, ausgenommen die „Wenstorffischen Ströme und den Wenstorfschen See, zwischen der Spree und Wenstorff gelegen,"[4] die allein Hans Birkenholz und seinen Erben zu befischen zustehe. Und zwar dürfen die Fischer zu Fürstenwalde hier die Fischerei betreiben vom St. Walpurgis-Tag bis zum St. Katharinen-Tage. An diesem Tage sollen die Fischer die Wasser räumen und mit ihrem Gezeuge abziehen, worauf für die Zeidler von Marggravenpisk, Spreienheim und Hartmeszdorff[5] die Fischerei beginnt von „Pachofen" an niederwärts mit Ausnahme des bischöflichen Frei- und Hegewassers, „Pechlacken" genannt, bis auf St. Walpurgis-Tag, von

---

[1] Fidicin, Territorien der Mark Brandenburg, Teltow S. 8.

[2] R. Bd. 12, S. 23. — [3] R. Bd. 20, S. 463.

[4] Das heutige Wernsdorf.

[5] Die heutigen Markgrafpieske, Spreenhagen und Hartmannsdorf.

welchem Tage an wieder den Fischern von Fürstenwalde die Fischerei
zusteht. Die von Wehnsdorf dagegen dürfen das ganze Jahr über
fischen bis an die „Sivert-Lanke", doch mit Ausnahme des „Pechlacken".
Ausserdem besassen die Zeidler Wehre, zu deren Instandhaltung ihnen
freistehen sollte, in den bischöflichen Brüchen und Holzen Holz zu
schlagen, für welche Gerechtigkeit die 3 Dörfer an den Schlosshauptmann zu Fürstenwalde zu Ostern 2 Pfund Pfeffer geben sollten. Ausserhalb der Zeit durften die Einwohner der 3 Dörfer zu ihrer Notdurft
am Freitag und Mittwoch mit der Wate oder den Hamen allein an der
Seite ihres Ufers, soweit ihre Grenze reichte, fischen, doch keinen Kahn
oder anderes Gezeug benutzen. In den hier ansässigen Zeidlern werden
wir es vermutlich ebenfalls mit einem Rest slavischer Bevölkerung zu
tun haben, die sich neben der Zeidelei auch vom Fischfang nährten.
Eine gerichtliche Untersuchung auf dem Kietz zu Köpenick, auf dem
neben den Kietzfischern Zeidler wohnten, die ebenfalls dem Kietzgericht
unterstellt waren, legt diese Vermutung nahe.[1]

Auch hier fand sich wie auf dem Fluss zwischen Köpenick und
seiner Mündung keine besondere Grossgarnfischerei infolge des geringen
Wasserareals ausgebildet.

5. Die Gewässer innerhalb der Herrschaft Beeskow-Storkow.

Dem Herrn der Herrschaft Beeskow-Storkow stand das Fischereirecht auf den Gewässern der Herrschaft zu. Die aus diesem Fischereirechte ausfliessenden Gerechtigkeiten waren den Ämtern Beeskow und
Storkow zugelegt. Das Erbregister der Herrschaften Beeskow und
Storkow vom Jahre 1514[2] gewährt uns einen Einblick in die fischereirechtlichen Verhältnisse.

Zum Amt Beeskow gehörten 19 Seen, ferner der „Schwillen"
(Schwielochsee), soweit die Grenze reicht. Auch der Mühlenteich vor
Beeskow neben der Spree und sonst viele Lacken an der Spree ge-
hörten der Herrschaft, woraus an Waden-Miete jährlich 2 fl. entfielen.
Von den Seen („uber das Garn undt uncosten") konnte man im Jahre
40 fl. erlangen.

Unmittelbar zum Schlosse gehörte der Kietz zu Beeskow.[3] „Diese
Kietzer alle gehören inn das Burderecht zum Schlosze, haben mit der
Stadt nichts zue tun". Der Kietz ist veranschlagt mit 35 fl. 9 Gr. 4 Pf.,
4 Schock 10 Hühner; 26 Wirte sind vorhanden. Jeder Fischer gibt
18 märkische Groschen Kahnzins, jeder ledige Knecht, der kein eigenes
Erbe auf dem Kietz hat, 9 Groschen, die Witwe, welche einen Knecht
hält, 18 Groschen. Ferner zahlen die Fischer jährlich 5 märkische
Groschen Küchengeld, ebenfalls zinsen sie von ihren Wehranlagen.
Neben diesen Fischererben waren auf dem Kietz noch einige Freihöfe

---

[1] R. Bd. 12, S. 28. — [2] R. Bd. 20, S. 465—488. — [3] R. Bd. 20, S. 465.

mit Ackerland. Wenn sich diese Lehnsleute einen Fischerknecht hielten für den Bedarf ihrer Küche, mussten sie ebenfalls 18 Groschen Kahnzins zahlen, doch durften sie keine Fische verkaufen.

Diese Fischergemeinde war nun ihrerseits zur Fischerei berechtigt auf der Spree und allen Lacken bis nach Fürstenwalde, worüber sie mit den Fischern zu Fürstenwalde einen Vertrag hatten.[1] Im Jahre 1587 bestätigte ihnen Kurfürst Johann Georg die Fischerei auf der Spree von Fürstenwalde bis an die Schadower Brücke.[2]

In ihrem wasserreichen Seengebiet hatte die Herrschaft Beeskow-Storkow die Grossgarnfischerei, zu deren besonderer Ausbildung es natürlich hier wieder gekommen war, an einzelne Pächter ausgetan. In anderem Falle hatte sie alte Fischereiberechtigungen — es kommen hier besonders solche der Kossäten in Betracht — mit einer Jahresabgabe belegt.

Die Schulzen hatten in den einzelnen Dörfern meist freie Fischerei: Die Gemeinden durften gegen Miete fischen und waren ausserdem zu Naturalabgaben verpflichtet. Als Beispiel seien die im Dorfe Wolzig im Jahre 1514[3] herrschenden Zustände angeführt. Der Schulze hat ein Freiwehr und einen Freikahn auf dem Felchsee, darf mit Pufert, Setzreusen und Hamen fischen. Wenn die Herrschaft das grosse Garn ziehen lässt, hat er das Beistellen. In der Laichzeit ist ihm wie allen anderen, „denen Gerechtigkeiten zuständig sind und sie durch Begnadigung erlangt haben," das Fischen verboten. Er hat die Aufsicht über den Woltziger-, Felcher- und andere Seen und muss darauf achten, dass die Pächter wöchentlich Krebse aufs Schloss bringen. Die Gemeinde darf gegen Miete mit Puffert und Setzreusen fischen; jeder gibt dafür 10 Groschen. Wer mit der Wate fischen will, bringt Krebse aufs Schloss und gibt jährlich 5 Groschen. Wer den Stintfang betreibt, gibt auch 10 Groschen. Der Schulze hat die Aufsicht über diese Abgaben. Der „Fischerrichter" hat neben dem Schulzen die Aufsicht auf dem Wolziger See und hat dafür freies Fischen mit Waden und Puffert.

Zum Schlosse Storkow gehörten nach dem Erbregister vom Jahre 1518[4] 15 grosse und kleine Seen, auf denen Grossgarnfischerei betrieben wurde. Der Prahm-See war für 100 Schock guter Schillinge Groschen Freiberger Münze versetzt. Einem gewissen Georg Queiss waren 9 Seen von der Herrschaft versetzt, ebenso 2 Züge auf dem Holtzen-See. Jeder Bauer, der aus der Heide Bast zu Reusen haben wollte, musste 2 Groschen Miete dafür zahlen. Auf dem Kietz vor Storkow zinsten

---

[1] R. Bd. 20, S. 466.
[2] Original im Besitz der Fischerinnung zu Kietz-Beeskow; gedruckt Märk. Forsch. Bd. 17, S. 90.
[3] R. Bd. 20, S. 473—475.
[4] R. Bd. 20, S. 495—512.

8 Einwohner je 4 Groschen. Ihnen wurde der See vor Storkow vermietet, mit Stack- und Klebenetzen zu fischen, doch ausser der Laichzeit; dagegen waren sie verpflichtet, auf Ansage dem herrschaftlichen Hausfischer fischen zu helfen.

Auch hier konnte in den einzelnen Dorfgemeinden die Fischerei in den verschiedenen Seen gemietet werden.

Einen sehr guten Einblick in die Gesamterträge, die der Herrschaft Storkow aus der Fischerei zuflossen, gewährt uns die Zusammenstellung am Ende des Erbregisters vom Jahre 1518. Obwohl man jährlich 70, 80 bis 100 fl. vom grossen Garn Einnahme erzielt hat, so darf man es doch, die Unkosten abgerechnet, nicht höher denn auf 60 fl. anschlagen. Die Miete aus der Kleinfischerei in den Seen und den Wehren hat ehemals 10 bis 20 fl. eingebracht, ist angeschlagen auf 18 fl. Die Watenmiete, die aus der Fussfischerei entfällt, hat auch ehemals 6 bis 8 fl. betragen, ist jetzt auf 4 fl. angeschlagen. Die Gesamtsumme der Seenutzungen beträgt 82 fl. Dazu kommen noch 64 Schock Krebse, das Schock zu 1 arg., macht 3 fl. 1 arg., und 4 Garnsäcke, einer um 5 Groschen, macht 20 arg.[1])

2. Teil.

Die neuzeitliche Entwickelung des Fischereirechts
(mit besonderer Berücksichtigung der Spandauer und Potsdamer Gewässer).

Die Entwickelung der an der Havel und Spree bestehenden Fischereirechte und Berechtigungen in ihrer Gesamtheit auch für die Neuzeit darzustellen, musste wegen der Fülle des noch dazu überaus zerstreut liegenden Aktenmaterials fürs erste unterbleiben. Um dennoch einen Einblick in diese Entwickelung zu geben, haben wir uns auf die Potsdamer und Spandauer[2]) Gewässer beschränkt. Sie haben von jeher eine Einheit gebildet und bedeuten zugleich das für das märkische Fischereiwesen charakteristischste Gebiet.

---

[1]) Wenn Verfasser es unternommen hat, in diesem 1. Teil des 1. Kapitels einen Überblick über die gesamten Fischereirechte an Havel und Spree für das Mittelalter zu geben, so hat er es nur getan, um einen ersten Überblick zu geben. Er ist sich der Lückenhaftigkeit dieses Unternehmens wohl bewusst, das in völlig befriedigender Weise bei den vielen Spezialangaben der Fischereiurkunden eigentlich nur von Lokalhistorikern ausgeführt werden kann.

[2]) Unter den Spandauer Gewässern verstehen wir die zum Amt Spandau gehörige Havelstrecke vom Dorfe Hennigsdorf oberhalb Spandaus bis zur Grenze der Potsdamer Gewässer, die wir dann havelabwärts gemäss der Urkunde vom Jahre 1382 (R. Bd. 24, S. 387) als von alters zu Potsdam gehörig bis zum Flecken Ketzin reichen lassen; sie umfassen also das Amt Potsdam, das Amt Fahrland und Klosteramt Lehnin.

Wir unterscheiden dabei die Grossgarnfischerei, die Kleinfischerei, die Zuhrfischerei, die Wehrfischerei und die Küchenfischerei. [1]

§ 1. Die Grossgarnfischerei.

Die Grossgarnfischerei, die, wie wir bereits früher gesehen haben, wahrscheinlich ihre Wurzeln in der slavischen Kultur hat, wurde bei der Besitznahme der Mark durch Albrecht den Bär als landesherrliches Regal von dem Landesherrn entweder selbst genutzt oder auch an andere Herrschaften vergabt. Ein grosses Garn zerfällt nun fischerei-technisch in eine Reihe festgelegter Garn-„Züge", auf denen das Garn „gezogen" wird, und zwar sind diese Züge nicht etwa willkürlich fest-gelegt, sondern sind vielmehr durch die Natur bedingt und eben. aus diesem Grunde vermutlich sehr alte Einrichtungen. Das grosse Garn, das mit einer Tiefe von 8 bis 10 m mit seinem unteren beschwerten Rande ständig auf dem Grund schleppt, muss sich einen ebenen, nicht durch Berge und Höcker behinderten Weg im Flussbett suchen. Diese Wege verlaufen nicht immer gradlinig in einer Richtung, sondern ver-ändern diese, je nachdem der Boden des Flussbettes es verlangt, wie sich das auch schon in der Benennung einzelner Züge, wie z. B. „die krumme Stemme" (im Schwielowsee) ausdrückt. Was nun vollends die Benennung selbst der einzelnen Züge anbetrifft, so knüpft sie häufig an die örtliche Beschaffenheit des Flussbettes oder Ufers an und bietet dabei eine Menge sprachlich recht interessantes und originelles Material. [2] Diese Namen haben sich zum grössten Teil auf dem Wege mündlicher Tradition bis zur Gegenwart erhalten, stellenweise mehr oder weniger verstümmelt. Bei der Aufzählung der zu den einzelnen Garnen ge-hörigen Züge habe ich die älteste erreichbare Form gewählt.

Die Grossgarnfischerei zerfällt in unserem Gebiet in mehrere ge-trennte Garne:

1. das Spandauer Garn,
2. die beiden Potsdamer Garne,
3. das Werdersche Garn,
4. das Phöbensche Garn.

Schon im 14. Jahrhundert sind uns diese Garne begegnet. Das Spandauer Garn war im Jahre 1375 für 30 Schock Groschen, im Jahre

---

[1] Während die ersten beiden Arten der Fischerei ausführlich behandelt werden, können die drei letzten auf eine Vollständigkeit keinen Anspruch machen; sie wollen lediglich die Entwickelung andeuten.

[2] Auf eine philologische Interpretation der einzelnen „Zug"-Benennungen muss natürlich verzichtet werden. Aus landeskundlichem Interesse müsste eine Aufzeichnung aller in den Gewässern der Mark vorkommenden Bezeichnungen dieser Art geboten erscheinen.

1418 für 50 Schock verpachtet.[1]) Von den beiden Potsdamer Garnen brachte im Jahre 1375 der eine dem Landesherrn gehörige Teil jährlich 44 Talente,[2]) der andere, dem Kloster Lehnin gehörig, im Jahre 1317 22 Talente.[3]) Das Werdersche Garn war im Jahre 1375 vom Kloster Lehnin für 36 Talente, das Phöbensche Garn in einzelnen Teilen für rund 30 Talente verpachtet.[3]) Während das Spandauer Garn und der havelaufwärts der Stadt Potsdam gelegene Teil der beiden Potsdamer Garne ständig dem Landesherrn gehörten, waren der havelabwärts gelegene Teil dieser Garne und das Werdersche und Phöbensche Garn im Jahre 1317[3]) an das Kloster Lehnin gekommen, um bei der Säkularisation des Kirchengutes wieder an den Staat zu fallen.

Diese 5 Garne, die also zu Anfang der Neuzeit sämtlich vom Staate genutzt wurden, wurden im 16., 17. und 18. Jahrhundert auf bestimmte Zeit verpachtet. Im Jahre 1756 bat dann der Kammerpräsident von Gröben den König, die den Ämtern zugelegten Pachtfischereien in Erbpacht auszutun, da die Fische, die sonst in Überfluss da waren, durch Ausraubung der Gewässer immer rarer und teurer würden, wogegen die Erbpächter zu eigenem Vorteil ihre Wasser mehr schonen würden.[4]) Der König lehnte ab; das Publikum und die Konsumenten würden darunter leiden, „wenn der Handel mit den Fischen nur in einiger weniger particuliers Händen kommen und bleiben sollte und eine Art von Monopoli daher entstehen würde." Trotzdem gingen 1769 zuerst das Phöbensche Garn und 1811 auch das Werdersche Garn in Erbpacht über, um im Laufe des 19. Jahrhunderts in Phöben ganz verkauft zu werden. Das Potsdamer Garn war bereits im 17. Jahrhundert, wenn auch widerrechtlich, dem Staate verloren gegangen.

Verfolgen wir nun die Geschichte dieser einzelnen Garne.

1. Das Spandauer Garn.

Das Spandauer Garn, von dessen gelegentlicher Verpachtung im Mittelalter wir bereits oben erfahren haben,[5]) gehörte seit der Besitzergreifung der Mark durch Albrecht den Bär dem Landesherrn, bezw. später dem Staate. Es ist das einzige Garn, das dauernd bis auf die Gegenwart im Besitz des Staates gewesen ist und von diesem durch Verpachtung genutzt wurde.

Das Garn umfasste einmal die Havel oberhalb Spandaus von dem „neuen Toch" hinter Hennigsdorf bis zum Schlosse Spandau und enthielt folgende Züge,[6]) Das neue Toch, das Baumtoch, der Heinrichsberg, die Mittel Lanke, das Küstertoch, das Kulten Toch, das Bribentoch,

---

[1]) Siehe oben 1. Teil, § 2, Nr. 1. — [2]) Ebenda Nr. 3. — [3]) Ebenda Nr. 4.

[4]) Geh. Staatsarchiv, Gen.-Direkt. Kurm. tit. CXV sect. O. 13, Fischer Nr. 1.

[5]) Siehe oben 1. Teil, § 2 Nr. 1.

[6]) Geh. Staatsarchiv, Erbregister von Spandau 1590.

Kliezingstoch, Lüttke Ochsen Pfuel, der Scheker, Gross Ochsen Pfuel, das dipe Toch in der Hagell, das Rehetoch, das Kreuz in die Hagell, die Baber, den Alleman, den Kessel, den Baum, die Zigelsche forch, der Hengst, das dife toch im Zigelsehe, Martehorn, den Wolfwerder, den Kienwerder, den Kienegge, den grossen Malche, das Mollenfliess bei Zigell, den Aschofen, das Kreuz in denn Zigelsee, den Prahm, den Stindthorn, den Rohrhorn, das neue Zoch, das Plotzen toch, Brassem Lanck, das Espen Toch, der Lindwerder aus dem Zigelsee, den Penningtoch, das Stake Toch, Lüttke Malcho, das Bröwicken, das Berbeumichen, das Strohm Zöchl, die Mastlak, das Zoch hinter den Eiswerder, den Eiskeller, den Holzmarkt. Ferner gehörten zum Garn die Wasser unterhalb Spandau vom „Steintoch" hinter Kladow bis an die „scharfe Lanke und Wirchen" hinter Pichelsdorf mit folgenden Zügen: das Steintoch, den alten Kladow, die klare Lancke, das grosse Garntoch, das unächte Garntoch, die Havel Lake, den Lindwerder, die Bohne, die Lyfe, das Ridder toch, die Stupe, die Dorpstede, den Singerman, den unechten Rosegarten, den echten Rosengarten, die Styte, den Echtenberg, den Schildhorn, den Unechten Berg, die Wörge Lancke, das Sandicken, das Kleingarn Toch, das Garntoch am Sack, das Grewicken, der Stessel, Pichels See, die Grimniz. Mit dem „Steintoch" grenzte das Spandauer Garn an das Potsdamer.

Die Nutzung des Garns geschah hier im Jahre 1590 in eigenartiger Weise. Zwei Garnmeister hatten es mit dem Kurfürsten zur Hälfte, so, dass diese das Garn und die Knechte auf eigene Unkosten hielten und auch das Garn zogen. Sie hatten den halben Teil aller gefangenen Fische, ausgenommen „allwege von zween Garnzügen hat Kurf. G. die drei besten Fische voraus".[1] Im Jahre 1622 hatte sich diese Art geändert und die gesamte Grossgarnfischerei war nunmehr für 750 Taler jährlichen Zins an den Garnmeister verpachtet.[2] Im Jahre 1652 betrug der Zins nur noch 300 Taler.[3] Im Jahre 1704 entrichtete der Garnmeister Samuell Krüger an Pacht 300 Taler und 25 Zentner Fische, wovon das Königliche Amt 100 Taler erhielt, das Übrige wurde bei der Hofküche in Rechnung geführt.[4] Noch zwei charakteristische Zahlen für die neueste Zeit seien angeführt: Bis zum Jahre 1841 betrug die Pacht 475 Taler, stieg dann auf 600 Taler,[5] um allmählich im Jahre 1907 die Höhe von 7105 Mark zu erreichen.[6]

---

[1] Geh. Staatsarchiv, Erbg. von Spandau 1590.

[2] Königl. Regierung zu Potsdam, Domänen-Registratur, Fischereisachen Paq. II, 4.

[3] Ebenda, Erbreg. von Spandau vom Jahre 1652.

[4] Königl. Reg. zu Potsdam, Dom.-Reg., Erbreg. des Amts Spandau vom J. 1704.

[5] Ebenda, Dokumente 1841.

[6] Ebenda, Dokument Kreis Osthavelland, 38.

2. Die beiden Potsdamer Garne.

Die beiden Potsdamer Garne, die ja bereits im Jahre 1375 oberhalb Potsdams vom Landesherrn für 44 Talente und unterhalb Potsdams vom Kloster Lehnin für 22 Talente jährlichen Zinses ausgetan waren,[1] wurden ebenfalls immer auf eine bestimmte Anzahl von Jahren verpachtet. Die Pächter, „Garnmeister" genannt, finden wir unter diesem Namen zum ersten Mal in Potsdam im Jahre 1418 und 1467,[2] und die Grossgarnfischerei selbst in den Jahren 1418,[3] 1451[4] und 1456 bezeugt. Von den beiden Potsdamer Garnen wurde seit dem 16. Jahrhundert das eine im Oberwasser, das andere im Unterwasser der Stadt gezogen.

Die Grenze zum Spandauschen Garn bildete der sogenannte „Markscheid"-Zug bei Cladow. Folgende 22 Züge gehörten zu dem Garn in der Havel oberhalb Potsdams;[5] zwischen Kladow und Pfaueninsel der Markscheid, den tiefen Horn, der Weigerten, die Bude. Von Sakrow bis zur Pfaueninsel den neuen Zug, die Parre, die Sakrower Lanke. Von der Glienicker Brücke bis zur Krampnitz den Stromzug, die Lancke, die Kebel, die Hasenseite, den langen Zug, die Sengechen, den Hinten. Von Glienicke bis zur Heiligengeistkirche den Els, die Drejoner. Im Sakrower See die hinterste Lancke, die Riester, die vordere Lancke, das Schuferende. Im heiligen See das grüne Haus und der Weidendamm. — Zu dem Garn unterhalb Potsdams gehörten diese Züge: Der Tornow, Bruchlangk, Templeyn, Krautberg, der Pfennigkzog bei Caput, die Caputhsche Grube und im Schwielowsee 6 Züge vom Dorfe Petzow über Baumgarten nach der Caputhschen Furt:[6] Das Markscheidt oder gemeine Zugk, die tiefe Stemme, die niedrige Stemme, die krumme Stemme, das Strump-Zug, das tiefe Zug. Der übrige Teil des Sees mit noch 10 Zügen gehörte zum Werderschen Garn. Ausserdem gehörte zur Potsdamer Garnfischerei der Fahrländer See, um den mit denen von Stechow zu Fahrland mehrmals Streit geführt wurde. Nachdem bereits im Jahre 1451[7] den Potsdamer Garnpächtern ein Recht auf die Grossgarnfischerei dort zugestanden war, wurde laut Amtskammer-Abschied vom 26. Oktober 1634 dahin entschieden, dass die vier Garnmeister zu Potsdam von Michael bis Ostern gegen jährliche Erlegung von 6 Schock und 20 Groschen darauf fischen sollten.[8]

---

[1] Siehe oben 1. Teil, § 2, Nr. 3 u. 4.

[2] R. Bd. 11, S. 75 u. 182.

[3] R. Bd. 11, S. 75. Im Jahre 1418 ist bereits die Vierteilung erwähnt, wobei vermutlich 2 Garnmeister die Fischerei oberhalb Potsdam vom Landesherrn und 2 Garnmeister die unterhalb Potsdam vom Kloster Lehnin pachteten.

[4] R. Bd. 11, S. 172.

[5] Akten in der Lade der Kietzer Fischerinnung zn Potsdam.

[6] 1602. Geh. Staatsarchiv Prov. Br. Rep. 7. Dom.-Amt Lehnin F. 10, Nr. 2.

[7] Original im Stadtarchiv zu Potsdam, gedr. bei R. Bd. 11, S. 172.

[8] Geh. Staatsarchiv, Erbreg. von Fahrland 1704.

Soweit wir die Geschichte dieser beiden Garne zurück verfolgen können, wurden sie zu vier Anteilen an vier „Garnmeister" verpachtet, und zwar lässt sich in der Neuzeit eine Scheidung beider Grossgarne nicht erkennen; wer einen Anteil von jenen vier besass, hatte diesen Anteil eben an beiden Garnen und durfte die Grossgarnfischerei sowohl im Ober- als auch im Unterwasser betreiben. Eine „alte Ordnung"[1]) regelte die Ausführung dieser Fischerei dabei folgendermafsen: Wenn die 4 Garnmeister die Grossgarnfischerei nicht gemeinschaftlich ausüben wollten — was jedoch in der Regel meistens geschehen sein wird — so sollten die Besitzer der einen Hälfte der Gerechtigkeit an beiden Garnen zweimal das Oberwasser und die Besitzer der anderen Hälfte zweimal das Unterwasser ausfischen. Darauf wechseln die Garnbesitzer mit der Befischung der Gewässer, fischen aber nur einmal aus. In der Folge kann dann jeder Teil sein Garn ziehen, wo und wie oft er will. Galt diese Ordnung vornehmlich für den Winter, so bestimmte eine andere Ordnung für die am 23. August beginnende Sommerfischerei, dass das Los bestimmen sollte, welcher von beiden Anteilen am Gross-garn die ersten vier Züge tun dürfe. Immer war aber zur Ausübung der Grossfischerei nötig, dass zwei Teile, also ein ganzes Garn, zusammen fischten. Während der Zeit, wo das grosse Garn nicht gezogen wurde, von Ostern bis Bartholomäi stand den vier Garnmeistern einer „alten Observanz gemäss" das Recht zu mit weiten Netzen und Flaken, immer zwei in einem Kahn, oberhalb Potsdams zu fischen.[2])

Im Jahre 1624 hatten die vier Garnmeister zu Potsdam, Hans Güldenhaupt, Hans Rabolt, Hans Achtmann und Claus Zimmermanns Witwe, versucht sich eine „erbliche Gerechtigkeit oder Eigentum" am grossen Garn anzumafsen.[3]) Dennoch wurde ihnen auf ihre Bitten das Garn wieder auf vier Jahre verpachtet. Umfangreiche Verpflichtungen hatten sie zu übernehmen. Neben 150 Talern jährlicher Pacht und den übrigen auf der Grossgarnfischerei ruhenden Abgaben (siehe weiter unten) hatten sie in jeder Woche eine Anzahl Fische „in der Taxe, wie sie dem Spandauschen Garnmeister bezahlt werden" zu entrichten oder in Ermangelung derselben an barem Gelde den Rest ihrer Pacht in der Hofrentei zu erlegen bei Verpfändung ihrer Hab' und Güter. Zugleich hatten sie „Spielkahn", darin die Kietzer und Burgstrasser die Fische wöchentlich umschichtig ins Hoflager bringen sollten, auf ihre Kosten zu halten. Ferner erhielt der Hauptmann, solange das Garn gezogen wurde, für sich, sein Gesinde und Dienstvolk des Fischtages 4 Essen, des Fleischtages aber 2 Essen „darunter die absonderliche Brathecht mit eingerechnet sein sollen"; nach Ostern haben sie zusammen mit den

---

[1]) Akten in der Lade der Kietzer-Fischerinnung zu Potsdam.
[2]) Kgl. Reg. zu Potsdam, Dom.-Reg. Fischereis. Paq. III, 1.
[3]) Ebenda Paq. III, 24.

anderen Kietzern und Burgstrassern diese Fische in die Küche des Hauptmanns zu liefern.

Im Jahre 1629 erfolgte an dieselben Garnmeister abermals eine Verpachtung gegen gleichen Jahreszins;[1] dabei stellte sich ein Restbetrag von 258 Talern heraus, den jene versprachen, in drei Terminen zu begleichen.

Im Jahre 1707 finden wir die einzelnen Anteile der Potsdamer Grossfischerei bereits als Eigentum in den Händen Privater,[2] es musste also inzwischen ein Wechsel in den Besitzverhältnissen vor sich gegangen sein. Dem Amt floss nur noch eine geringe jährliche Abgabe vom Garn zu. Der vierte Anteil am Potsdamer Garn wird nämlich in diesem Jahre vom Garnmeister Johann Müller für 780 Taler an den Holzaufschwemmer Grosse verkauft. Es lasteten dabei auf diesem Anteil nachstehende „5 jährliche Canones"; 14 Taler 2 Groschen an das Potsdamer Amt, 1 Taler 8 Groschen an Fahrlandschen Stipendiengeldern, 3 Taler 13 Groschen 4 Pfennig St. Peterkirche in Berlin, 9 Groschen 4 Pfennig an die hochadlige Gerichtsobrigkeit zu Chemnitz, 2 Groschen 3 Pfennig an Rückenzins an die Potsdamer Kämmerei.

Wir stehen hier vor der kaum glaublichen, aber dennoch sehr wahrscheinlichen Tatsache, dass die vier Garnmeister zu Potsdam diese seit der Kolonisationszeit dem Landesherrn bezw. dem Staate gehörigen Fischereirechte sich im Laufe des 17. Jahrhunderts widerrechtlich angeeignet haben. Es gewinnt diese Tatsache um so mehr an Wahrscheinlichkeit, als von einem Kauf dieser Rechte aus dem für das 17. Jahrhundert sehr reichlichen und noch dazu ausserordentlich gut geordneten Aktenmaterial der Königlichen Regierung zu Potsdam nicht das mindeste zu ersehen ist, wie andererseits aber auch Pachtverträge für das Potsdamer Garn seit dem Jahre 1629 nicht mehr vorhanden sind, was hingegen für Werder und Phöben der Fall ist. Wir kennen ausserdem schon den Versuch der Garnmeister, sich im Jahre 1624 die Potsdamer Garngerechtigkeit zu eigen zu machen. Der erste und zugleich einzige, der diesem widerrechtlichen Besitzwandel auf die Spur kam, war der Kriegs- und Domänenrat Limmer, der nach seiner für die Fischereiverhältnisse so ausserordentlich wichtig gewordenen Visitationsreise[3] im Jahre 1737 folgendermafsen an das General-Direktorium berichtet:[4] „Diese Garnherrn (zu Potsdam), deren nach Abgang des Ellingers annoch drey, geben vor, dass sie die grosse Garnfischerei iure dominii besitzen. Da mir aber diese Befugnisse verdächtig vorkommen, und nicht wohl begreiflich, wie so ein ansehnliches Regale

---

[1] Kgl. Reg. zu Potsdam, Dom.-Reg. Fischereis. Paq. III, 24.
[2] Originalurkunde in der Lade der Fischerinnung zu Werder.
[3] Siehe unten Kap. III.
[4] Geh. Staatsarchiv, Gen.-Direkt. Kurm. tit. CXV, sect. O 13, Fischer Nr. 1.

einigen wenigen Bürgern dergestalt eigen sein sollte, dass sie mit dem grossen Garn den fischreichsten Strom an die 3 Meilen Weges lang eigentümlich zu befischen berechtigt, so habe die alte Fischerey-Acta mit fleiss nachgesehen, und gefunden, das die ehemalige Amtskammer den Potsdammischen Garn-Meistern niemals ein Eigentum zugestehen wollen, vielmehr souteniret, dass diese Garn-Fischerey nach dem Erbreg. von 1580 keine erbliche, vielmehr eine Pacht-Fischerey sei, und dieses unterm 8 ten Januar 1629 nicht nur dahin verabschiedet, sondern auch vorher in ao. 1624 et 1628 dieselbe wirklich verpachtet". Limmer schlägt vor, dieses grosse Garn wieder zur Kammer zu ziehen, das nach des Phöbenschen Garnmeister Schultzen Meinung jährlich wohl auf 800 Taler Pacht sollte genutzt werden können. Nun, wir wissen, dieser Einspruch Limmers blieb ohne jede Wirkung, zumal er selbst auch an der wirksamen Durchsetzung seiner übrigen die Fischerei betreffenden Pläne dadurch verhindert wurde, dass ihm die Bearbeitung anderer Materien übertragen wurde. Es bedeutet der Verlust der Potsdamer Grossgarnfischerei für den Staat eine ganz erhebliche wirtschaftliche Schädigung. Diese Grossgarnfischerei, die ungefähr den vierfachen Wert des Spandauer grossen Garnes hat, würde nach dem Urteil von Sachverständigen heute dem Staat eine jährliche Pacht von 25 bis 30000 Mark einbringen.

Dass die Eigentümer des grossen Garnes des öfteren in Streit untereinander gerieten, zeigen mehrere Klagen, die vorm Kurfürsten zum Austrag kamen, so hatten z. B. im Jahre 1691 sich die Garnmeister grossen Schaden untereinander in ihren Zügen zugefügt[1]) und weitere Streitigkeiten aus den Jahren 1699 und 1700 sind bekannt.[1]) Zahlreich sind ferner im 17. Jahrhundert die Händel zwischen den Grossfischern und Kleinfischern gewesen. Einen besonderen Angriffspunkt bot dabei das unbefugte Nachtfischen der Garnmeister, wodurch die Kleinfischer meist ihres Rechtes des „Beistellens" verlustig gingen[2])

In der Mitte des 18. Jahrhunderts lagen auf der Grossgarnfischerei noch folgende Abgaben:[3])

In das Amt 32 Reichstaler 10 Groschen.

Dienstgelder 6 Reichstaler.

An die Potsdamer Nikolaikirche 1 Reichstaler 8 Groschen.

In das Spandauische Amt 4 Schock 18 märkische Groschen.

An die Spandauische Kirche 20 Groschen.

An die Petrikirche zu Berlin 8 Reichstaler.

An die von Stechau zu Fahrland, jetzt an das dasige Königliche
    Amt 6 Schock 1 Groschen.

---

[1]) Kgl. Reg. zu Potsdam, Dom.-Reg. Fischereis. Gen. Paq. 3, 20.

[2]) 1654—1685, Kgl. Reg. zu Potsdam, Dom.-Reg. Fischereis. Gen. Paq. 3, 19.

[3]) Gerlach, Collectaneen in Mitt. des Vereins für die Gesch. Potsdams 1883.

An den Herrn von Rochau zu Plessow 2 Reichstaler 20 Groschen 8 Pfennig.

An die von Briest 40 märkische Groschen.

An den Rat zu Potsdam Rückzins $3\frac{1}{2}$ Schilling.

Wir finden hier nach 400 Jahren zum Teil noch dieselben Abgaben wieder, die auch das Landbuch Kaiser Karls vom Jahre 1375 bereits kannte.[1]) Der an die Stadt Potsdam zu entrichtende „Rickzins"[2]) war eine Abgabe für die Berechtigung, auf städtischem Grund und Boden das grosse Garn zu trocknen. Im Jahre 1517 im Potsdamer Stadtbuch zum erstenmal erwähnt, hat er sich bis in die neueste Zeit erhalten, sich aber im Laufe der Jahrhunderte derart umgewandelt, dass er der Stadt als ständiger Zins vom grossen Garn zufloss, obwohl städtischer Grund und Boden zum Trocknen nicht mehr benutzt wurde.[3]) Die einzelnen Abgaben wurden im Laufe des 19. Jahrhunderts dann abgelöst.

Ein rechtlich höchst eigenartiger Vorfall betrifft die Grossgarnfischerei im Jahre 1737, der von einem recht eigenmächtigen persönlichen Eingriff des Königs Friedrich Wilhelms I. Zeugnis ablegt. Dieser entzieht nämlich dem Fischer Ellinger zu Potsdam, der sich auch auf „S. Kgl. Majestät wiederholt — und ernstlichen Befehle in Ansehung der vom grossen Garne gehabten ansehnlichen Nahrung ein Haus daselbst zu bauen" weigert, den vierten ihm gehörigen Anteil an dem Potsdamschen grossen Garn und überträgt diesen den 22 Kietzfischern „zum Soulagement ihrer bürgerlichen Abgaben."[4]) Die Kietzfischer, die wohl selbst das dem Ellinger angetane Unrecht einsahen, erklärten auf die Beschwerde des Ellinger, dass sie ihm das Garn wieder zurückgeben würden, wenn sie es dürften. Auf Ministerial-Verfügung vom 18. Oktober 1741, bestätigt vom Könige Friedrich II. durch Kabinettsordres vom 14. Februar und 15. März 1746, haben dann die Kietzfischer dem Ellinger dessen Anteil am grossen Garn zurückgegeben.[5]) Von unserem heutigen Standpunkt aus, nämlich unserer Kenntnis von der widerrechtlichen Aneignung der Grossgarnfischerei im 17. Jahrhundert seitens der Garnmeister, müssen wir dem Könige ein Recht für seine Handlung wohl zusprechen, für die damalige Zeit hingegen muss uns das Handeln des Königs unverständlich bleiben, wenn wir nicht vielleicht annehmen wollten, dass der König in bewusster Absicht und auf Grund der Kenntnis von jenem widerrechtlichen Vorgang des 17. Jahrhunderts —

---

[1]) Siehe oben I. Kap., 1. Teil, § 2, Nr. 3.

[2]) Unter den „Ricken" versteht man die Stangen, an denen das grosse Garn zum Trocknen aufgehängt wird.

[3]) Mitteilungen des Vereins für die Gesch. Potsdams Nr. 199.

[4]) Sello, „Potsdam und Sanssouci", Breslau 1888, Urkunde Nr. 57, S. 372.

[5]) Aus der handschriftlichen Chronik der Stadt Potsdam vom Jahre 1826, Rathäusliches Archiv IV, 116.

Limmers Bericht war wenige Monate zuvor an das General-Direktorium erstattet — gehandelt hätte, wobei nur wieder auffällig bleiben müsste, dass eine gründliche Untersuchung der rechtlichen Besitzverhältnisse nicht erfolgte.

Zu Beginn des 19. Jahrhunderts erfuhr dann die Potsdamer Grossgarnfischerei abermals eine bedeutsame Wandlung. . Die 4 Anteile, die seit alters meist in den Händen von vier Garnmeistern gelegen hatten, gingen jetzt über an Korporationen, nämlich an die Kietzer Fischerinnung zu Potsdam und die Fischerinnung zu Werder. Im Jahre 1821 finden wir den Garnherrn Bandow und den Garnmeister Friedrich Grosse im Besitze der Potsdamer Grossgarnfischerei. Bandow verkauft in diesem Jahre einen von seinen beiden Anteilen für 1700 Taler an fünf Kietzfischer. An dieselben fünf Fischer verkauft im Jahre 1829 Grosse einen von seinen beiden Anteilen für 1400 Taler, so dass die Kietzfischer jetzt die Hälfte der Grossgarnfischerei besassen. Die noch übrigen zwei Anteile erwarb die Fischerinnung zu Werder; sie zahlte dem Grosse im Jahre 1830 für seinen letzten Anteil 1200, dem Bandow im Jahre 1832 1300 Taler und erhielt von diesem die Garngerätschaften eingehändigt, nämlich ein Garnschiff, einen halben Spühlkahn, einen Garnschlitten, 8 Stück Fischergarne, 3 dazugehörige Leinen, einen halben Stintsack und Fischsack.[1]) Seither nutzen beide Innungen das Garn in der Weise, dass sie von Jahr zu Jahr in der Befischung der oberhalb und unterhalb von Potsdam gelegenen Wasserstrecken abwechseln.

3. Das Werdersche Garn.

Nach dem alten Lehniner Amtsbuch[2]) aus der 2. Hälfte des 16. Jahrhunderts und einem Amtskammerverzeichnis vom Jahre 1602[3]) gehörten zum Werderschen Garn folgende Züge: Auf dem Schwielowsee von der „Schelnige" oder „Kaputischen Fort" nach Ferch zu und herum bis zum Dorfe Petzow: Das Rapenzug, lange Zugk, Sandt Zugk, Kreutz Zugk, die hanffstücken, Fercher enge, die Löckenitze, das hole Zuck, die Frouen Langke und das gemeine Zuck bei Petzow, im alten Lehniner Amtsbuch als „Markgrafhorn" bezeichnet. Ferner liegen im „Binnenwasser" von dem „Bohmgarten" bis an den Brugkphalschen Horn[4]) 12 Züge: Die Geltowsche Grube, der Eichorn, Parwe, das Sendichen, die alte Pfarre, das Kreutz Zugk, die Koste, der Zug unter dem Kosthorn, Kuhlmeyen Brück, Mollenberck, die Kunstige, die Brugkphele. Der Glindower See mit 16 Zügen, der jedoch „Hegewasser" war, also zur Zeit nicht befischt wurde: Der Lämmer Zugk, das Brüchischen, die

---

[1]) Akten in den Laden der Kietzer Fischerinnung zu Potsdam und der Fischerinnung zu Werder.

[2]) Geh. Staatsarchiv, Lehniner Amtsbuch, S. 365 ff.

[3]) Geh. Staatsarchiv, Prov. Br. Rep. 7, Domänenamt Lehnin, F. 10, Nr. 2.

[4]) Der Stadt Werder gegenüber gelegen am Gallin.

Grelle, die Rohrlancke, Gerickens Wiesche, uberste Grube, die Grube
gegen die Ziegelscheune, der Bohmgarten an der Glindowschen Marke,
der Stein Hövel, die Meyerey, ufm Kietz, den Siefert, der kleine Steinberg, der grosse Steinberg, das Plötz Zugk, das Plötz Horn. Der
Plessower See mit 14 Zügen: Das Graffen Zugk, das Markscheidt, das
Plessowsche Ende, das Köpernicksche Horn, das grosse und das kleine
Bett, der Plötz Zug, das lange Zug, der Kethel, das Hacht, die feuer
lancke, der Not Zugk, das Bahrs Zugk, das Wechs Zugk. — Das gesamte Garn, dass im Jahre 1579 zum ersten Mal nachweisbar im Besitze der Garnmeister zu Werder war,[1] war im Jahre 1602 für 110
Taler jährlichen Zins und 26 Taler Fischzoll an die „Garnleute" verpachtet.[2] Für die Folgezeit mag die nachstehende Tabelle die geschichtliche Wandlung beim Verpachten dieses Garnes anzeigen. Dabei ist
zu bemerken, dass der Plessower See im Jahre 1654 vom Werderschen
Garn losgelöst und dem Obristen Hans v. Rochow um jährliche 35 Taler
vererbpachtet wurde.[3]

Jahr	Pächter	Pachtzeit	Pacht-höhe Taler	Kaution Taler	Quellenangabe
1602	„Garnleute"	—	110	—	Geh. St. Prov. Br. Rep. 7, Do-mänenamt Lehnin F 10, Nr. 2.
1632	Jonas Groten, Bürger zu Potsdam	3	170	—	Kgl. Reg. z. Potsdam, Dom.-Reg. Amt Lehnin Paq. IV, Nr. 5.
1635	Peter Heinichen	3	185	—	Desgleichen.
1638	Peter Heinichen	1	100[4]	—	Desgleichen.
1654	Andreas Kagel, Bürger in Spandau	3	100	—	Kgl. Reg. z. Potsdam, Generalia Paq. 3, 20, Nr. 100.
1668	Göres Hübenern	3	60	—	Lade der Fischerinnung zu Werder, Kopialbuch S. 59.
1669	Derselbe		65		
1670	Derselbe		70		
1687	Bendix Zippel (1690 †)	4	80	—	Desgleichen S. 109.
1690	Peter Zirpel	7	80	—	Desgleichen S. 113.
1697	4 Werdersche Bürger: Andreas Schlunken, Ballin, Daniel und Tobias Kagel	6	120	—	Kgl. Reg. z. Potsdam, Dom.-Reg. Amt Lehnin Paq. IV, 5.
1702	Dieselben	5	200[5]	300	Desgleichen.
1709	Dieselben	2	315[6]	415	Desgleichen.

[1] Kgl. Regierung zu Potsdam, Dom.-Reg., Gen.-Paq. 3, 20, Nr. 11.
[2] Geh. Staatsarchiv, Prov. Br. Rep. 7. Domänenamt Lehnin, F. 10, Nr. 2.
[3] Wie Anm. 1, Paq. 3, 20, Nr. 102 und 104.
[4] Im Jahre 1637 hatte Hans v. Rochow den Plessower See in Pacht genommen.
[5] Von 1702—1711 war die Pacht auf Befehl des Königs in Erbpacht verändert.
[6] Die Pächter haben die „Zuhre" mit in Pacht genommen, daher die höhere
Pachtsumme.

Jahr	Pächter	Pachtzeit	Pacht höhe Taler	Kaution Taler	Quellenangabe
1711	Bartholmeus Schlunken, Hans Bellin, Christian Kuhlmeyen, Tobias Kagels Witwe zu Werder	9	230[1]	300	Kgl. Reg. z. Potsdam, Dom.-Reg. Amt Lehnin Paq. IV, 5.
1720	Ellinger	6	240	300	Desgleichen.
1727	Cresten, Lieschen, Ebel, Böhmen, Fischer zu Potsdam	—	200	—	Desgleichen.
1739	Böhmen, Bielicken, Kockert, Ebel, Fischer zu Potsdam	6	240	300	Geh. St. Gen.-Dir. Kurm. Tit. LIV, Amt Lehnin, Sect. a, Nr. 1.
1745	Bielicke (1747 †)	—	250	—	Desgleichen.
1747	Ebel und Vetter	4	—	—	Desgleichen.
1757	Golze	—	250	—	Desgleichen.
1764	29 Werdersche Kleintauer	6	260	160	Desgleichen.
1769	29 „ „	6	260	—	Desgleichen.
1776	29 „ „	—	270	—	Desgleichen.
1786	32 „ „	9	200	—	Desgleichen.
1795	32 „ „	6	130	—	Desgleichen.
1801	32 „ „	6	130	—	Desgleichen.

Während der Pachtertrag des Werderschen Garnes im 17. Jahrhundert durch Abtrennung des Plessower Sees und anderer Züge, die der Obrister Ribbeck zu Spandau der Geltowschen „Zuhre"[2] zugelegt hatte, — auch 11 Züge im „Heide-Petzin"-See kamen im Jahre 1666 an den Generalquartiermeister Giesen[3] — beträchtlich gesunken war, steigerte er sich zu Anfang des 18. Jahrhunderts, hauptsächlich durch eine Konkurrenz der Pächter veranlasst, bedeutend, um mit dem Ausgang des Jahrhunderts wieder recht erheblich zu fallen, woran trotz öffentlicher Ausschreibung in den Intelligenzblättern einmal der Mangel jeder Konkurrenz und dann die „notorische Verschlimmerung der dortigen Fischerei durch die gezogene Meliorationengraben"[4] die Schuld trugen. Dass sich das Geschäftliche nicht immer glatt erledigte, zeigt ein Vorfall aus dem Jahre 1665.[5] Der Garnmeister Kagel war nach Abrechnung der Kurfürstl. Amtskammer 234 Taler 42 Groschen schuldig geblieben, weswegen er „cassirt" und zugleich dem Amtsschreiber zu Lehnin der Auftrag zuteil wurde, wegen des Nachstandes sich an Kagels Weinberge und Bruchwasser schadlos zu halten. Auch Hübenern blieb im

---

[1] Dürfen die „Zuhre" nicht mehr gebrauchen.
[2] Kgl. Reg. zu Potsdam, Dom.-Reg. Generalia, Paq. 3, 20, Nr. 126.
[3] Akten in der Lade der Fischerinnung zu Werder, Copialbuch S. 58.
[4] Geh. Staatsarchiv., General.-Direkt. Kurm., Titel LIV, Amt Lehnin, Sekt. a, Nr. 1.
[5] Wie Anm. 2, Nr. 142.

Jahre 1670 129 Taler schuldig, ein Nachfolger von ihm im Jahre 1672 180 Taler.[1]

Mannigfach waren auch hier die Verpflichtungen, die die Garnmeister bei Ausübung der Fischerei übernehmen mussten. Göres Hübenern z. B., dem vom Staate im Jahre 1668 das „Garn- und Fischerzeug samt denen Garne-Schiffen und Kähnen" eingehändigt wurde, hatte dieses „allezeit in guten Würden und Stande zu halten". Auf die kurfürstlichen Garnzüge musste er gute Obacht geben, dass sie nicht von den Leuten zu Golm, Grube und Geltow verwüstet würden. So oft für das Hoflager Fische gefordert wurden, hatte er diese für die „gewöhnliche Taxe" als den Zentner Herrenfische für 3 Taler, und die Tonne Speisefische für 2 Taler zur Hofküche zu liefern; erst wenn die Einwohner zu Werder und auf dem Lande für billiges Geld ihre Notdurft erlangt, durfte er an Fuhrleute die Fische verkaufen. Der Schulmeister in Werder erhielt, wenn das Garn gezogen wurde, die „gewöhnliche Präbende", wöchentlich zwei Essen Fische. Seine sämtlichen Hab' und Güter, besonders seinen Weinberg, musste der Garnmeister zum Unterpfand einsetzen. Vom Jahre 1739 an hielten die Garnmeister die Garngerätschaften selbst;[2] nach wie vor bestand noch bis Ausgang des Jahrhunderts die Verpflichtung, alle gefangenen Fische zuerst der Hofküche in Potsdam zum Verkauf anzubieten; die übrigen durften sie nur in der Hof- und Garnisonstadt Potsdam verkaufen.[3] In den Jahren 1665—1668 hatte z. B. der Garnmeister für 147 Taler Fische an die Hofküche geliefert, welcher Betrag von der Pachtsumme abging; im Jahre 1697 wurde eine Mindestlieferung an Fischen an die Hofstatt im Werte von 70 Talern für das Jahr festgesetzt.[4]

Zu Anfang des 18. Jahrhunderts hatten die Garnmeister sich Zuhrnetze zugelegt,[5] womit ihnen auf 8—14 Tage in jedem Quartal zu fischen gestattet wurde; sie überschritten jedoch diese Befugnis und zuhrten, so oft sie wollten. Der Garnmeister Golze wurde 1761 für diese Übertretung mit 10 Talern Strafe belegt, zugleich wurde ihm angedroht, für jeden Zug, den er über die Frist tue, mit 8 Tagen Gefängnis bestraft zu werden; ausgenommen war jedoch der Fall, wenn er für die Hofküche Fische zu liefern hatte, wobei er aber dem Pritzstabel die „Fischordre" vorzeigen sollte.[6] Im Jahre 1776 wurde dann laut Verordnung der Königlichen Kammer den Garnpächtern anbefohlen, statt der Zuhre das Sommergarn zu benutzen. Das Sommergarn ginge

---

[1] Kgl. Reg. zu Potsdam, Dom.-Reg., Generalia, Paq. IV, Nr. 5.
[2] Geh. Staatsarchiv, Gen.-Direkt. Kurm., Titel LIV, Amt Lehnin, Sekt. a, Nr. 1.
[3] Akten in der Lade der Fischerinnung zu Werder, Copialbuch S. 171.
[4] Kgl. Reg. zu Potsdam, Dom.-Reg. Fischereis., Amt Lehnin. Paq. IV, 5.
[5] Siehe Tabelle.
[6] Wie Anm. 3, S. 167,

ja zwar tiefer, doch liessen dessen weitere Maschen den Samenfisch besser durch.[1])

Der Staat suchte natürlich die Garnmeister auch in ihrer Fischerei zu schützen, um möglichst hohe Pachterträge zu erzielen. So wurde im Jahre 1676 den Fischern zu Werder befohlen, den Garnmeistern daselbst und in Phöben in ihren Garnzügen nicht schädlich zu sein, damit diese ihre „Pension" bezahlen könnten.[2]) Im Jahre 1761 mussten die Werderschen Kleintauer nach Angabe des Garnmeisters jedesmal 3 Garnzüge schonen, die dieser befischen wollte.[3])

Nachdem schon im Jahre 1769 das Generaldirektorium die Vererbpachtung der Werderschen Gewässer vorgeschlagen hatte,[4]) gingen diese dann im Jahre 1811 an die Werdersche Fischerinnung in Erbpacht über. Neben der Entrichtung eines Erbstandsgeldes von 400 Talern betrug der Erbpachtzins 200 Taler. Im Jahre 1841 wurden 50 Taler des Erbpachtzinses abgelöst. Noch heute ist die Innung Erbpächterin und zahlt vierteljährlich an die Kreiskasse in Belzig 112 Mark 50 Pfennig, woneben noch jedesmal gesondert 20 Mark 25 Pfennig entrichtet werden, in welcher Abgabe wir den oben für das Jahr 1602 erwähnten Fischzoll wiedererkennen müssen.[5])

4. Das Phöbensche Garn.

Zu dem Phöbenschen Garn gehörten im Jahre 1602[6]) im ganzen 62 Züge von der „Flieder Havel" beim Dorfe Deetz bis zur Brücke der Stadt Werder: Beim Dorfe Deetz Gemeiner Zugk, Flieder Havel, das Kücher Zogk, die Mutter, das Sendischen, die Pram lancke, die Bercken lancke, die Parnimbsche Lancke, die Drey fort, der Knolhewen; beim Dorfe Schmergow das Markscheid am Deetzer See, den Bauer haven, das Hacht, die Schmerger Duepe; beim Dorfe Göttin Frischen Göttin, Flatowsche Horn, der Dümpel, die Schleintze, das Steinichen, das Fören Zugk, die Göttinische Lemke, den Kaldenhusischen Horn, den Horn am Mittel Bruck, Vor Schencken Grabe, das hohe Rohr, das Dembken, ufm hingsthorn, hinder dem Wall, der Newindt, die Drewstedte, ufm Kietz, das Drewstedtsche Hornn, hinder das Wehr, zwischen das Wehr, das Bahrss Zogk, Vors Dorff, der Kreitzhorn, die Kraudtberge, der Baumgarten, die Kahnfort, der Sehehorn, die Mölle, die Plötzlake, die Duep horne, dass hornne bey Krügers Bruchwasser, die Fernahm, die lutke Düpe, die grosse Düpe, das harte Zugk, das diefe Zugk, das lange Zugk, die Gehre, das Flak Zugk, Wassermans Lake, das uberste

---

[1]) Akten in der Lade der Fischerinnung zu Werder, Copialbuch S. 181.
[2]) Wie Anm. 1, S. 109.
[3]) Akten in der Lade der Fischerinnung zu Werder, Copialbuch.
[4]) Geh. St.-A., Gen.-Direkt. Kurm. Tit. LIV, Amt Lehnin, Sect. a Nr. 1.
[5]) Akten in der Lade der Fischerinnung zu Werder.
[6]) Geh.-A., St. Prov. Br. Rep. 7, Dom.-Amt Lehnin, F. 10, Nr. 2.

Zugichen, der Golmsche Horn, das helle Zugk, die Köste. Dazu kommen noch in der Wublitz: Die Schleintze, Vors Wehr, das schieffel Zugk, Vor Grube, die Lehmgrube, Köste.

Das ganze Garn war im Jahre 1602 vom Amt Lehnin für 100 Taler Zins und 30 Taler Fischzoll an den „Garnmeister" verpachtet. Auch hier wollen wir uns aus nachstehender Tabelle einen Überblick über die folgenden Jahrhunderte zu verschaffen suchen.

Jahr	Pächter	Pachtzeit	Pachthöhe	Kaution	Quellenangabe
			Taler	Taler	
1602	„Garnmeister"	—	100	—	Geh. St. Prov. Br. Rep. 7, Dom.-Amt Lehnin F 10 Nr. 2.
1660	Andreas Gengerichen	3	110	—	Kgl. Reg. z. Potsdam, Dom.-Reg. Gen. Paq. 3, 20, Nr. 114.
1663	Derselbe	3	110	—	Desgleichen, Nr. 133.
1666	Derselbe	3	110	—	Desgleichen, Nr. 152.
1669	Derselbe	3	105	—	Desgleichen, Nr. 175.
Ende 17. Jahrh.	Phöbensche Fischer	—	120	—	Geh. St. Gen.-Dir. Kurm. Tit. LIV, Amt Lehnin, sect. a, Nr. 1.
1717	2 Fischer zu Berlin	6	260	250	Geh. St. Prov. Br. Rep. 7, Dom.-Amt Lehnin F 10 Nr. 1.
1723	Dieselben	6	260	250	Desgleichen.
1739	4 Potsdamer Fischer: Schulze, Poltze, Friedrich und Peter Schlunk	6	282	300	Geh. St. Gen.-Dir. Kurm. Tit. LIV, Amt Lehnin, sect. a, Nr. 1.
1745	4 Potsdamer Fischer: Vetter Lechler, Sarpow, Proetel	6	290	—	Desgleichen.
1751	Dieselben	6	290	—	Desgleichen.
1757	Fischerkossäten zu Phöben	6	295	—	Desgleichen.
1763	Dieselben	6	295	—	Desgleichen.

Auf Anregung des General-Direktoriums wird im Jahre 1769, „da es zur Konservation der Fischerei besser sei," das Phöbensche Garn für 295 Thaler den 12 Phöbenschen Fischerkossäten in Erbpacht gegeben. Auch sie übernehmen die Verpflichtung, die gefangenen Fische entweder an die Hofküche in Potsdam oder, wenn sie daselbst nicht verlangt werden sollten, sonst daselbst gegen bare Bezahlung zu verkaufen. [1]

Die Pächter vom Jahre 1723 waren verpflichtet, jährlich für 90 Thaler Fische an die Königliche Hofküche gegen Bezahlung zu liefern. Dafür wurden ihnen genau die Preise gesetzt:

1 Schock Stamm- und Zahl-Bleie 8 Thaler,

1 Schock Zahl-Hechte, Zahl-Zander oder Rapen 5 Thaler,

---

[1] Geh. St. Gen.-Dir. Kurm. Tit. LIV, Amt Lehnin, sect. a. Nr. 1.

1 Schock Barse 1 Taler,
1 Schock Ahlander 2 Taler, 12 Groschen,
1 Tonne Speisefische für 3—4 Taler.

Bei offenem Wasser mussten die Garnpächter die Fische nach Berlin bringen, im Winter liess die Hofküche diese auf eigene Kosten abholen. [1]

Bis zum Jahre 1843 blieb das Phöbensche Garn den Fischerkossäten vererbpachtet. In diesem Jahre sagten sie sich von der Erbpacht los und es wurden ihnen im letzten Jahr 100 Taler an der Pacht von der Regierung erlassen. [2] Mit diesem Jahre trennt sich das Phöbensche Garn in zwei Teile, einen zu Deetz und den anderen zu Göttin. Der Göttinsche Teil wird von 1846—1852 für 53 Thaler an 2 Fischerkossäten in Phöben, [3] von 1855—1859 für 40 Thaler an sämtliche Fischerkossäten in Göttin [4] und von 1859—1863 für 85 Thaler an 2 Fischer zu Phöben und 2 Fischer zu Potsdam verpachtet. [5] Im Jahre 1863 wurde dann dieser Teil von den 7 Fischerkossäten in Göttin vom Staate für 1400 Thaler käuflich erworben; [6] diese verkauften dann im Jahre 1864 an die Werdersche Fischerinnung die Wasserstrecke von den Werderschen Brückenpfählen abwärts, den Zernsee, Wublitz und Schlänitzsee für 600 Taler. [7] — Der Deetzsche Anteil des Phöbenschen Garnes (vom Drebelsee bis Deetz) wurde im Jahre 1846 für 24 Thaler an 2 Fischerkossäten zu Deetz, [8] im Jahre 1855 für 8 Thaler an einen Fischerkossäten daselbst [9] verpachtet. Im Jahre 1883 kauften 5 Fischer zu Deetz diesen Teil für 182 Taler. [9]

§ 2. Die Kleinfischerei.

Völlig unabhängig von der Grossgarnfischerei bestanden seit alters jene Fischereiberechtigungen, die wir unter dem Namen der „Kleinfischerei" zusammenfassen; sie sind in der Mark Brandenburg die ältesten Formen des Fischereirechtes. In der slawischen Kultur wurzelnd haben sie sich während der Kolonisationszeit zu behaupten gewusst. Fischergemeinden nutzten sie in mehr oder weniger korporativem Zusammenschluss. An den Spandauer Gewässern finden wir die Fischergemeinden zu Hennigsdorf, Damm, Pichelsdorf und Kietz zu Spandau, an den Potsdamer Gewässern den Kietz und die „Burgstrasser" zu Potsdam, den Kietz zu Fahrland, die Fischerinnung zu Werder, die Fischergemeinden

---

[1] Geh. St.-A., Prov. Br. Rep. 7, Dom.-Amt Lehnin, F. 10, Nr. 1.
[2] Akten in der Lade der Fischerkossäten zu Phöben.
[3] Kgl. Reg. zu Potsdam, Dom.-Reg., Lehniner Dokum. Nr. 83.
[4] Ebenda, Dokument Nr. 122.
[5] Ebenda, Dokument Nr. 129.
[6] Akten in der Lade der Fischerkossäten zu Göttin.
[7] Akten in der Lade der Fischerinnung zu Werder.
[8] Kgl. Reg. zu Potsdam, Dom.-Reg., Lehniner Dokument 83.
[9] Ebenda, Dokument 122.

zu Phöben, Göttin, Leest, Töplitz, Ketzin, Deetz, Schmergow und Paretz. Wir wollen hier lediglich die Berechtigungen der einzelnen Gemeinden festzulegen suchen, während ihre wirtschaftliche und verfassungsrechtliche Stellung im 2. Kapitel behandelt werden wird.

In der Ausdehnung ihres Berechtigungsbezirkes überragen die Kietzer und Pichelsdorfer zu Spandau und die Kietzer zu Potsdam alle anderen Fischergemeinden. Es mag dies seinen Grund darin haben, dass diese drei Fischergemeinden in ihrer engen Zugehörigkeit zu einem landesherrlichen Schloss vielleicht schon in slavischer, bestimmt aber in askanischer Zeit, eben weil sie das Schloss mit Fischnahrung versehen mussten, einen verhältnismässig so grossen Berechtigungsbezirk privilegiert erhielten, was um so mehr an Wahrscheinlichkeit gewinnt, als sie die einzigen Fischergemeinden in unserem Gebiete sind, die ein regelrechtes Privilegium aufzuweisen haben.

Früher nach der Gewohnheit und altem Brauch sich richtend, erbaten sich diese Gemeinden im Laufe des 15. Jahrhunderts von dem Landesherrn Privilegien, in denen ihnen dieser den Schutz ihrer alten Fischereiberechtigungen zusicherte. Bei jedesmaligem Regierungswechsel liessen sich die beiden Kietzgemeinden (die Pichelsdorfer haben kein besonderes Privilegium, gleichen aber in ihren Berechtigungen laut Erbregister von Spandau v. J. 1590 den Kietzern zu Spandau) ihre Privilegien erneuern; die Spandauer Kietzgemeinde bat zum letzten Mal darum im Jahre 1740,[1]) der Potsdamer Kietz im Jahre 1673.[2])

Bei den übrigen Gemeinden hielt man sich an die alte Gewohnheit, und erst im 17. Jahrhundert entschieden dann die kommissarischen Rezesse der Amtskammer bei Kompetenzstreitigkeiten. Diese Rezesse und die Erbregister des 16., 17. und 18. Jahrhunderts sind bei unserer Untersuchung der Berechtigungs-Bezirke und der Berechtigungs-Arten zugrunde gelegt.

Die Berechtigungen der Fischergemeinden beruhten ganz auf der Gnade des Landesherrn, die Fischer hatten keinerlei rechtlichen Anspruch auf die Ausübung ihres Gewerbes. Es leitet sich diese völlige Abhängigkeit her aus der geschichtlichen Entwickelung der Fischergemeinden aus slavischer Wurzel (siehe Kap. 2). Die Berechtigungen zur Kleinfischerei gehen mit nur ganz wenigen Ausnahmen alle zurück auf die slavische Zeit und haben in dieser ihren Ursprung. Bis ins 18. Jahrhundert waren sich die Gemeinden dieser Abhängigkeit bewusst, und diese kam andererseits in deren eigenartigem Dienstverhältnis zum Ausdruck, wie auch aus der jedesmaligen Erneuerung ihrer Privilegien dieses persönliche Verhältnis zum Landesherrn hervorgeht. Auf der anderen Seite

---

[1]) Geh. Staatsarchiv, Rep. 78, III, S. 68, 5.
[2]) Geh. Staatsarchiv, Rep. 78, IV, 9,6, 4.

fühlte sich der Landesherr aber auch als Herr aller Gewässer; in den verschiedensten Handlungen gerade der drei ersten Preussenkönige kam diese Anschauung noch einmal klar zum Durchbruch. Friedrich I. verbot z. B. den Spandauer Kietzfischern in einem bestimmten Revier bei Charlottenburg ihre alten Fischereiberechtigungen auszuüben, weil er selbst dort mit dem Hofe dem Angelsport huldigte.[1] Friedrich Wilhelm I. regelte ohne Berücksichtigung des geschichtlich Gewordenen die Berechtigungsbezirke der beiden Potsdamer Fischergemeinden aufs neue (siehe u. Nr. 3), sein Vorgehen gegen den Garnherrn Ellinger in Potsdam ist bereits oben (§ 1 Nr. 2) besprochen; und Friedrich der Grosse liess noch im Jahre 1771 binnen 14 Tagen sämtliche Wehranlagen auf der Havel einreissen, weil sie dem Flusslauf und der Schiffahrt hinderlich schienen (siehe u. § 4).

Erst als das enge Dienstverhältnis der Fischergemeinden zum Landesherrn in neuester Zeit im modernen Staate fiel und diese ihre volle Selbständigkeit teils als Gemeinden teils als Innungen erhielten, bildete sich bei den Fischern ein rechtlicher Anspruch auf die Wassernahrung heraus und fand seine praktische Bedeutung darin, dass die Fischer für jede Schmälerung ihres Gewerbes z. B. durch Damm- oder Brückenbauten eine entsprechende Entschädigung vom Staate forderten und auch erhielten. Die erste mir bekannte Forderung dieser Art erhoben im Jahre 1726[2] die Kietzer und Pichelsdorfer zu Spandau, die sich in ihrem Fischerwerb dadurch beeinträchtigt fühlten, dass den Winter über grosse Mengen von Flottholz auf ihren Gewässern gelagert hatten. Der Kammerpräsident versprach ihnen ein Ablagegeld. Auf diese Weise veränderten und verwischten sich die ursprünglichen rechtlichen Verhältnisse bei der Kleinfischerei.

Die beabsichtigte staatliche Ablösung sämtlicher Fischereiberechtigungen, die der Staat noch nie völlig in der Hand gehabt hat, und die ihm, durch jene Wandlung in neuester Zeit verursacht, heute ferner stehen als je, würde den letzten Schritt bedeuten in dem durch Jahrhunderte vollzogenen Prozess der völligen Eindeutschung altslavischen Eigentums.

1. Die Fischergemeinden zu Hennigsdorf und Damm.

Die Fischereiberechtigung der Gemeinde Hennigsdorf erstreckt sich im Jahre 1590[3] auf der Havel von der Heiligenseeschen Fähre an bis an den Pinnowschen See, und, wenn die Wasser hoch sind, im Bruchwasser der Orte Borgstorf, Birkenwerder, Hohen Neuendorf, Stolpe,

---

[1] Geh. Staatsarchiv, Rep. 78, III, S. 68, 5.

[2] Akten in der Fischerlade zu Tiefwerder: „Designatio documentorum quorundam", Nr. 25.

[3] Geh. Staatsarchiv, Erbregister von Spandau vom Jahre 1590.

Heiligensee ebenfalls. Jeder Fischer gebraucht ein Flock, 2 Puwert, 4 Plötznetze, 2 Seenetze, 24 Ballreusen, 24 Hechtreusen, 2 Garnsäcke, 2 Ringnetze, 2 Wehrnetze und 30 Krebsreusen. Jeder Fischer gibt 4 Groschen 10 Pfennige „Wasserzins". Die Zahl der Berechtigungen betrug 13. Im Jahre 1910 wurde von jeder der noch vorhandenen 12 Berechtigungen ungefähr die Hälfte vom Staate bei Anlage des Gross-Schiffahrt-Weges abgelöst.

Die Fischergemeinde Damm („die Dämmer" genannt) besteht im Jahre 1590 aus 6 Mitgliedern,[1]) von denen 5 die Fischerei und zwar ein jeder mit einem Kahn ausüben mit Ballreusen und Körben auf der Havel von Valentinswerder bis zum Rohrhorn. Das dazwischen liegende Mittelbruch befischt Thomas Havemann allein, ausserdem den „Kessel", wofür er jährlich 6 Groschen gibt; ebenso gibt er 6 Groschen von dem tiefen Wehr. Hans Kuhnow hat die „Demnitz" mit einem Kietzer zu fischen und gibt für seinen Teil 6 Groschen $2^1/_2$ Pfennige. Von einem Tiefwehr im „Rust" gegen Valentinswerder gelegen, gibt er dem Rate zu Spandau 8 Groschen. Joachim Mahnkopf hat ein Tiefwehr an der Heiligenseeschen Heide in der Havel, wovon er dem Kurfürsten jährlich 6 Groschen 5 Pfennige Zins gibt. Mathias Mahnkopf endlich hat eine Zugfischerei, davon er jährlich 3 Groschen $2^1/_2$ Pfennig ins Amt entrichtet. Auch er gibt für ein Tiefwehr vor der „luttken Malche" dem Rate zu Spandau 8 Groschen. Ferner haben 5 Dämmer vom Kurfürsten die Plötzjagd zur Miete.[2]) Diese erstreckt sich auf der Unterhavel von Pichelsdorf bis Sakrow aufs „Megdehorn" von 14 Tage vor Pfingsten bis 14 Tage vor Michaelis; ein jeder gibt jährlich 2 Taler 6 Groschen Zins davon; im Jahre 1683 waren die Dämmer noch für denselben Mietzins im Besitz dieser Plötzfischerei.[3]) Jeder durfte 4 Plötznetze in besagter Frist des Morgens bei Sonnenaufgang am Lande stellen und musste mit Sonnenuntergang wieder daheim sein. Das Krebsreusenstellen, wozu sie anfangs nicht befugt gewesen, ihnen aber nachträglich vom Amt gestattet ist, indem ein jeder diesem 3 Schock Krebse jährlich für solche Vergünstigung geben soll, wird in einer Kurfürstl. Verordnung vom Jahre 1624 den Dämmern aufs neue erlaubt. Ohne des Garnmeisters Willen dürfen sie keine Reusen ins Wasser legen und müssen diesem die Hälfte ihres Fanges ausliefern.[4]) Noch heute besteht die Fischergemeinde aus 6 Berechtigten.

---

[1]) Geh. Staatsarchiv, Erbregister von Spandau vom Jahre 1590.

[2]) Zur Vollständigkeit sei auch diese Pachtfischerei hier angeführt.

[3]) Rezess vom Jahre 1683; Original in der Fischerlade zu Tiefwerder, gedruckt: Märkische Forschungen, Bd. XVII, S. 108.

[4]) Ebenda, S. 94.

2. Der Spandauer Kietz und die Fischergemeinde zu Pichelsdorf.

Auf Grund einer Urkunde vom 11. Januar 1515[1]) wurde den Kietzern zu Spandau auf ihre Anzeige, „das sy von alters auff der Sprew von dem tham zu Bradinburg bis zu dem thame zu Berlin auff und nider frey zu fischen haben, darzu zolfrey sein", diese Berechtigung bestätigt. Das Spandauer Amtsregister vom Jahre 1590 wiederholt dieses Privilegium und bezeichnet mit den beiden Dämmen den „Mühlendamm vor der alten und neuen Stadt Brandenburg" und den „Mühlendamm zwischen Cöln und Berlin".[2]) Die Erbregister vom Jahre 1651 und 1704 enthalten ebenfalls das Privilegium.[3]) Als erlaubte Geräte galten die „Powerten, Flöken und Ballreusen" zum Fisch- und Krebsfang. Es unterliegt keinem Zweifel, dass die Kietzer niemals diese Berechtigung in ihrer ganzen Ausdehnung — die Wasserstrecke beträgt ungefähr 70 km — genutzt haben. Es mochten diese beiden Dämme als bequeme Begrenzungen erscheinen; historisch nachweisen lässt sich dagegen eine Befischung dieser Havelstrecke durch die Kietzer nur bis zum Gallin, der Stadt Werder gegenüber, dem Ende des sogenannten Werderschen Binnenwassers. Es ist bezeichnend, dass das Amtsregister vom Jahre 1590 neben der allgemeineren Grenzangabe noch ausdrücklich erwähnt, dass die Kietzer „item die freie Wasser von der Pottstambschen Brücke an bis an Marienhorn gebrauchen", und somit die weitgehendere Grenze korrigiert. In gleicher Weise erwähnt ein Verzeichnis der Lehniner Amtsgewässer vom Jahre 1602[4]) eine Berechtigung der „Spandauer" zur Kleinfischerei nur auf dem Schwielowsee„ bis an Marienhorn,[5]) gegen das Wulfs Brugk an der neugesteckten seulen" und auf dem Werderschen „Binnenwasser". Darüber hinaus wird eine Berechtigung der Spandauer Fischer nicht erwähnt. Danach haben also seit dem Ende des 16. Jahrhunderts diese Fischer ihre laut Privilegium weitgehendere Fischereiberechtigung nicht mehr genutzt.

---

[1]) Rezess vom Jahre 1683; Original in der Fischerlade zu Tiefwerder, gedruckt Märkische Forschungen, Bd. XVII, S. 86.

[2]) Geh. Staatsarchiv, Erbreg. von Spandau 1590.

[3]) Kgl. Reg. zu Potsdam, Dom.-Reg., Erbreg. von Spandau von 1651 und 1704.

[4]) Geh. Staatsarchiv, Prov. Br. Rep 7, Dom.-Amt Lehnin F. 10, Nr. 2.

[5]) Dieses „Marienhorn" ist nicht zu verwechseln mit dem „Marienhorn" unterhalb Werders, welches die Werderschen Gewässer begrenzt. Das Marienhorn auf dem Schwielowsee kann sprachlich umgebildet sein aus dem alten „marggreuenhorn" der Urk. vom Jahre 1317 (siehe oben I. Kap., 1. Teil, § 2, Nr. 4), wo es ebenfalls als Berechtigungsgrenze dient. Andererseits könnte in dem Verzeichnis der Lehniner Amtsgewässer auch eine Verwechslung vorgekommen sein. Das „Wolfs-Bruch" bildet nämlich den Südzipfel der Insel Töplitz und liegt dem unterhalb Werders gelegenen „Marienhorn" genau gegenüber, während am „Schwielowsee" ein „Wolfs-Bruch" nicht nachweisbar ist. Danach könnten die beiden „Marienhorn" immerhin identisch sein.

Wie schon im Jahre 1393[1]) hatten auch im Jahre 1590[2]) noch die Kietzer die Berechtigung mit dem Kietzergarn von Martini an bis Ostern den See, Lueze genannt, zu fischen. Der Fang gehörte halb zum Kloster und halb den Kietzern. Neben etlichen Wehren in der Spree hatten sie auch einige kleine Garnzüge auf der Spree, doch den kurfürstlichen Garnzügen ohne Schaden.

Die Fischergemeinde zu Pichelsdorf hat nach dem Erbregister vom Jahre 1590 „keine brieflichen Urkunden, aber von altersher haben sie die Fischerei gebraucht von der Spandauschen Langen Brücke an bis Pottstamb, auf jenseit Pottstamb bis auf Marienhorn fischen sie gleich den Keizern zu Spandau mit Netzen". „Vermöge eines Zettels anno 1535 dadiert" darf jeder Fischer „Powert halten soviel er zeugen und halten kann," es gebraucht jeder 6; ferner führt jeder ein „Rott·stern nach dem Rap", ein Seeflock, ein „weit Pubert," Ballreusen und Krebsreusen nach Belieben, ein „Manck Pubert und ein enge Pubert". Mit ihrem kleinen Garne fischen sie wie die Kietzer zu Spandau, den Luezen See ausgenommen. Noch im Jahre 1737 benutzten sie von Martini bis Ostern das sog. „Gärnichen".[3]) Auch einige Wehre gehörten zu der Fischereiberechtigung der Pichelsdorfer.

Im Jahre 1624 wurde durch Kurfürstliche Kommissarien genau geregelt, welches Fischerzeug beide Fischergemeinden führen durften:[4]) Vier von den Kietzern und vier Pichelsdorfer gebrauchten mit 2 Kähnen eine „Rosstern vierthalb Klafter breit" im Rapenfang; Krautflöcke zu allerhand Fischerei 3 Klafter lang und breit mit einer Maschenweite, dass 2 Finger durchgingen, von Johannis bis Martini; Ballreusen zum Blei- und Gusternfang; Reusen zum Krebsfang. Die Kietzer führen 2 und die Pichelsdorfer zusammen 1 kleines Wintergarn von 24 Klaftern Länge von Martini bis Ostern, doch sollen sie damit nicht in die Züge der Grossgarnfischerei kommen und die „Meteritzen"[5]) sollen „dem eisern Span"[6]) gemäss weite Maschen haben. Endlich haben sie das Beistellen bei der Herrschaft grossem Garn, so dass 8 Kietzer und 8 Pichelsdorfer dasselbe umschichtig tun; jeder darf dabei nur 4 Poverten gebrauchen. Hinsichtlich des Beistellens beim Potsdamer grossen Garn bestimmte ein Vergleich desselben Jahres,[7]) dass die Kietzer und Pichelsdorfer zu Spandau mit den Borgstrassern und Kietzern zu Pots-

---

[1]) Siehe oben I. Kap., 1. Teil, § 2, Nr. 2.

[2]) Geh. Staatsarchiv, Erbregister von Spandau vom Jahre 1590.

[3]) Geh. Staatsarchiv, General-Dir., Kurm. Tit. CXV. Sect. O 13, Fischer Nr. 1.

[4]) Original in der Fischerlade zu Tiefwerder, gedruckt Märk. Forsch., Bd. XVII, S. 94.

[5]) Meteritz = ein hinten am grossen Garn befestigter Sack, siehe Märk. Forsch., Bd. XVII, S. 95.

[6]) Siehe Kap. III.

[7]) Original in der Fischerlade zu Tiefwerder, gedruckt: Märk. Forsch., Bd. XVII, S. 96 f.

dam darin, einen Zug um den anderen, abwechseln sollten. Nach einem
Rezess vom Jahre 1652[1]) zwischen den Garnmeistern zu Potsdam und
den Kietzern und Pichelsdorfern vor Spandau durften diese in den
„Weichten oder Tieften ausserhalb den Harden"[2]) mit den Pörden nicht
fischen. Um die Harden aber mögen sie 4 Klafter tief und ein jeder Kahn
absonderlich mit 6 Pörden von 15 Klafter Länge fischen — nach einem
Abschiede vom Jahre 1644 sollten die Pichelsdorfer bei der Fischerei
mit Pörden über 2 Kähne zugleich auf die Wasser nicht bringen[3]) —
die Jagestangen dürfen nur 4 Klafter lang geführt werden. Die See-
flöcke können von 6 Tage vor Martini, bis die Wasser sich mit Eis
bedecken, benutzt werden, doch müssen die Potsdam'schen Garnzüge und
der „Hundtssberg" geschont werden. Der Pfauenwerder muss „im Blei-
leich" mit den Reusen verschont bleiben, mit Pörden kann dagegen dort
gefischt werden, ebenso mit Reusen in der Bleilaiche vom tiefen Horn
an durch den ganzen Wannsee bis zum roten Stein. Der Imickenwerder
soll in der Laichzeit von keinem Teil befischt werden, wie auch die
Kietzer und Pichelsdorfer in der Zeit keine Flöcke gebrauchen dürfen.
Alle diese Vorschriften sollen bei 10 Taler Strafe berücksichtigt werden.

Für die Fischerei mit den kleinen Garnen waren nach einem Rezess
vom Jahre 1683[4]) beiden Gemeinden bestimmte Züge vorgeschrieben:
Im Stessen-See, dann weiter abwärts 13—14 Züge (2 Eichbäume mit
einem frisch eingehauenen Kreuz dienten als Grenzen; dazu wurde „zum
Gedächtnis dessen ein Knabe von 16 Jahren mit einer „Petschen" kreutz-
weise vom Fischmeister geschlagen"), ferner 2 Züge, die kleine Liepe
genannt, und 5 Züge bei dem „Grasebusche". Mit den Seeflöcken soll
gegen Abend etwa 5—6 Stunden gefischt werden; während dieser Zeit
dürfen die Pörde nicht benutzt werden; auch sollen der Wannsee und die
Hundsberge mit den Seeflöcken verschont bleiben. Die Grenze zwischen
den Spandauschen und Potsdamschen Wassern bleibt der „rote Stein
hinter Cladow, so nebenbei den Sandwerder hat." Einem Übertreter
soll Kahn und Zeug gepfändet und so lange einbehalten werden, bis
dieser 10 Taler Strafe und 16 Groschen Pfandgeld nebst einer Tonne
Bier der Gemeinde entrichtet hat.

---

[1]) Original in der Fischerlade zu Tiefwerder, gedruckt: Märk. Forsch., Bd. XVII,
S. 105 ff. Der Vergleich war auf dem Sandwerder zustande gekommen und als „Ge-
zeugnis dieser Vereinigung" wurde in einen Fichtenbaum ein Kreuz mit 6 untenstehenden
Kerben eingehauen.

[2]) Harden = harte Berge, welche sich etwa 1—3 Klafter über das eigentliche
Flussbett bis zu 2—3 Klafter unter der Wasserfläche erheben. Der gewöhnliche tiefe
Grund und Boden, das Flussbett, im Gegensatze hierzu Weiche oder Tiefe, auch Moder
genannt, siehe Märk. Forsch., Bd. XVII, S. 106.

[3]) Fischerlade zu Tiefwerder, Acta: Designatio documentorum quorundam, Nr. 10.

[4]) Original in der Fischerlade zu Tiefwerder, gedruckt: Märk. Forsch., Bd. XVII,
S. 108.

Wenn die Kietzer und Pichelsdorfer in Herrendiensten gebraucht werden oder die Örter, die befischt werden sollten, weit entlegen seien, so war ihnen vergönnt von 4, 5, 6 Uhr des Abends bis 11 Uhr zu fischen. Die Fischerei auf der Lehnitz[1]) wird für diese Fischer verboten.

Zahlreich sind im 17. Jahrhundert die Fälle, in denen der Kurfürst die Kietzer und Pichelsdorfer bei ihren alten Berechtigungen gegenüber den Potsdamer Garnmeistern, die jene überall zu schmälern suchten, schützen muss;[2]) er droht im Jahre 1649 den Garnmeistern sogar mit einer Strafe von 200 Talern.

Um die Erlaubnis zum „Trödeln" mussten beide Gemeinden jedesmal einkommen. Es wurde ihnen z. B. im Jahre 1683 für 2 Tage in der Woche, so lange das Eis steht, mit 3 Staaknetzen gestattet.[3])

Ein „altes Recht" sicherte bereits im Jahre 1698 den Kietzern und Pichelsdorfern den halben Stintfang, im Jahre 1723 wurde ihnen die andere Hälfte vom Staat für 54 Taler Pacht angeboten.[4])

Ein Rezess vom Jahre 1708[5]) regelte dann noch einmal die Berechtigungen der Kietzer und Pichelsdorfer auf dem Potsdamer Unterwasser (von Potsdam bis Baumgartenbrück) und zwar dergestalt, dass nach den Abschieden von 1642, 1644 und 1652 mit 2 Kähnen auf einmal zu fischen gestattet sein soll, doch dürfen während dieser Zeit keine weiteren mehr auf das Wasser kommen. Dabei soll jeder Fischer allein mit den ihm nach den Rezessen von 1652 und 1683 zustehenden sechs „Schichtbhörden oder Puferte" unter Hülfe seiner Frau, Magd oder Jungen diese Fischerei exerzieren von Sonnenaufgang bis Untergang. Er darf auf dieser Strecke nur am Lande um die Krautbüsche soweit, als die Ruder tief sind, fischen, nicht aber im tiefen Strom, auf den Harden und in den Garnzügen. Eine Pulsekäule von $2^1/_2$ Klafter Länge ist dabei gestattet.

In neuester Zeit ist von beiden Fischergemeinden die Fischerei seit ungefähr 50 Jahren nur von Spandau bis nach Potsdam zur Eisenbahnbrücke ausgeübt worden.[6]) In Tiefwerder bestehen noch 29, in Pichelsdorf noch 15 Fischereiberechtigungen.

3. Der Potsdamer Kietz und die Burgstrasser.

In einer Urkunde vom Jahre 1452[7]) verspricht der Markgraf die Kietzer bei ihrer Gerechtigkeit, „wie sie von alter gewonheit undt bis-

---

[1]) Der Lehnitzsee bei Nedlitz.

[2]) Akten in der Fischerlade zu Tiefwerder, Designatio documentorum quorundam, Nr. 7, 8, 10, 15 u. a.

[3]) Ebenda, Nr. 19.

[4]) Ebenda, Nr. 21 und 26.

[5]) Geh. Staatsarchiv, R. 97, Kammerger. VII, Prozess-Akten P 7, 1840, Nr. 15 u. 17.

[6]) Nach Aussage der Fischer beider Gemeinden.

[7]) Originale von Bestätigungen befinden sich vom Jahre 1598 in der Lade der Kietzfischer, vom Jahre 1624 im Geh. Staatsarchiv, Rep. 78, Bd. IV, 9, 6, 4; vom Jahre 1673, Geh. St.-A., Rep 78, III, P. 38. Gedruckt bei R. Bd. 11, S. 174.

hero den Strohm undt Flies langs umb Potstamb, bis an den Tamb zu
Brandenburg, zu ihrer behuef die Fischerey gehabt haben" zu schützen.
Auf die Frage nach der Begrenzung dieser Fischereiberechtigung oberhalb Potsdams lässt sich eine klare Antwort nicht finden. Aus der Tatsache, dass die Kietzfischer mit Ausnahme ihrer Berechtigung des Beistellens beim grossen Garn nie bei der Ausübung einer Fischerei auf
dem Oberwasser erwähnt werden, sondern stets nur die Burgstrasser,
lässt sich der Schluss ziehen, dass sich die Berechtigung der Kietzer
nicht auf die Oberwasser erstreckte, zum mindesten aber aus irgendwelchen praktischen Gründen dort nicht genutzt worden ist. Eine Aufzeichnung der Fischereiberechtigungen an der Havel aus dem Jahre 1794[1]
spricht den Kietzern eine Fischereiberechtigung von der Langen Brücke
nur havelabwärts zu, während die Burgstrasser nur havelaufwärts berechtigt erscheinen. Havelabwärts erscheint wie beim Spandauer Kietz
wieder der Damm zu Brandenburg als Grenze.[2] Doch auch die Kietzer
zu Potsdam haben diesen Berechtigungsbezirk nicht in seiner ganzen
Ausdehnung genutzt. Das Lehniner Verzeichnis der Amtsgewässer vom
Jahre 1602[3] räumt den Potsdamer Fischern gleich den Spandauschen
nur eine Fischereiberechtigung ein auf dem Schwielowsee bis Marienhorn[4] und dann im Werderschen Binnenwasser. Dennoch müssen die
Potsdamer Kietzer bisweilen den Versuch gemacht haben, diese Grenze
havelabwärts zu überschreiten, da uns aus dem Jahre 1607 bekannt ist,
dass die Potsdamer Fischer „der Fischerei halben auf der Havel" mit den
Fischern zu Ketzin entschieden worden sind.[5] Es ist dies allerdings
das einzige Mal, dass uns die Ausübung der Fischerei seitens der Potsdamer Fischer auf jenem Wassergebiet sowohl für die vorhergehende
als auch nachfolgende Zeit begegnet, und es ist daher sehr fraglich, ob
den Potsdamer Fischern in jener Entscheidung eine Berechtigung zugestanden worden ist. Auf dem Kietz ruhen seit dem Jahre 1375[6]
nachweisbar 22 Fischereiberechtigungen, das Erbregister des Amtes
Potsdam vom Jahre 1589 zählt ebenfalls 22 „Kossäten" auf, und auch
heute gehören zur Kietzer Fischerinnung noch 22 „Erben", doch sind
3 Berechtigungen nach dem Dorfe Caputh verkauft.

Die Fischereiberechtigung der altstädtischen Fischerinnung zu
Potsdam, „Burgstrasser" genannt, war gegenüber der der Kietzer weit

---

[1] Geh. St.-A., Gen.-Direkt. Kurm., Tit. CCLXXII, Wasser-Sachen, Havel Nr. 4. Wir
wissen, dass die Behauptung für diese Zeit falsch ist (siehe weiter unten), sie kann aber
in Erinnerung an frühere Zustände aufgestellt sein.

[2] Sie oben unter Nr. 2.

[3] Geh. Staatsarchiv, Pr. Br. Rep. 7, Dom.-Amt Lehnin F. 10, Nr. 2.

[4] Siehe oben unter 2.

[5] Kgl. Regierung zu Potsdam, Dom.-Reg. Generalia Paq. 3, 20. Leider ist
der Vertrag selbst in den Registraturakten nicht auffindbar.

[6] Fidicin, Lb. S. 125.

geringer. Diese Innung besitzt ein angebliches Privileg vom Jahre 1464, das ebenfalls eine Fischereiberechtigung bis nach „Brandenburg am Tham" enthält. Es erweist sich jedoch diese Urkunde meines Erachtens als eine Fälschung.[1]) In Wirklichkeit haben die „Burgstrasser" eine Berechtigung bis zum Jahre 1738 nur besessen auf den Potsdamer Gewässern oberhalb Potsdams bis zur Potsdamer Brücke, unterhalb von Potsdam dagegen nicht. Es lässt sich dies unschwer ersehen aus einer Anzahl Verordnungen für das Potsdamer Unterwasser, bei denen stets nur die Kietzer in Frage kommen, nie aber die Burgstrasser. Oberhalb Potsdams haben wir nach dem Rezess vom Jahre 1683 die Grenze zu den Spandauer Gewässern in dem „roten Stein" bei Kladow zu sehen,[2]) wie auch nach einer Urkunde vom Jahre 1382[3]) dort die „von alters zu Potsdam gehörigen Wasser" ihren Anfang nehmen. Im Norden bildete die Nedlitzer Fähre die Grenze gegen die zum Kietz zu Fahrland gehörige Fischerei, was in einer Urkunde vom Jahre 1451[4]) zum Ausdruck kommt, wie auch das Erbregister von Fahrland vom Jahre 1704[5]) die Nedlitzer Brücke als Grenze der zu Fahrland gehörigen Fischereien bezeichnet.

Unter dem 17. Oktober 1738[6]) erliess auf eine Beschwerde der Kietzfischer über die Burgstrasser König Friedrich Wilhelm I. den Befehl, dass ein Prozess zwischen beiden Parteien nicht zu gestatten sei, „sondern vielmehr zwischen ihnen die Einrichtung zu machen, dass alle dortige Fischer gleich tractiret werden und sämtlich Brod haben und gleich fischen können, dabey Er (der Domänenrat Heydenreich) suchen soll, lieber noch mehr Fischer anzusetzen, weil die Zahl der Einwohner daselbst jährlich zunimmt." Eine zweite Kabinettsordre vom 22. November 1738[7]) bestimmt sodann, „dass, da die Neustädter (Kietzer) Fischer bishero sich wegen ihre Häuser in Potsdam sehr schlecht auf-

---

[1]) Diese vermeintlich aus dem Jahre 1684 stammende und ein früheres Privilegium vom Jahre 1464 enthaltende Urkunde ist nur in einer einzigen Ausfertigung im Besitze der Altstädter Fischerinnung zu Potsdam vorhanden; es bestand sonst bei den Fischern die Sitte, sich ihre alten Privilegien bei jedesmaligem Regierungswechsel bestätigen zu lassen. Diese Urkunde enthält eine solche Fülle sowohl rein diplomatischer Verstösse, wie auch innerer Unwahrheiten, dass ihre Unechtheit ausser Zweifel steht. Aus gewissen Übereinstimmungen im Wortlaut mit der weiter unten angeführten Kabinettsordre vom 22. November 1738 erscheint die Annahme berechtigt, dass diese Fälschung erst nach diesem Jahre angefertigt worden ist (siehe dazu meinen Aufsatz „Fälschung einer Potsdamer Fischereiurkunde", der gleichzeitig mit dieser Arbeit im „Archiv für Fischereigeschichte", Heft 1, erscheint).

[2]) Siehe oben unter Nr. 2.

[3]) Siehe Kap. I, I. Teil, Nr. 4.

[4]) Original im Stadtarchiv zu Potsdam, gedruckt R. Bd. 11, S. 172.

[5]) Geh. Staatsarchiv, Erbreg. von Fahrland, 1704.

[6]) Geh. Staatsarchiv, Minüten, R. 96, B. 17, S. 368.

[7]) Ebenda, S. 465.

geführet, und solche nicht wie es Bürgern in Potsdam gehöret, sondern vielmehr, als ob sie Bauern oder Köther wären, gehalten, die Burgstrasser es hergegen hierunter ihnen weit zuvor gethan, und gute Häuser gehalten haben, also auch letztere vor jenen in Befischung der Havel und andern bey Potsdam herumliegenden Gewässer, die Praeferentz überall haben sollen. Wenn aber die Neustädter (Kietzer) Fischer künftighin ihre Häuser dergestalt wie es Bürgern in Potsdam zukömmt halten, und in Stande setzen werden, alsdann soll ihnen verstattet werden, mit den Burgsträsser Fischern die Fischerey in und bei Potsdam nach der Fischer-Ordnung und Observantz egal zu exerzieren."

Dieser aus einer absoluten Herrschergewalt entspringende und bei dem einzigartigen Interesse dieses Königs für das Stadtbild Potsdams begreifliche Befehl stellte ohne Berücksichtigung eines sich durch Jahrhunderte entwickelten Prozesses die Fischereiberechtigungen der Burgstrasser denen der Kietzer gleich. Die Kietzer gewannen dadurch das Oberwasser, die Burgstrasser das Unterwasser. Es ist dies ein in der Geschichte der märkischen Fischereiberechtigungen einzig dastehender Fall.

Die Zahl der Fischereiberechtigungen in der Burgstrasse unterliegt im Laufe der Jahrhunderte grossen Schwankungen. Im Landbuch Kaiser Karls vom Jahre 1375 nicht erwähnt, sollen es nach einem Bericht des Amtsschreibers und Schulzen auf dem Kietz zu Spandau vom Jahre 1570[1] „vor Alters" über 4 oder 5 nicht gewesen sein, die sich aber bis zu diesem Zeitpunkte von Jahren zu Jahren auf 28 vermehrt hatten. Es wurde in diesem Jahre durch den Kurf. Rat Achatius von Brandenburg in einem Rezess[2] bestimmt, dass es bei diesen 28 Berechtigungen nun sein Bewenden haben solle. Sämtliche Knechte seien abzuschaffen, und die Fischer sollten ihrer zwei miteinander einen Kahn halten. Im Jahre 1624 wird nach einem neuen Rezess die Zahl der Berechtigungen auf 16 festgelegt;[3] es soll nur einer aus einem Hause fischen, und keine Hausleute, Knechte, Mägde oder „ander Gesindlein" zugelassen werden. Nach der oben angeführten Kabinettsordre vom 17. Oktober 1738 wich man ja dann staatlicherseits von dem bisher durch die Jahrhunderte verfolgten Prinzip, nur das geschichtlich Gewordene zu sanktionieren, die Berechtigungen dabei eher zu beschränken als zu vermehren, ab und verfügte unter Ausserachtlassung eines sorglichen Bedenkens für die Fischereiwirtschaft je nach Bedarf mehr Fischer in Potsdam anzusetzen. Die altstädtische Fischerinnung in der Burgstrasse hat heute noch 25 Mitglieder.

---

[1] Geh. Staatsarchiv, Rep. 78, Bd. IV, 9, 6, 4. Gedruckt Märk. Forsch., Bd. XVII, S. 98.

[2] Siehe Anm. 1.

[3] Akten in der Fischerlade der Kietzer zu Potsdam.

4. Der Kietz zu Fahrland.

Die Kietzfischer zu Fahrland waren laut Erbreg. vom Jahre 1704[1]) berechtigt auf dem „weissen (jetzt „Fahrländer"-) See bis am Hainholz" täglich zu fischen mit Flahke, Pohrten, Netz und Reuselegen mit Ausnahme der Laichzeit. Auf der Wublitz-See[2]) hatten die Kietzer eine Berechtigung von Crucis bis Marien, während in der anderen Zeit der See vom Amte mit der Zuhre und Netzen befischt wurde und den Kietzern nur der Bleifang daselbst zustand. Für diese Berechtigungen hatten sie an das Amt Fahrland, dem beide Seen beigelegt waren, jeder 5 Groschen „Wasserzins" zu zahlen und ausserdem 3 Gerichte „Pachthechte" und 2 Groschen zu entrichten.

Die Zahl der Berechtigungen beträgt im Jahre 1704 10, wie auch das Landbuch vom Jahre 1375 schon 10 kannte,[3]) und auch heute liegen auf dem Fahrländer Kietz noch 10 Berechtigungen, wovon eine jedoch an das Gut Nedlitz veräussert ist.

5. Die Fischerinnung zu Werder.

Die Werderschen Fischer hatten nach dem Verzeichnis der Lehniner Amtsgewässer vom Jahre 1602[4]) die Kleinfischerei auf dem Schwielowsee mit Flaken, Maresen, Kulbars weite und enge Netzen und dem anderen kleinen Fischerzeug, ferner auf dem Werderschen Binnenwasser, dann gegen einen jährlichen Zins von 3 Taler 8 Groschen die kleine Fischerei mit Puwert Jagt, Maresen, weite und enge Netzen auf dem Glindower See, und die kleine Fischerei auf dem Plessower See mit demselben Fischerzeug. Havelabwärts war ihnen auf den Phöbenschen Gewässern nur die Puwert Jagd, auf dem „Golm" dagegen und in der Wublitz die Fischerei mit jedem kleinen Fischerzeug gestattet. Der Rezess vom Jahre 1683[5]) setzt den Werderschen Fischern havelabwärts eine Grenze in dem „Marienhorn". Auf dem Binnenwasser hatten sie nach einem Dokument vom Jahre 1670[6]) auch das Recht, die Garnzüge zu befischen, doch mussten sie, wenn der Garnmeister dort fischen wollte, jedesmal nach dessen Angabe 3 Züge schonen. Hinsichtlich des kleinen Fischerzeuges bestimmte eine Verordnung vom Jahre 1624,[6]) dass die Fischer zu Werder folgende Geräte halten durften: Plötz-, Kaulbars- und Barsnetze, Bleinetze und Maresen von Michaelis bis Lichtmess; Gründlingsflöcke von Martini bis Weihnachten, Krautflöcke von Johannis bis Martini, desgleichen Puwerten; die Bruchwehre sollen Walpurgis geöffnet werden;

---

[1]) Geh. Staatsarchiv: Erbreg. v. Fahrland 1704.

[2]) Heute „Jubelitz" genannt; siehe Karte des deutschen Reiches 1 : 100 000, Blatt 293, Potsdam.

[3]) Fidicin, Lb. S. 23.

[4]) Geh. Staatsarchiv, Prov. Br. Dom.-Amt Lehnin, F. 10, Nr. 2.

[5]) Original in der Fischerlade zu Tiefwerder, gedruckt Märk. Forsch., Bd. XVII, S. 112.

[6]) Geh. St.-A., Gen.-Direkt. Kurm. Tit. LIV, Amt Lehnin, Sect. a Nr. 1.

Stintflöcke nur während der Laichzeit; ferner durfte nach dem Rezess vom Jahre 1683[1]) jeder 3 Grundquäste, Aalpuppen und Quappenschnüre gebrauchen.

Diese Berechtigungen wurden jedoch in der Folgezeit um einiges beschnitten. Bis zum Jahre 1702 wurde den Werderschen Fischern die Fischerei auf dem Plessowschen See, dem Heydepetzin und dem Phöbenschen Wasser unterhalb Marienhorn untersagt[2]) und auf dem Glindower See, der schon im Jahre 1683 zum Hegesee gesetzt war,[1]) nach einer Kammerverordnung vom Jahre 1704 nur noch die Puffertjagd gestattet.[3]) Für die Ausübung der Fischerei auf dem Schwielowsee verordnete die Kammer im Jahre 1748, dass die Werderschen Fischer dort nicht eher mit dem Fischen beginnen sollten als die Potsdamer dort seien und umgekehrt.[4])

Die Zahl der Berechtigungen ist auch hier schwankend gewesen. Die Innung bestand im Jahre 1686 aus 12 Fischermeistern,[5]) doch gab es daneben noch 10 Fischer, die der Innung noch nicht beigetreten waren.[6]) Im Jahre 1748 hatten sie sich auf 35 vermehrt und die Kammer bestimmte, „daß zwar der jetzige numerus der 35 Fischer zu Werder, weilen sie sich darauf aufgebauet, gelassen, vor das künftige aber darüber keine mehr angesetzt, vielmehr wenn einer oder der andere von denselben verstirbt und keine Erben hinterlässet, so die Fischer-nahrung continuiren, das Haus mit einem andern Professions-Verwandten wieder besetzet werden soll“.[7])

In der Gegenwart bestehen in Werder noch 36 Berechtigungen, von denen 3 die Innung gemeinsam nutzt, während die übrigen 33 sich in der Hand einzelner Berechtigten befinden.

6. Die Fischergemeinden zu Phöben, Göttin, Leest, Töplitz, Ketzin, Deetz und Schmergow.

Nach dem Verzeichnis der Lehniner Amtsgewässer vom Jahre 1602[8]) stand den Fischern der vier Dörfer Phöben, Göttin, Leest und Töplitz das Recht zu, soweit die Phöbenschen Garnzüge sich erstrecken,[9]) mit Flaken, Powert Jagden, weiten und engen Netzen und allem anderen keinen Fischerzeug mit Ausnahme der Maresen zu fischen. (Ausserdem besassen vier Phöbensche Hüfner je ein Wehr, wofür sie jährlich ins

---

[1]) Siehe Anm. 5 auf S. 88.
[2]) Akten in der Fischerlade zu Werder, Kopialbuch, S. 119.
[3]) Ebenda, S. 121.
[4]) Akten in der Fischerlade zu Werder, Kopialbuch, S. 160.
[5]) Original in der Fischerlade zu Werder, gedruckt „Märk. Forsch.“ XVII, 113.
[6]) Wie Anm. 2, S. 101.
[7]) Wie Anm. 2, S. 160.
[8]) Geh. Staatsarchiv, Prov. Br. Rep. 7, Dom.-Amt Lehnin F 10, Nr. 2.
[9]) Siehe oben § 1, Nr. 4.

Amt zusammen 35 Taler gaben.)[1] 2 Wehre waren in Göttin, wovon das Schulzenwehr 11 Taler 18 Groschen, ein anderes 1 Taler zinsten.[2] Die Deetzschen Fischer betrieben die kleine Fischerei auf der Havel, soweit die ersten 10 Züge des Phöbenschen Garnes[3] sich erstreckten und gaben für diese Berechtigung einigen Zins.[4] Ausserdem hatte jeder ein Wehr, wofür sie zusammen 1 Taler 17 Groschen 8 Pfennige Zins entrichteten. In den nächsten 4 Zügen des Phöbenschen Garnes hatten 3 Fischer zu Schmergow eine Fischereiberechtigung mit kleinem Zeug, dazu jeder ein Wehr, wofür sie zusammen jährlich 3 Taler 17 Groschen 2 Pfennige entrichteten. Die Berechtigung der Ketziner Fischer zur Kleinfischerei[5] erstreckte sich von der Paretzer Grenze bis über den Trebelsee und an die Deetzer Grenze. Eine alte Zuhrfischerei haben im Jahre 1833 29 Ketziner Fischer für 120 Taler vom Domänen-Fiskus gekauft, ferner haben sie von Station 129,1 bis 137,5 mit 37 Zügen für 230 M Pacht eine Grossgarnfischerei vom Domkapitel zu Brandenburg.[6] Wir befinden uns bei Ketzin also schon auf fremdem Boden, hier beginnen die Fischereirechte des Domkapitels zu Brandenburg (siehe oben Kap. I, 1. Teil) und nur bei den Dörfern Deetz und Schmergow gehörten noch zusammen 14 Garnzüge dem Kloster oder späteren Amte Lehnin.

Die Zahl der Fischereiberechtigungen in den einzelnen Gemeinden betrug nach dem Erbregister des Amtes Lehnin vom Jahre 1605[7] für Phöben 14, für Göttin 7, für Leest 3, Töplitz 3, Deetz 6; in Schmergow waren 3[8] und in Ketzin im Jahre 1756 20.[9] In Ketzin bestehen in der Gegenwart 29 Fischereiberechtigungen, während die der übrigen Dörfer mit wenigen Ausnahmen (Phöben nur 13, Schmergow keine) gleich geblieben sind.

§ 3. Die Zuhrfischerei.

Die Zuhrfischerei mit der „Zuhre"[10] oder dem „Strohgarn" ist eine Art der Fischerei, die um die Wende des Mittelalters zur Neuzeit aufkam. Wir haben sichere Zeugnisse, dass sie in früheren Jahrhunderten nicht üblich war, erst in dieser Zeit sich in grossem Stile ausbildete,

---

[1] Diese Fischereirechte der Hüfner sind hier nur der Vollständigkeit wegen mitgeteilt.

[2] Kgl. Regierung zu Potsdam, Dom.-Reg. Erbreg. von Lehnin vom Jahre 1605.

[3] Siehe oben § 1, Nr. 4.

[4] An Zins und Zoll gaben sie zusammen 10 Taler 5 Groschen 4 Pfennige, die Zinsabgabe ist allein nicht näher bestimmbar.

[5] Geh. Staatsarchiv, Gen.-Dir. Kurm., Titel CCLXXII, Wasser-Sachen, Havel Nr. 4.

[6] Akten in der Fischerlade zu Ketzin.

[7] Kgl. Regierung zu Potsdam, Dom.-Reg. Erbreg. von Lehnin vom Jahre 1605.

[8] Geh. Staatsarchiv, Prov. Br. Rep. 7, Dom.-Amt Lehnin F 10, Nr. 2.

[9] Ebenda, Nr. 1.

[10] Die „Zuhre" oder das „Strohgarn" ist ein Fischerzeug, das aus einem langen mit Strohwischen versehenen Seile besteht, woran ein Sack ohne Flügel befestigt ist.

wohingegen das Zuhrgerät von altersher bestanden haben mag. Bereits die Fischerordnung vom Jahre 1551[1]) verbietet es als ein Gerät, das „von Fischern auf der Havel zugericht" sei. Die Fischerordnung vom Jahre 1574 wiederholt das Verbot, und auch die erneuerte Ordnung vom Jahre 1690 stellt den Gebrauch der Zuhre und des Strohgarns, die eigentlich zur Grossgarnfischerei gehörten, vor alters aber nie gebraucht seien, unter eine Strafe von 20 Rthrn. Allein der Hofküche wurde auf der Spree die Benutzung von zwei Zuhren eingeräumt. Trotz dieser Verordnungen erreichte die Zuhrfischerei gerade in diesen Jahrhunderten und bis ans Ende des 18. Jahrhunderts eine ausserordentliche Verbreitung und Bedeutung. Wie konnte es dahin kommen? Die Schuld trugen einmal die an der Havel gelegenen adeligen Güter, die mit einer sogenannten Küchenfischerei begabt waren, diese Gerechtigkeit dann aber als Zuhrfischerei gegen einen Geldzins verpachteten und noch obendrein von den Pächtern Fische erhielten, infolgedessen die Pächter Tag und Nacht die Gewässer ausplünderten.[2]) Dann waren es aber auch die kurfürstlichen Ämter, die hier mit einem schlechten Beispiel den Privatgütern vorangingen. Schon im Jahre 1589 hatte das Amt zu Potsdam eine „Fischerei mit dem Strohgarn oder Zuhre" an zwei Fischer verpachtet.[3]) Auch das Amt Spandau liess, scheinbar durch den Amtsfischer, im Jahre 1590 auf der Oberhavel mit der Zuhre fischen.[4]) Im Jahre 1602 wurden auf kurfürstlichem Befehl die Fischer in den einzelnen Ämtern abgeschafft und für die Beamten und das Gesinde anstatt der Fische, die sie bisher erhalten hatten, auf jede Person drei gute Gulden Fischgeld verordnet.[5]) Dies schien ein weiterer Anlass zu sein, in noch grösserem Masse als bisher die Amtsfischereien als Amtszuhren zu verpachten. Für die Folgezeit erscheint uns das Handeln des Landesherrn als eine grosse Inkonsequenz, wenn er wieder und wieder die Abschaffung der Zuhren befiehlt, ohne jedoch selbst diese in den Ämtern energisch zu betreiben.

Bereits im Jahre 1579 erging durch den Kurfürsten Johann Georg ein diesbezüglicher Befehl an die vom Adel[6]) und wurde besonders für die v. Stechow zu Fahrland und Geltow im Jahre 1588 bei Androhung von 100 Talern Strafe erneut,[7]) nachdem sich diese dem Amtsschreiber in Potsdam gegenüber 1585 mit grossem Trotz widersetzt hatten.

Am meisten Schaden erlitt die Grossgarnfischerei durch die Zuhrfischer; die Garnleute zu Werder beschwerten sich im Jahre 1602 da-

---

[1]) Siehe Kap. III.

[2]) Fischerordnung vom Jahr 1690. Mylius, Corpus Constitutionum Marchicarum IV, II. Abt., S. 247 ff.

[3]) Geh. Staatsarchiv, Erbreg. von Potsdam 1589.

[4]) Geh. Staatsarchiv, Erbreg. von Spandau 1590.

[5]) Kgl. Regierung zu Potsdam, Dom.-Reg. Generalia Fischereisachen Paq. III, 23.

[6]) Kgl. Regierung zu Potsdam, Generalia Paq. 3, 20, Nr. 11.

[7]) Ebenda, Nr. 15 u. 20.

rüber, dass die Haken zu Geltow mit ihrer Zuhre 7 Garnzüge völlig ausgefischt hätten, so dass sie nichts mehr darauf fangen könnten.[1]

Im Jahre 1624 wurde vom Kurfürsten eine Kommission ernannt, die die Spree, Havel und Wublitz bereisen musste, um die Zuhren und das übrige verbotene Fischerzeug wegzunehmen.[2] Ihr Bericht lässt in einer Aufzählung die grosse Verbreitung der Zuhrfischerei erkennen. Es werden erwähnt: Die Amtszuhre zu Rüdersdorf, eine zu Landsberg, die Berliner Ratszuhre, die Amtszuhre zu Mühlenhof, die des Spandauer Garnmeisters, der Hacken zu Machnow Zuhre, die der Wartenbergen zu Sakrow, die der Manasse zu Schlabrendorf, die Bauernzuhre zu Stolp, zwei derer von Stechow zu Fahrland, eine Caputhsche Zuhre, Potsdamsche Zuhre, 5 Bauernzuhren zu Ferch, 2 Zuhren zu Geltow, je eine zu Schorin, zu Uetz, zu Paretz, 2 derer von Rochow zu Kemnitz und Zolchow.

Bis in die Mitte des 17. Jahrhunderts erstreckten sich die Bemühungen des Landesherrn zur Unterdrückung dieses schädlichen Gerätes, ohne jedoch von einem endlichen Erfolg gekrönt zu werden. Im Gegenteil, man begnügte sich schliesslich damit, Sorge zu tragen, dass es bei der bisherigen Anzahl der Zuhrfischereien bliebe, und unterdrückte nur die, welche noch neu eingerichtet wurden.[3]

Die Amtszuhrfischereien, die sich merkwürdigerweise ebenfalls durchsetzten, finden wir um die Mitte des 17. Jahrhunderts völlig entwickelt. In Potsdam erscheinen im Jahre 1661 die Pächter zum ersten Mal als „Zuhrer".[4] In Geltow stattete man die dortige Amtszuhre im Jahre 1661 auf Kosten der Grossgarnfischerei, von der man einige Züge abtrennte, mit einem entsprechenden Wasserbezirk aus;[5] ja der Landesherr richtete gelegentlich selbst neue Zuhrfischereien ein und verlieh sie, so z. B. im Jahre 1664 eine auf der Havel bei Glienicke an Manasse von Schlabrendorf, der jenem dafür die hohe Jagd abtrat. Zu Anfang des 18. Jahrhunderts gebrauchte von Spandau bis Pritzerbe fast ein jeder von den an dem Wasser wohnenden Adligen das Zuhrgerät und verpachtete es stellenweise für 50—80 Taler im Jahr.[6] Auch hatte sich fast jeder Fischer eine sogenannte Handzuhre zugelegt, die aus einem engen Gründlings-Flock bestand, woran an jeder Seite Strohseile ungefähr 16 Klafter lang befestigt waren.[6] Die Potsdamer Kietzfischer gaben sogar im Jahre 1700 jeder 3 Groschen 3 Pf. „Zuhrzins" ins dortige Amt.[7]

---

[1] Geh. Staatsarchiv, Prov. Br. Rep. 7, Dom.-Amt Lehnin F. 10, Nr. 2.
[2] Kgl. Reg. zu Potsdam, Dom.-Reg. Fischereis. Generalia Paq. III, 24.
[3] Ebenda, Paq. III, 20.
[4] Kgl. Reg. zu Potsdam, Fischereisachen, Generalia Paq. 3, 20, Nr. 122.
[5] Ebenda, Nr. 126.
[6] Geh. Staatsarchiv, Gen.-Direkt. Kurm. Tit. CXV Sect. O, 13 Fischer Nr. 1.
[7] Geh. Staatsarchiv, Erbreg. von Potsdam 1700.

Beim Potsdamer Amt hatten sich im Laufe des 17. Jahrhunderts 4 Zuhrfischereien herausgebildet unter den Namen Potsdamsche, Glienicksche, Caputhsche und Geltowsche Zuhre. Die Potsdamsche und Glienicksche Zuhre, die vor dem Jahre 1702 50 Taler Pacht dem Amt eingebracht hatten, wurden in diesem Jahre an 2 Fischer für 80 Taler jährlich auf 6 Jahre verpachtet.[1]) Neben der Pacht hatten die Zuhrpächter zweimal des Tages, vor- und nachmittags, die „gewöhnlichen Fische" ins Amt zu schicken, auch „die Notdurft Speisefische", wenn solche in der Ernte, Heuzeit und Weinlese für die Dienstleute gefordert wurden, wie auch dem Zollverwalter die wie vor alters gebräuchlichen Fische täglich zu entrichten. Die übrigen Fische mussten sie alter Verordnung nach alle Tage am Wasser beim Schlosse feilhalten oder in der Stadt zum Markte bringen und der Bürgerschaft um einen billigen Kauf vor anderen überlassen. Dieselben Zuhrfischereien wurden im Jahre 1706 auf Befehl des Königs in eine beständige Erbpacht umgewandelt. Unter grosser Konkurrenz erhielten die alten Pächter mit einem Höchstgebot von 152 Taler Pacht und 320 Taler Erbstandsgeld die beiden Zuhren.[2]) Der Kontrakt bestimmt die Grenzen für die Potsdamsche Zuhre von Potsdam bis Sakrow, von dort bis Krampnitz; unterwärts vom Kietz bis an das Templinsche Horn. Die Glienicksche Zuhre hatte 4 Züge in der Glienicker Lanke und erstreckte sich dann von der Brücke bis zum Pfauenwerder, doch nicht an der Sakrower Seite. Dreimal wöchentlich mussten die Zuhrer Markt halten, das Amt erhielt wöchentlich 7 Essfische und dem Amtshauptmann waren an Stelle der Fische 10 Taler zu geben; in der Ernte hatten sie umsonst Speisefische zu liefern. Bereits 1713 wurde die Erbpacht wieder in eine Zeitpacht umgeändert; die alten Pächter übernahmen die Zuhrfischerei für 214 Taler Pacht.[2]) Diese erhöhte sich im Jahre 1725 auf 254 Taler. Die Geltowsche Zuhre war im Jahre 1704 für 115 Taler und 1717 für 185 Taler verpachtet.[3]) Im Jahre 1738 zusammen bereits 600 Taler dem Amte bringend,[4]) waren die 4 Zuhrfischereien dann in den Jahren 1765—71 an 11 Fischer verpachtet. Dabei brachten die beiden Zuhren oberhalb Potsdams, zu denen sich noch eine Griebnitzsee-Zuhre gesellt hatte, 309 Taler 12 Groschen, und die unterhalb Potsdams liegenden zusammen 519 Taler 12 Groschen.

Im Jahre 1770 wurden sämtliche zum Amte Potsdam gehörigen Zuhren trotz des Einspruches von 52 Fischern zu Potsdam, die gemeinsam diese Fischereien in Erbpacht nehmen wollten, an die 4 Garnmeister zu Potsdam für 960 Taler Pacht gegeben.[5]) Die Zuhrfischereien

---

[1]) Kgl. Regierung zu Potsdam, Dom.-Reg., Fischereis., Generalia, Paq. 3, 1.
[2]) Ebenda.
[3]) Ebenda, Paq. XII, 2.
[4]) Geh. Staatsarchiv, Gen.-Dir., Kurm. Tit. CXV, Sect. O, 13, Fischer Nr. 1.
[5]) Wie Anm. 1, Paq. XI, 25.

hatten somit in kurzer Zeit für das Amt Potsdam eine grosse wirtschaft-liche Bedeutung erlangt; im Jahre 1793 wurde mit 1010 Talern der höchste Pachtertrag erreicht.[1])

Der Fischbestand war durch diesen Wirtschaftsbetrieb jedoch arg gemindert worden, vor allem hatten wirtschaftlich die Potsdamer Klein-fischer darunter zu leiden, denen einmal die Fische weggefangen wurden, während ihnen andererseits auf dem Markt eine Konkurrenz erstand. Schon im Jahre 1737 war der Domänenrat Limmer dafür eingetreten, die Königlichen Pachtzuhren mit ihrem „landverderblichen Fischerzeug" abzuschaffen und hatte den Vorschlag gemacht, den Ausfall der Pacht-summe durch Repartion unter den interessierten Fischern zu decken. In der Tat hatte die Zuhrfischerei im Jahre 1738 auf $1\,^3/_4$ Jahr still gelegen, und der Fisch hatte sich während dieser Zeit sehr vermehrt,[2]) doch kam es damals zu einer endlichen Regelung noch keineswegs. Auch die Kabinettsordre Friedrichs des Grossen vom 25. Juli 1763,[2]) die jeden ferneren Gebrauch der Zuhre verbot, konnte keine durch-greifende Änderung zur Folge haben, da sich noch immer kein Weg fand, die hohen Pachterträge der Potsdamer Amtszuhren auf eine andere Weise herauszuschlagen. Erneut verlangte der König im Jahre 1769 die Potsdamer Amtsfischereien auf eine andere annehmbare Weise zu vererbpachten, und die Amtskammer machte sodann auch im Jahre 1770 den Versuch, die Zuhrfischereien in Sommergarnfischereien — das Sommer-garn ist ein weniger gefährliches Gerät — umzuwandeln; doch noch im Jahre 1793 finden wir die vier Potsdamer Amtsfischereien als Zuhren an einzelne Fischer verpachtet. Endlich im Jahre 1795 verzichtet der König auf die Erträge aus den Amtsfischereien und überlässt diese durch Kabinettsordre vom 19. Juli 1795 pachtfrei der „verarmten" Fischer-Innung[3]) zu Potsdam auf 6 Jahre[4]) mit der Begründung, dass dadurch das Publikum zu Potsdam mit reichlichen und billigen Fischen versorgt werde. In den Jahren 1801 und 1806 wurde diese Vergünstigung dann wiederholt. Auch in der Folgezeit sind die Zuhren nicht wieder be-sonders vom Amte verpachtet worden.

§ 4. Die Wehrfischerei.

Unter einem „Wehr" ist ein sogenanntes „selbsttätiges" Fang-gerät zu verstehen, das in den Strom gebaut wird und durch Steine, Flechtwerk oder Pfähle diesen verengt bis zu einer kleinen Öffnung, durch die der Fisch seinen Lauf nehmen muss, um sich in einem dahinter angebrachten sackförmigen Netz oder einem Korbe zu fangen. Neben

---

[1]) Geh. Staatsarchiv, Gen.-Dir., Kurm. Tit. CCLXXII, Wasser-Sachen Havel Nr. 4.

[2]) Geh. Staatsarchiv, Gen.-Dir. Kurm. Tit. CXV, Sect. O. 13, Fischer, Nr. 1.

[3]) Gemeint waren die Kietzer und Burgstrasser zu Potsdam.

[4]) Geh. Staatsarchiv, Kurm. Tit. LXVII, Amt Potsdam, Sect. d. Amtssachen Nr. 10.

diesen Wehranlagen im Strom gab es ferner „Bruchwehre", die auf überschwemmtem Bruchland standen und zwar gewöhnlich in den Gräben, die das Bruchgebiet zum Strom hin entwässerten; das rechtzeitige Öffnen dieser Bruchwehre beim Sinken des Wassers suchten ausführliche Bestimmungen der Fischerordnungen aus dem 16. und 17. Jahrhundert zu bewirken (siehe Kap. III), um den Fischen das Zurückgehen zum Strome zu ermöglichen. Die Wehre sind alte Fanggeräte, wir hatten ja schon oben (siehe z. B. Kap. 1, 1. Teil, § 2, Nr. 4) Gelegenheit, ihre wirtschaftliche Bedeutung für das Mittelalter zu würdigen. Im Mittelalter sehr verbreitet, sind diese Wehranlagen zur Neuzeit hin seltener geworden, doch bilden sie auch für diese noch ein charakteristisches Zeichen märkischer Fischerei, vor allem in den Gegenden, wo der Strom nur schmal ist. Wir haben derartige Wehrfischereien bereits bei einzelnen Fischergemeinden kennen gelernt (siehe § 2, 1 und 6), sie bildeten einen Teil ihrer alten Fischereiberechtigungen, gingen aber unabhängig von einem etwa mit ihnen verbundenen Hauswesen aus einer Hand in die andere über.[1]) Von ihnen wurde als Abgabe für gewöhnlich ein Wehrzins seitens des Staates erhoben, wie das die mittelalterlichen Grundherren auch schon taten,[2]) der je nach Grösse der Anlage verschieden gross bemessen war; doch gab es auch daneben völlig zinsfreie Wehre, z. B. in Pichelsdorf, zu deren Ausbesserung im Jahre 1590 den dortigen Fischern sogar das Pfahl- und Reisholz frei stand.[1]) Im Spandauer Havelgebiet begegnen wir zu Ende des 16. Jahrhunderts sehr geringen Abgaben von nur einigen Groschen,[3]) während sie in den zum Kloster Lehnin früher gehörigen Gewässern unterhalb Potsdams bis zu 11 Taler im Jahre betrugen.[4]) In der Stadt Brandenburg gab es im Jahre 1793 13 sogenannte „Wehrherren", deren Fischereiberechtigung hauptsächlich aus Wehranlagen bestand.[5])

Friedrich der Grosse führte in der Meinung, dass durch sie das Wasser aufgestaut würde, um die Abschaffung der Wehre einen harten Kampf, bei dem ihm die Fischereiberechtigten zähen Widerstand entgegensetzten.[6]) Nachdem auf seinen Befehl eine Kommission die Havel besichtigt und für den Flusslauf und die Schiffahrt besonders nachteilige Wehre bei Pichelsdorf, Potsdam, Brandenburg, Plaue, Kaltenhausen, Briest, Tieckow, Pritzerbe und Bahnitz gefunden hatte, befahl der König im Jahre 1771 innerhalb von 14 Tagen die Wehre wegräumen zu lassen, widrigenfalls es auf Kosten der Interessenten durch den Staat

---

[1]) Geh. Staatsarchiv: Erbreg. v. Spandau 1590.
[2]) Siehe oben Teil 1. „Fischereirechte des Klosters Lehnin".
[3]) Siehe oben § 2. Nr. 1.
[4]) Kgl. Regierung zu Potsdam, Dom.-Reg. Amtsregister von Lehnin 1605.
[5]) Geh. Staatsarchiv, Gen.-Dir., Kurm. Tit. CCLXXII Wasser-Sachen, Havel Nr. 4.
[6]) Wie Anm. 5, Havel, Nr. 5—6.

bewirkt würde. In der Tat wurden nach Ablauf dieser Frist die Wehre zu Pichelsdorf weggerissen; ebenso geschah dies durch 15 Mann von der brandenburgischen Garnison nebst 20 Arbeiten rings um Brandenburg bis nach Rathenow. Die noch stehengebliebenen Pfähle musste jeder Wehrbesitzer bei Androhung von 14 tägigem Arrest bei Wasser und Brot und täglicher zweistündiger Tragung des Spanischen Mantels entfernen.

Es bedeutete diese Handlung des Königs einen harten Eingriff in die Rechte einer grossen Anzahl seiner Untertanen und verursachte diesen eine bedeutende wirtschaftliche Schädigung. In Brandenburg wurden z. B. in einer Beschwerde des Rates über diesen Eingriff des Königs von 10 weggerissenen Wehren 8 auf 8—16 Taler, eins auf 140 Taler und ein anderes gar auf 600 Taler im Werte angeschlagen. Und so konnte denn die Königliche Verordnung in ihrer ganzen Schärfe nicht wirksam bleiben. Für ungefähr zwei Jahre waren die Wehre zwischen Spandau und Rathenow auf der Havel verschwunden; doch danach wurden auf die ständigen Bitten der früheren Besitzer diesen wieder zum Teil neue Plätze, an denen Flusslauf nnd Schiffahrt nicht gehemmt wurden, zur Anlage von Wehren. angewiesen.[1]

Bei Beginn des 19. Jahrhunderts waren zwischen Phöben und Brandenburg noch nahe an 100 Wehre in der Havel, die 30 bis 65 m in den Strom hineinreichten; als Hemmnis für den gesteigerten Schiffs-verkehr mussten sie teils eingehen, teils wurden sie erheblich verkürzt; noch jetzt sind gegen 30 Wehre auf dieser Strecke vorhanden.[2]

Auch heute ist der wirtschaftliche Wert einer Wehranlage je nach der Grösse und Lage verschieden. Einige Zahlen sollen uns einen Einblick gewähren: Die drei Wehre in Nedlitz bei Potsdam sind z. B. für 1500 Mark jährlichen Zinses verpachtet; auf der Wublitz wurden kürzlich seitens des Staates an mehrere Wehrbesitzer lediglich als Ent-schädigung für den durch Wasserbauten geminderten Ertrag der Wehre 63 000, 27 000 und 13 000 M gezahlt.

§ 5. Die Küchenfischerei.

Unter der Küchenfischerei verstehen wir die Form einer be-schränkten Fischereiberechtigung, auf Grund der jemand „zum häus-lichen Gebrauch" oder „zu des Tisches Notdurft" ein „Essen" Fische zu fangen berechtigt ist.[3] Die gefangenen Fische dürfen nicht ver-kauft werden, die Berechtigung selbst darf nicht verpachtet werden. Die Berechtigung liegt auf einem bestimmten Grundstück. Die Ent-

---

[1] Wie Anm. 6 auf S. 101.

[2] Weisker, Slawische Sprachreste, Rathenower Progr. 1896, S. 54.

[3] Havenstein, Das Fischereirecht der Mark Brandenburg, S. 11, Berlin 1903, Franz Vahlen.

stehung dieser Fischereiberechtigung deutet mit ihren Spuren in die Zeit der Kolonisation; einmal wurde sie den deutschen Kolonisten gegen einen entsprechenden Zins eingeräumt, so zahlte z. B. im Jahre 1375 in Niederneuendorf, das mit seinem reichen Hufenbesitz als Kolonistendorf anzusehen ist, jedes Haus „pro libertate piscandi" jährlich 2 Pfennige;[1]) in anderen Fällen werden wir die Küchenfischerei als eine rudimentäre Form einer zur Slavenzeit weitergehenden Berechtigung anzusehen haben. Es ist die Küchenfischerei eine Art wilder Fischerei, die, obgleich früher jedem Mitglied einer Gemeinde zustehend, später eingeschränkt wurde und beim Anwachsen der Gemeinde nur den alteingesessenen Mitgliedern gehörte, auf deren Grundstücken dann aber für alle Zeit haften blieb. Die Fischerordnung vom Jahre 1574 bestimmte, dass die am Wasser angesessenen Bürger und Bauern, welche auf Grund alter Gewohnheit das Recht haben, bisweilen mit der „Fusswade" ein Gericht Fische zu fangen, bei diesem Recht belassen werden sollen.[2]) Im Jahre 1590[3]) hatten z. B. im Dorfe Gatow die Einwohner die „Fussweide" in der Havel, d. h. sie konnten vom Lande aus ohne Kahn, soweit sie waten konnten, im Bereich ihrer Gemarkung fischen. Im Jahre 1704 haben ebenfalls noch sämtliche Einwohner dieses Recht,[4]) heute dagegen ruht es nur noch auf 10 Grundstücken.[5]) Diese Berechtigung stand jedoch nicht allen der Havel anliegenden Gemeinden zu, sondern wird sich in der Hauptsache wahrscheinlich auf die alten aus slavischer Zeit stammenden Gemeinden beschränkt haben, jedoch fehlen hier sichere historische Zeugnisse. Das Gatow benachbarte Dorf Cladow hatte diese Berechtigung z. B. im Jahre 1590 nicht, hatte sie sich jedoch nach dem Spandauer Erbregister vom Jahre 1704 „aus eigener Observanz" vor einigen Jahren angeeignet. Nun, es wurde daraus eine Gewohnheit, und so finden sich dann auch hier heute noch 10 zur Fussweide berechtigte Einwohner.[5]) Auch die Innungsordnung der Fischer zu Werder vom Jahre 1686[6]) gestattet „Haus- und Mietsleuten" und ledigen Handwerksgesellen die Fischerei nicht, „es sei dann, dass gesessene Bürger oder Bauersleute alter Gewohnheit und rechtmässigem Gebrauch nach befuget wären, an den Wassern oder Strömen bisweilen mit der Fusswade ein Gericht Fische zu fangen."

Eine grosse Wandlung erfuhren diese alten Berechtigungen zur Küchenfischerei auf den adligen Gütern. Diese hatten sich auf der

---

[1]) Fidicin, Lb. S. 95.

[2]) Mylius, Corpus Constitutionum Marchicarum IV, II, S. 191 ff.

[3]) Geh. Staatsarchiv, Erbreg. v. Spandau 1590.

[4]) Kgl. Regierung zu Potsdam, Dom -Reg , Erbreg. v. Spandau 1704.

[5]) Bescheid der Kgl. Forstkasse in Spandau.

[6]) Original i. Bes. der Fischerinnung zu Werder, gedruckt Märk. Forsch., Bd. XVII, S. 113.

ganzen Strecke von Spandau bis Pritzerbe bei ihrer Küchenfischerei
eine sogenannte Küchenzuhre zugelegt, um dann und wann ein Gericht
„Essefische" zu fangen, hatten diese Zuhre jedoch dann im 17. Jahrhundert verpachtet.[1]) Die Zuhrgeräte wurden ja dann im Laufe des
18. Jahrhunderts ihrer Schädlichkeit wegen vom Staate unterdrückt, die
Pachtfischerei hielten die Güter jedoch aufrecht, und so finden wir z. B.
bei den Gütern Marquardt, Uetz und Paretz schon im Jahre 1756 je einen
Fischer;[2]) auch heute besitzen diese Güter noch einen Pachtfischer. So
wandelte sich hier eine ursprüngliche Küchenfischerei über die Zuhrfischerei zu einer regelrechten Kleinfischerei.

II. Kapitel.

Das Fischervolk.

§ 1. Zum Kietzproblem.

Das Kietzproblem gilt bisher noch als eine ungelöste Frage. Die
verschiedensten Disziplinen als Sprachforschung, politische und Verfassungsgeschichte, in neuester Zeit auch die historische Siedlungskunde
haben sich um seine Erforschung bemüht, ohne jedoch bisher zu einem
allseitig befriedigenden Ergebnis gelangt zu sein. Suchen wir zunächst
einen Überblick über die Ergebnisse der Forschung zu erhalten.

In sprachlicher Hinsicht leitet sich das Wort „Kietz" nach
Brückner[3]) von altsl. „hyza" her und hat die Bedeutung von „domus,
tugurium". Da nun nach den bisherigen Forschungsergebnissen die
Kietze stets in der Verbindung mit der Fischerei auftraten, so konnte
man in einem „Kietz" schlechthin ein Fischerhaus oder auch eine Vielheit
solcher Fischerhäuser erblicken.

Über die Entstehung der Kietze bestehen in der Forschung mehrere
Kontroversen. Wendt erkennt bereits, dass alle Kietze und Fischerdörfer in der Mark rein slavische Ortschaften seien, und bringt für diese Ansicht
umfängliche urkundliche Zeugnisse herbei.[4]) Die Entstehung dieser Ortschaften glaubt er nun auf eine askanische Regierungsmassregel, wonach
hier am Wasser den ihres Grundbesitzes beraubten Slaven vom Landesherrn ein Zufluchtsort gewährt wurde, zurückführen zu können, da die

---

[1]) Geh. Staatsarchiv, Gen.-Direkt. Kurm. Tit. CXV, Sect. O, 13, Fischer Nr. 1,
siehe auch oben § 3.

[2]) Geh. Staatsarchiv, Prov. Br., Rep. 7, Domänenamt Lehnin.

[3]) Brückner, Die slavischen Ansiedelungen in der Altmark, S. 19, Anm. 43.

[4]) Wendt, Die Germanisierung der Länder östlich der Elbe, II. Teil, Liegnitzer
Progr. 1889, S. 36 u. 43.

Kietzsiedelungen ausschliesslich in der eigentlichen Mark vorkämen. Einen hauptsächlichen Stützpunkt für seine These sieht Wendt in den deutschen Namen der slavischen Fischerdörfer Waltersdorf, Rahnsdorf, Hennigsdorf und Pichelsdorf. Dieser Annahme tritt einmal Guttmann gegenüber,[1] indem er das Institut solcher Dörfer von Leibdienstpflichtigen eher für slavisch als deutsch hält, da diese sich in Schlesien und Polen ebenfalls finden, und sieht in ihnen vielmehr den Beweis, dass die Askanier der alten slavischen Bevölkerung gegenüber in das Verhältnis der slavischen Fürsten sukzedierten. Ausserdem hat Bolle[2] auch ausserhalb des eigentlichen askanischen Wirkungsbereiches, im Gebiete des Erzbischofs zu Magdeburg, Kietzsiedelungen nachgewiesen. Was endlich die deutschen Namen der oben angeführten Fischerdörfer betrifft, kann man nur an ähnliche Fischerdörfer derselben Gegend mit zweifellos slavischen Namen erinnern wie Schmöckwitz, Zeuthen, Göttin u. a.; dazu führt Fidicin[3] den Namen Pichelsdorf auf eine slavische Wurzel zurück und hält ihn nur für germanisiert; Hennigsdorf hat wahrscheinlich seinen Namen von dem deutschen Schulzen, den man in das slavische Dorf setzte, erhalten.[4]

In engem Zusammenhange mit der Frage um die Entstehung der Kietze steht jene andere für die Beurteilung der Kolonisierungspolitik der deutschen Markgrafen so ungemein wichtige Frage, ob wir in diesen slavischen Siedelungen ihrer Lage nach Wohnplätze primärer oder sekundärer Entstehung zu sehen haben. Die Antwort hierauf zu geben sollte bei dem reichen in der Mark vorhandenen Beobachtungsmaterial die siedelungsgeographische Forschung wohl imstande sein; doch hat diese sich mit einer Ausnahme, — es ist dies durch Bolle im Havelwinkel geschehen — dieser Untersuchung. bisher nicht unterzogen. Bolle[5] gelangt zu der Ansicht, dass im Havelwinkel die Lage dieser Wohnplätze entschieden für eine primäre Entstehung spricht und die deutschen Kolonisten sich dicht neben der slavischen Gemeinde anbauten, sich aber sozial von den Slaven abschlossen; doch sind wir bei dem sehr dürftigen Material, das Bolle zur Verfügung hatte, noch nicht berechtigt, dieses Ergebnis zu verallgemeinern, zumal es nicht ausgeschlossen erscheinen kann, das dieses für die verschiedenen Gegenden verschieden ausfällt.

Über die Verbreitung der Kietze sind wir zurzeit noch völlig im Unklaren, da uns eine genaue Spezialuntersuchung fehlt. Es müsste

<hr>

[1] Guttmann, Die Germanisierung der Slaven in der Mark; Forsch. zur Brandbg. und Preuss. Gesch. Bd. 9, S. 456.

[2] Bolle, Beiträge zur Siedelungskunde des Havelwinkels, Halle, Diss. 1910.

[3] Fidicin, Territorien der Mark Brandenburg, Berlin 1860, Bd. III, Osthavelland, S. 42.

[4] Siehe unten § 4, Nr. 1.

[5] Bolle, a. a. O., S. 41.

diese neben den literarischen Zeugnissen auch lebende Zeugnisse, wie sie uns z. B. in den Flurnamen, auch denen der Wasserflur entgegentreten, berücksichtigen. Wendt kennt 40 Kietze, Guttmann 60; beide sind jedoch der Ansicht, dass mit denjenigen Fischerdörfern, die ohne den Namen „Kietz" zu führen zur gleichen Klasse gehören, diese Zahlen sich noch um ein Beträchtliches steigern würden. Die Heranziehung der Flurnamen, wie das von Bolle und von mir geschehen ist, bestätigt jene Ansicht nur zu sehr. Für das Gesamtverbreitungsgebiet der Kietz-siedlungen gibt Guttmann die Mark Brandenburg zwischen Elbe und Oder an, ausserdem die Gegend hart am linken Elbe- und rechten Oderufer.

Der wirtschaftliche Charakter der Kietzsiedelungen ist der von Fischerdörfern; sie haben im Fischerwerb ihre Hauptnahrungsquelle. Wendt und Guttmann haben das bereits beide betont, und selbst Bolle hat bei den von ihm neu aufgefundenen Kietzen nachgewiesen, dass neben ihnen humose Niederungen auf ausgetrocknete und ver-wachsene Seen hinweisen.[1] Er folgert daraus eine im Mittelalter von den Einwohnern betriebene Fischereiwirtschaft. Wenn Guttmann be-hauptet,[2] es fände sich auch gelegentlich einmal ein Bauernhof als „Kietz" bezeichnet, z. B. im Jahre 1375 in Drense in der Uckermark, so ist unter diesem Kietz wiederum lediglich ein „Fischergehöft" zu verstehen,[3] das die Fischerei im nahegelegenen See nutzte und nach Art der slawischen Wohnstellen ohne Ackerbesitz lediglich einen Hühner-zins entrichtete. Bezüglich des Kietzes zu Küstrin, den Guttmann als Beleg dafür anführt, dass ein Kietz auch gelegentlich als Stadt vor-kommt, ist es richtig, dass von ihm im Jahre 1397[4] in Verbindung mit Küstrin als von „steten" gesprochen wird, doch ist diese Benennung in diesem Falle eine durch die Verbindung mit der Stadt Küstrin ge-gebene Zufälligkeit, und im Jahre 1399[5] erscheint der Kietz wieder ganz analog den übrigen Kietzvorkommen lediglich als ein zur Stadt gehöriges Fischerdorf.[6]

Die verfassungsrechtliche Stellung der Kietze hat bisher besonders Guttmann untersucht. Er nimmt an, dass zur Zeit, als die Askanier ins Land kamen,[7] ein Klassenunterschied zwischen den dienstbaren wendischen Ackerleuten und den dienstbaren Fischern nicht bestand. Guttmann geht davon aus, dass er für die Ljutizen als Fundament

---

[1] Bolle, a. a. O., S. 42.
[2] Guttmann, a. a. O.. S. 140.
[3] Lb. S. 169: „prope villam iacet stagnum, unius tractionis sagene, nomine Aelse. In hac villa iacet area Kytz, dans in pactum XL pullos . . ."
[4] Riedel, Bd. 19, S. 36.
[5] Riedel, Bd. 19, S. 38.
[6] Siehe auch Riedel, Bd. 19, S. 34.
[7] Guttmann, a. a. O., S. 500.

der Verfassung das nämliche der gesamten Bevölkerung des altpolnischen Reiches ansieht, nämlich ein Verhältnis der Dienstbarkeit der unteren Bevölkerung dem Herzoge gegenüber, als Correlat des Bodenregals zu verstehen. Bei den Kietzen hat sich nun „das alte Verhältnis zur Herrschaft ursprünglicher erhalten als auf dem flachen Lande, weil dort seine wirtschaftliche Unterlage, das Wasser, sich in Nutzungs- und Ertragsfähigkeit kaum veränderte".

In einem verhältnismässig kleinen, aber doch reiches Beobachtungsmaterial bietenden Gebiet, den Spandauer und Potsdamer Gewässern, wollen wir im folgenden unsere Untersuchungen über das Verhältnis der märkischen Fischerei zum Slaventum anstellen. Um zu einem Verständnis und einer Erklärung der Kietzsiedelungen zu gelangen, müssen wir nämlich die Frage danach auf einen umfassenderen und zwar wirtschaftlichen Boden stellen. Die Kietzsiedlungen sind nur eine Teilerscheinung eines grösseren Vorganges. Wir haben gesehen, dass Kietz und Fischerei stets zusammenhängen, dass es aber auch daneben eine Reihe von Fischerdörfern ebenfalls slawischer Herkunft gibt, die den Namen Kietz nie geführt oder ihn jedoch bis zur Gegenwart eingebüsst haben. Gerade der scheinbare Gegensatz beider Fischersiedlungen soll uns ein Mittel zum Verständnis der Kietze in die Hand geben.

§ 2. Fischerei und Slaventum.

Während die bisherige Forschung sich damit begnügt hat, den Zusammenhang von Fischerei und Slawentum in grossem Überblick immer nur an einigen wenigen typischen Vorgängen aufzudecken, wollen wir diese Untersuchung bei einer nur gelegentlichen vergleichsweisen Heranziehung der übrigen märkischen Verhältnisse auf ein kleines Gebiet beschränken, in diesem aber auch unter Beobachtung des Kleinsten im lokalhistorischen Bereich das gesamte Material zu erschöpfen versuchen, da wir gerade hierdurch einen richtigen Maßstab für die Kolonisierungstätigkeit der Deutschen im 12. und 13. Jahrhundert zu gewinnen hoffen, und wenn dies auch nur in einem kleinen Gebiete oder gar nur für einige wenige Ortschaften zu einem wirklich sicheren Ergebnis führte.

An den Spandauer und Potsdamer Gewässern[1]) finden sich folgende Fischergemeinden:

1. Hennigsdorf,
2. Damm,
3. Kietz zu Spandau,
4. Pichelsdorf,
5. Kietz zu Potsdam,

---

[1]) Diese sind auch hier begrenzt im Sinne des I. Kapitels, Teil 2, Einleitung.

6. Burgstrasser zu Potsdam,
7. Kietz zu Fahrland,
8. Fischerinnung zu Werder,
9. Fischergemeinden zu Phöben, Göttin, Leest, Töplitz, Ketzin, Deetz, Schmergow und Paretz,
10. Die Wublitzfischer zu Schorin (Marquardt), Uetz und Paaren.

Mit einer Ausnahme, den „Burgstrassern" in Potsdam, deren Ursprung unsicher ist, lassen sich sämtliche Fischergemeinden auf eine slawische Wurzel zurückführen und erscheinen während der Kolonisationsperiode als ihrer Nationalität nach völlig reine Reste der alten slawischen Bevölkerung. Schriftliche Überlieferung, verfassungsrechtliche wie wirtschaftliche Zustände und siedlungskundliche Erwägungen müssen uns die Mittel in die Hand geben, diesen gemeinsamen „Urzustand" durch umfängliche Vergleichung zu erkennen. Sichere urkundliche Nachweise, dass hier Slawen wohnten, haben wir von den Gemeinden auf dem Kietz zu Spandau für die Jahre 1393 und 1409,[1]) auf dem Kietz zu Potsdam für das Jahr 1375[2]) und zu Paretz für das Jahr 1197,[3]) ausserdem bei den der Wublitz anwohnenden Gemeinden, dem Kietz zu Schorin, dem Kietz zu Uetz und Paaren[4]) in mehreren Fällen für die zweite Hälfte des 14. Jahrhunderts.[5]) Bei den Gemeinden zu Fahrland, Werder, zu Phöben, zu Töplitz und Ketzin spricht neben dem im Wirtschaftsbetrieb begründeten gemeinsamen Charakter mit vorerwähnten slawischen Siedlungen noch das Vorhandensein von Kietzen[6]) für eine slawische Natio-

---

[1]) Siehe unten § 4, Nr. 3.

[2]) Siehe unten § 4, Nr. 5.

[3]) Siehe unten § 4, Nr. 9.

[4]) Siehe Anm. 6.

[5]) Siehe Kap. I, 1. Teil, § 2, Nr. 5.

[6]) Bei diesen und noch zwei anderen Orten habe ich auf folgende Weise Kietze gefunden: Werder: Auf der Insel Werder wird i. J. 1784 ein „Fischerkietz" erwähnt, siehe Schönemann, Diplom.- und Topograph. Geschichtsbeschreibung der Stadt Werder; Potsdam 1784, S. 59. — Phöben: Nördlich von Phöben, dicht beim Dorfe liegen die „Kietzwiesen", siehe Karte von Berlin und Umgebung in 12 Blättern 1 : 50000, Blatt V, Potsdam, Kgl. Preuss. Landesaufnahme 1901. Ausserdem ist ein Garnzug „Ufm Kietz" an dieser Stelle bezeichnet: 1602, Geh. Staatsarchiv, Prov. Br., Rep. 7, Domänenamt Lehnin F 10, Nr. 2; siehe auch oben I. Kap., 2. Teil, § 1, Nr. 4. — Töplitz: In der Neutöplitzer Feldmark führt der nach „Kaltenhausen" gehende Damm den Namen „Kietzdamm", zu dessen beiden Seiten der Kietz liegt: Auskunft der Dorfbewohner. Vergl. dazu auch „Plan der Gegend von Potsdam", herausgegeben von der Topogr. Abt. des gross. Generalstabes, 1855, „Kietzwerder". — Ketzin: „Kietzwerder" ist eine Wiese unterhalb Ketzin, dort auch die „Kietzwerder-Havel": Auskunft der Ketziner Fischer. — Uetz: Hier hiess die Stelle, auf der das Fischerhaus stand, bis vor 30 Jahren „Auf dem Kietz"; ebendort der „Kietzdamm": Auskunft des Gemeindevorstehers in Uetz. Auch der märkische Dichter Schmidt von Werneuchen nennt in einem Gedichte hier einen „Fischerkietz", siehe Fontane, Havelland, Neuausgabe 1910, S. 271. — Paaren: Westlich von P. die „Kietzdammbrücke", siehe Karte des Deutschen Reiches 1 : 100000,

ualität. Bei Hennigsdorf, Damm und Pichelsdorf finden wir diese einmal durch gleichen Wirtschaftsbetrieb und dann durch die unzweideutige verfassungsrechtliche Stellung der Dörfer verbürgt. Bei Göttin, Leest, Deetz und Schmergow ist es die gleiche Wirtschaft. Allen zusammen aber, und dies ist ein tief in der slawischen Kultur begründeter Faktor, fehlt einmal noch im deutschen Mittelalter und ferner bei den meisten Gemeinden bis in die neueste Zeit hinein, jeder Ackerbesitz.

Für eine ganze Reihe weiterer Fischerdörfer der Mark hat Wendt[1]) die slawische Bevölkerung durch urkundliche Belege nachgewiesen.

Die Fragen nach der Entstehung der Fischerdörfer und ihrer Benennung berühren sich eng und müssen daher zusammen behandelt werden. Betrachten wir zunächst die Kietzsiedelungen. Wir haben Kietze bezeugt für folgende Orte: Spandau, Potsdam, Fahrland, Werder, Phöben, Töplitz, Ketzin, Schorin, Uetz, Paaren oder Paretz und Bornim. Wir finden sie also bei Städten sowohl als auch auf dem Lande bei Dörfern. Nicht finden wir dagegen einen Kietz bei den wirtschaftlich wie verfassungsrechtlich obigen Fischergemeinden sonst ganz gleich stehenden Ortschaften Hennigsdorf, Pichelsdorf und Göttin. Daraus folgt, dass die Entstehung eines Kietzes lediglich als eine Folgeerscheinung der Kolonisationsarbeit der Deutschen anzusehen ist; trafen deutsche Kolonisten mit slavischen Bevölkerungsresten zusammen, wie in den erstgenannten Ortschaften, so trat eine soziale Trennung zwischen beiden Nationalitäten ein, die Slaven schlossen sich wirtschaftlich in ihren Kietzen von den Deutschen ab. Dies brauchte jedoch bei solchen Orten nicht zu geschehen, wo deutsche Kolonisten gar nicht hinkamen, wie in Hennigsdorf, Pichelsdorf und Göttin. Hier blieben die Slaven ruhig sitzen und konnten in ihrer Abgeschlossenheit für lange Zeit ihre reine Nationalität bewahren. Die Kietzbezeichnung für ein Fischerdorf ist also nur aus dem Kolonisierungsprozess heraus zu verstehen. Dem deutschen Kolonisten erschien der Slave in seinem Haus („hyza“), das sich wahrscheinlich noch dazu in seiner Bauart in irgend einer charakteristischen Weise von dem deutschen Haus unterschied, als „Kietzer“, und so bezeichnete man dann auch die ganze slavische Siedelung als „Kietz“. Das Wort

---

Blatt 293, Potsdam, doch ist hier zweifelhaft, ob man auf einen Kietz in Paaren oder in Paretz schliessen soll. Urkundlich sind für beide Orte Slawen erwähnt. — Bornim: Auch hier (nordw. von Potsdam) deuten ein „Kietz“ (Flurbezeichnung) und ein „Wendenkirchhof“ auf frühere Fischereiwirtschaft"; siehe Karte des Deutschen Reiches 1 : 100000, Blatt 293. Potsdam. Der „Bornimsche Bleifang“ deutet noch i. J. 1800 auf Fischerei des Dorfes; Geh. Staatsarchiv, Kurm. Tit. LXIII, Amt Potsdam, Sect. d., Amtssachen, Nr. 10. — Saarmund: In der Saarmunder Pfarrchronik wird für den Anfang des 18. Jahrhunderts ein Kietz mit 7 Kietzfischern erwähnt; der Kietz liegt auf einer Insel von 2 Armen der Nuthe umflossen. Nach Geradelegung der Nuthe unter König Friedrich II. hat die Fischerei ihre Bedeutung verloren. Aus den Pfarrakten in Saarmund.

[1]) Wendt, a. a. O., S. 35 f.

„Kietz" ist also ein lediglich durch die Deutschen geschaffener Gattungs-
begriff. Für gewöhnlich hat der nunmehrige Kietz seinen alten slavischen
Dorfnamen auf die gesamte Ansiedelung übertragen, so wahrscheinlich
bei Spandau,[1]) Potsdam (poztupimi),[2]) Phöben, Töplitz, Ketzin, Paretz,
Schorin und Uetz; auch aus der übrigen Mark liessen sich noch zahlreiche Fälle anführen. Bei Fahrland und Werder ist die ehemalige
slavische Ortsbezeichnung, (die für Fahrland vielleicht in dem Flurnamen „Siepunt" fortlebt), einer deutschen gewichen. Die von der
Kolonisation unberührten Fischerdörfer wie Göttin, ferner oberhalb
Brandenburg Saaringen,[3]) Woltiz,[4]) weiter Nahmitz (bei Lehnin) und
Schmöckwitz und Zeuthen (bei Köpenick) behielten ihre alten slavischen
Namen; der von Pichelsdorf wurde durch die „Dorf"-Endung germanisiert,[5])
während die ersten beiden Silben vermutlich einen slavischen Bestandteil
enthalten.[6]) Hennigsdorf (1375: Heynekendorf)[7]) führt seinen Namen
vermutlich nach dem deutschen Schulzen, den man in das slavische Dorf
setzte.[8]) Während endlich die „Damm"-Gemeinde zu Spandau und
die „Burgstrasser"-Gemeinde zu Potsdam lokalen städtischen Ursachen
ihre Namen verdanken, haben Leest, Deetz und Schmergow auch
unter deutscher Herrschaft ihren slavischen Namen bewahrt. Es sei
diese Betrachtung zugleich ein Beispiel, mit wie geringer Zuverlässig-
keit der blosse Name einen chronologischen Schluss auf die Entstehung
einer Siedelung tun lässt.

Wir haben nun einen Blick auf den Kolonisationsvorgang selbst
zu werfen; wie benahm sich die deutsche Bevölkeruug den slavischen
Bevölkerungsresten gegenüber? Und da wird die Antwort anders für
den städtischen Grund und Boden, änders für das platte Land ausfallen
müssen. In beiden Fällen erfolgte eine Okkupation, jedoch unter dem
Zeichen friedlicher Kolonisation, wie das bei der Art, wie der Slave
Pribislaw dem Deutschen Albrecht die Mark Brandenburg vererbte, auch
nur zu verständlich sein muss. „In die mittelmärkischen Gebiete kam

---

[1]) Siehe auch Kuntzemüller, Urkundliche Gesch. der Stadt u. Festung Spandau
1881, S. 5.

[2]) A. 993, R. Bd. 11, S. 153.

[3]) Der Ort Saaringen, dessen Name allerdings nicht slavisch ist, muss diesen
Namen jedoch aus vordeutscher Zeit mitgebracht haben. Wir stehen bei den Endungen
„ingen" und „leben" in Ostelbien vor einem Rätsel, wie ja auch Curschmann („Die
deutschen Ortsnamen im Nordostdeutschen Kolonialgebiet" Stuttgart 1910) mit ihnen
nicht recht etwas anzufangen weiss.

[4]) R. Bd. 8, S. 232.

[5]) Siehe Fidicin, Territorien, Osthavelland S. 42.

[6]) Eine analoge Bildung wäre das im Jahre 1242 am Schlachtensee als „villa
lavicalis" bezeugte Slatdorf; R. Bd. 10, S. 201.

[7]) Lb. S. 23.

[8]) Siehe unten § 4, Nr. 1.

Albrecht eher als Rechtsnachfolger slavischer Fürsten denn als Eroberer."[1]
Und in der Tat, von grösseren Slavenausweisungen ist für die Mittelmark nie etwas bekannt geworden. In den Städten hat es den Anschein,
als sei die ehemalige slavische Bevölkerung beiseite geschoben und zer-
stückt worden. In Spandau haben wir die Kietzer und Dämmer, in
Potsdam die Kietzer und Burgstrasser, in Brandenburg gar 4 völlig
voneinander getrennte Kietze,[2] in Rathenow 3 Kietze: Unter-, Mittel-
und Oberkietz mit zusammen 36 Fischereien.[3] Immerhin ist es in
Spandau möglich, den „alten Kietz"[4] als ursprünglichen slavischen Wohn-
sitz anzunehmen,[5] die Deutschen hätten sich hier also neben den Slaven
angesiedelt. In Potsdam dagegen wird der Kietz als sekundärer Entstehung anzusehen sein. Doch es fehlen eben auf diesem Gebiete, wie
schon oben angedeutet, noch siedelungsgeographische Lokaluntersuchungen.
Auf dem Lande liegen die Verhältnisse wesentlich einfacher. Wo eine
Kolonisation nicht einsetzte, wie in Hennigsdorf, Pichelsdorf und Göttin
blieben die Slaven ungestört in ihren Sitzen. In Paretz entstand ein
neuer deutscher Ort neben dem slavischen (1197) und vereinigte sich
erst später (bis 1375) mit diesem unter dem alten slavischen Namen.
In allen anderen Gemeinden unseres Gebietes liegen die Fischergehöfte
meist beisammen und lassen durch ihre bei ihrem Wirtschaftsbetrieb
günstige Lage unmittelbar am Wasser die Ansicht berechtigt erscheinen,
dass die Fischersiedelung hier überall das Ursprüngliche ist und die
deutsche Bauerngemeinde sich an diese anbaute.

Fragen wir nun noch, wie lange sich die slavische Rasse in den
Fischergemeinden in wenigstens angenäherter Reinheit erhalten hat, so
sind wir berechtigt, dies noch für eine verhältnismässig ferne Zeit anzunehmen, wiewohl ja die Umgangssprache in sehr viel früherer Zeit
schon völlig deutsch geworden war.[6] Ich möchte hier als Grenze die
Wende des 16. zum 17. Jahrhundert betrachten. Es sprechen hierfür
einmal die während der ersten Jahrhunderte nach der Kolonisation streng

---

[1] Guttmann, a. a. O., S. 425.

[2] Lokalhistorische Angabe des Stadtarchivars von Brandenburg, Herrn Professors
Tschirch. Man hat zu unterscheiden: 1. den altstädtischen Kietz zwischen Mühlentorstr.
und Homeyenbrücke; 2. den grossen Domkietz, die Hauptstr., die über den Dom führt;
3. den kleinen Domkietz, eine Seitengasse des Doms (in westl. Richtung); 4. den neustädtischen Kietz, jetzt Mühlendamm genannt, südl. vom Dom, nördl. von dem neustädtischen Mühlentor; früher hiess er markgräflicher Kietz oder Woltiz.

[3] In dieser Anzahl noch vorhanden 1793. Kgl. Reg. zu Potsdam, Dom.-Reg.,
Gen.-Fischereis. Fach I, Nr. 5.

[4] Siehe unten § 4, Nr. 3.

[5] Kuntzemüller, a. a. O., S. 4.

[6] Eine Ausnahme bilden hier die fischereitechnischen und Fisch-Bezeichnungen;
bei diesen haben sich bis zur Gegenwart die slavischen Namen behauptet; siehe hierzu
Weisker, Slavische Sprachreste, Rathenower Progr. 1896.

beobachtete soziale und wirtschaftliche Abgeschlossenheit der Fischergemeinden und ferner die Fülle der in den Erbregistern des 16. Jahrhunderts bezeugten slavischen Namen der Fischerkossäten. Wenn sich nun auch einzelne dieser Familien in ihren alten Fischersitzen bis in die Gegenwart behauptet haben — ich erinnere nur für die Dämmer und Kietzer in Spandau an die schon im Jahre 1590 vorhandenen Tübbickes, Zickows und Mahnkopfs — so hat doch das 17. Jahrhundert durch die Folgen des dreissigjährigen Krieges die ursprünglichen Rassenverhältnisse vollkommen verwischt, da die Anzahl der Fischer in den grösseren Gemeinden oft um die Hälfte und mehr zurückging. Die wüsten Fischerstellen wurden hernach dann durch alle möglichen Personen wieder besetzt. Endlich hat auch nach Überbrückung der ursprünglichen nationalen Gegensätze die Rassenmischung durch eheliche Verbindungen das Slaventum in seiner Reinheit überwunden. Noch heute lebt jedoch in mündlicher Tradition fortgepflanzt bei den meisten unserer Fischergemeinden die Erinnerung an eine slavische Abstammung.

§ 3. Die wirtschaftliche und verfassungsrechtliche Stellung der slavischen Fischergemeinden unter deutscher Herrschaft.

Aufgabe der Markgrafen musste es sein, die slavischen Fischergemeinden wirtschaftlich wie verfassungsrechtlich in den Gesamtorganismus der neuen deutschen Mark einzugliedern. Hierbei kam ihnen ein Umstand sehr zu Hülfe; das Wasser und in ihm die Fischerei boten im Havel- und Spreegebiet gewissermassen eine neutrale wirtschaftliche Basis. Hier stiessen wirtschaftliche Interessen der alten und neuen Bevölkerung nirgends aufeinander, der deutsche Bauer kam in der Absicht in das Kolonialgebiet, das bisher von den Slaven nur in geringem Mafse und dabei noch ganz oberflächlich beackerte Land durch eine energische Ackerwirtschaft kulturfähig zu machen. Das Wasser überliess man da gern dem Slaven. Wir können gerade in der von den Slaven betriebenen Fischereiwirtschaft einen wesentlichen Grund dafür erblicken, dass in den Gebieten der Mittelmark die Kolonisation in so überaus friedlicher Weise erfolgte. Wie sich nun hier während der Kolonisierungsepoche die wirtschaftlichen Verhältnisse regelten, so erhielten sie sich bis zum 19. Jahrhundert völlig unverändert. Die einzelnen Fischergemeinden schlossen sich zu Wirtschaftsgemeinschaften zusammen, in denen jedes Mitglied ein gleiches Recht auf den der Gemeinde zur Bewirtschaftung zugewiesenen Gewässern beanspruchen konnte, und zwar war dies ein Zustand, wie ihn die slavischen Fischer vermutlich schon aus der Zeit der früheren slavischen Herrschaft her kannten. Wenn wir die bei den Slaven übliche Weise der Bewirtschaftung ihrer Äcker betrachten, wie das von Guttmann für einige Gebiete der Mark aufgezeigt ist,[1] so muss uns das vollkommen analoge Verhältnis bei

---

[1] Guttmann, a. a. O., S. 110—114.

der Bewirtschaftung der Gewässer auffallen. Allen gemeinsam ist auch hier das Objekt; der Ertrag wird unter alle geteilt, wie auch heute noch der Fang des grossen Garnes. Diese Zusammengehörigkeit wurde bestärkt zunächst in den ersten Jahrhunderten, aber auch bis in die neuere Zeit hinein durch das gemeinsame Nationalitätsgefühl, zumal dem Slaven ja auch der Übergang zu einem anderen bürgerlichen Gewerbe für längere Zeit der „wendischen Geburt" wegen, die als unehrlich galt,[1] unmöglich war. Andererseits nahm der Slave auch, indem er das alte, fast möchte man sagen nationale Gewerbe aufgab, zugleich Abschied von seiner Nationalität, und gerade dies hat die slavischen Fischer mit dazu geführt, in zäher Beharrung in ihren Sitzen auszuhalten.

Eine Übersichtstabelle soll uns den Wandel der Intensität bei Ausübung des Fischfangs während der einzelnen Jahrhunderte und zugleich damit die wirtschaftliche Bedeutung der Fischerei in den einzelnen Perioden und für die verschiedenen Gemeinden in Stadt und Land erkennen lassen, wobei die Zahlen die in jeder Gemeinde bewirtschafteten Fischerstellen angeben:

Fischer-Gemeinde zu:	14. Jahrh. 1. Hälfte	14. Jahrh. 2. Hälfte	16. Jahrhundert	17. Jahrh. 1. Hälfte	17. Jahrh. 2. Hälfte	18. Jahrh. 1. Hälfte	18. Jahrh. 2. Hälfte	Mitte 19. Jahrh.	20. Jahrhundert Im Hauptberuf	20. Jahrhundert Im Nebenberuf
Hennigsdorf	9		13	10		12		12	—	12
Damm	—		6	6		6		6	6	—
Kietz zu Spandau	25		29	18		29		29	13	—
Pichelsdorf	—		14	10		15		15	7	—
Kietz zu Potsdam	22		22	11	7	12	—	22	20	2
Burgstrasser zu Potsdam	(4)		28	9	5	22		25	25	—
Kietz zu Fahrland	15	10	—	10	—	6		10	1	9
Werder	—		—	—	22	29	35	36	33	—
Phöben	—		11	14	—	13		13	—	13
Göttin	10		7	7	—	7		7	7	—
Leest	—		3	3	—	3		3	2	1
Töplitz	—		3	3	—	3		3	3	—
Ketzin	—		—	—		20		29	14	15
Deetz	(1450)	11	9	6		6		6	6	—
Schmergow	—		3	—		2		—	—	—

Aus der Tabelle ist ein zum Teil recht erheblicher Rückgang der Fischereiwirtschaft durch die Folgen des dreissigjährigen Krieges vor allem für die städtischen Gemeinden ersichtlich, dem dann im 18. und 19. Jahrhundert wieder ein Aufschwung folgt. Sehr deutlich zeigen uns dann die beiden letzten Spalten die Veränderungen während der letzten 60 Jahre. Während noch überall in der Mitte des 19. Jahr-

---

[1] Beispiele hierfür gibt Wendt, a. a. O. II, S. 45.

hunderts die Fischerei im Hauptberuf von den Fischern ausgeübt wurde, zeigt sich für den Beginn des 20. Jahrhunderts ein starker Rückgang bei allen Gemeinden. Ein beträchtlicher Teil der alten Fischerei-berechtigungen wird nur noch als Nebenerwerb genutzt, andere liegen völlig ungenutzt; durch die weitere Verpachtung einzelner Berechtigungen als Berufs- und auch Sportfischereien, was in früheren Jahrhunderten nicht möglich war (siehe 1. Kap., Vorbemerkung), ist die alte Wirtschafts-gemeinde arg zersetzt worden. Die Schuld an dem Rückgang des Gewerbes tragen einmal die künstliche Veränderung des natürlichen Flusslaufes[1]) und in nicht geringem Maße auch die gesteigerten Lebensbedürfnisse des modernen Menschen. Die Schilderung der wirtschaftlichen Lage vor 60—70 Jahren durch einen greisen Fischerkossäten, „wenn es sich auch kärglich dabei lebte, man musste eben zufrieden damit sein", dürfte eine allgemeinere Bedeutung beanspruchen. Auf dem Lande waren es vor allem die Separationsarbeiten des 19. Jahrhunderts, die eine Änderung hervorriefen. Die Fischerkossäten gewannen dabei etwas Ackerland und so liess eine Obst-, Garten- oder Ackerwirtschaft, zumal bei den günstigen städtischen Absatzgebieten unserer Gegend, die Fischereiwirtschaft allmählich ganz in den Hintergrund treten (siehe Fahrland, Phöben, Ketzin u. a.). Bei den städtischen Gemeinden kommen zahlreiche andere Nebenerwerbe in Betracht und ferner der Nebenhandel der Fischer mit Einfuhrprodukten. Wo sich die Fischerei noch auf der alten Höhe gehalten hat, da trugen hierzu hauptsächlich die Ankäufe der staatlichen Grossgarnfischereien durch die Fischergemeinden (so in Potsdam-Kietz, Werder, Göttin und Deetz)[2]) bei. Über die Fischerei-wirtschaft in der Gegenwart gehen die Urteile sehr auseinander, doch scheint mir bei einer bescheidenen Lebenshaltung auch heute die Fischerei noch immer ihren Mann ernähren zu können.

Endlich seien noch einige Zahlen mitgeteilt, die uns den Wert einer einzelnen Fischerstelle angeben sollen. So wurde i. J. 1630 das zum Schulzengericht auf dem Kietz zu Potsdam gehörige Fischergut, eine von den 22 Kietzerstellen daselbst, auf 131 Taler 18 Gr., i. J. 1684 auf 220 Taler angeschlagen.[3]) In Berlin wurde in der 2. Hälfte des 18. Jahrhunderts der Wert einer „Fischer-Gerechtigkeit" vom Direktor des dortigen Stadtgerichtes im Vergleich zu dem einer Barbier- oder Badergerechtigkeit (1000 Reichstaler) und eines Buchdruckerei- und Apotheker-Privilegiums (1500—2000 Reichstaler) auf 400—500 Reichs-taler festgelegt; er will damit den Mindestwert dieser Gerechtigkeiten angeben für den Fall, dass „deren Exercitium negligiret, und sie von der Kundschaft abgekommen, wogegen andere dergleichen Gerechtigkeiten

---

aber, so in guter Kundschaft stehen, weit höher verkaufet werden." Die Fischer-Gerechtigkeit bestand dabei in einer Verkausstelle auf den Märkten und der Befugnis auf der Spree zu fischen.[1]) In der Gegenwart ist der Wert einer Fischereiberechtigung schwankend, je nach dem sie im Haupt- oder im Nebenberuf genutzt wird, so sind z. B. die im Nebenerwerb genutzten Berechtigungen zu Phöben auf je 5000 M. abgeschätzt, desgleichen in Fahrland; in Tiefwerder dagegen versteuern die dortigen Berufsfischer einen jährlichen Ertrag aus der Fischerei von 1200 M. Der Wert einer der oben erwähnten 22 Kietzerstellen in Potsdam wird von Sachverständigen auf 20000 M.[2]) geschätzt. Wir sehen also, der Wert der Fischereiberechtigungen ist kein festliegender, sondern muss auf Grund fischereiwirtschaftlicher Erwägungen nach Berücksichtigung der jeweiligen örtlichen Verhältnisse von Fischereisachverständigen ermittelt werden.

Die Beobachtung der verfassungsrechtlichen Stellung der slawischen Fischergemeinden im deutschen Mittelalter und deren Entwicklung in der Neuzeit bietet uns ein treffliches Beispiel, in wie überaus mannigfaltiger Weise die Germanisierung des Slawentums in der Mark erfolgen konnte. Wir haben dabei vor allem zwei Richtungen zu unterscheiden, in denen diese von statten ging, einmal in dem Fall, wo eine slawische Fischergemeinde in Abhängigkeit gelangte von einem landesherrlichen Schloss, und einen zweiten Fall, wo eine solche in Berührung kam mit einer deutschen Stadt- oder Dorfgemeinde.

Wenden wir uns zunächst dem ersten Falle zu, so erblicken wir in engster Beziehung zum Schlosse und späteren Amte zu Spandau die Fischergemeinden zu Hennigsdorf, Damm, Pichelsdorf und den Kietz zu Spandau, zu dem Schloss zu Potsdam den dortigen Kietz und die Burgstrasser, zum Schlosse zu Fahrland den Kietz daselbst. Obgleich diese Gemeinden zum Teil in enger Nachbarschaft zu einer Stadt stehen, sind sie sowohl in ihrer Verwaltung als auch im Gericht von dieser völlig getrennt. Die Spandauer Fischergemeinden blieben mit Ausnahme der „Dämmer", die i. J. 1875 in die Stadt Spandau eingemeindet wurden, bis zur Gegenwart selbständig; die Kietzer und Burgstrasser zu Potsdam — die letzteren standen in einer eigenartigen Zwitterstellung zwischen der Stadt Potsdam und dem dortigen Amt — wurden erst i. J. 1722

---

[1]) Novum corpus Constitutionum Prussico-Brandenburgensium 5a, S. 259 ff.

[2]) Diese Angabe bezieht sich auf die nackte Fischereiberechtigung, die ja für alle 22 Kietzer gleich gewertet werden muss. Die dazu gehörigen Häuser, auf denen die Berechtigungen ruhen, haben natürlich ausserdem noch einen sehr verschiedenen Wert. Der Wertzuwachs einer Fischerstelle, also des Hauses und der daraufliegenden Berechtigung, im letzten Jahrhundert, ist aus folgenden Zahlen ersichtlich: Im Jahre 1844 wurden z. B. für eine Kietzer Fischerstelle 5000 Taler gezahlt, im Jahre 1885 für dieselbe 25000 M.; heute beträgt die Berechtigung allein schon 20000 M.

aus dem Amtsverbande entlassen und zur Stadt geschlagen; und der Kietz zu Fahrland ging, nachdem die Stadt wieder zum Dorf herabgesunken und auch das Schloss verschwunden war, allmählich im Dorf auf. In kirchlicher Beziehung hingegen waren die Dämmer, Kietzer und Pichelsdorfer nach Spandau, die Potsdamer Kietzer und Burgstrasser nach Potsdam eingepfarrt. Die Gemeinden standen unter der unmittelbaren Gerichtsbarkeit der Markgrafen, mit Ober- und Niedergerichten gehörten sie zum Schloss. Der Ortsvorsteher war für gewöhnlich ein vom Markgrafen mit der niederen Gerichtsbarkeit belehnter Schulze,[1] der in der Kolonisationszeit wohl in der Regel deutscher Herkunft gewesen ist; in Hennigsdorf hatte er i. J. 1375 allein Hufenbesitz, wofür er jedoch nichts zu zinsen brauchte. Der Kietzschulze zu Potsdam erhielt i. J. 1375 12 Schillinge von der Gemeinde. Dass die Fischergemeinden eigene slawische Vorsteher gar unter dem Namen „Pritzstabel" hatten, wie das gelegentlich behauptet wird,[2] ist nicht anzunehmen[3] und nirgends bezeugt.

Vor allem charakterisiert nun aber diese zu einem Schloss gehörigen Fischergemeinden eine fast unbeschränkte Dienstbarkeit, die dem deutschen Rechtszustande völlig fremd ist. In den ehemals slawischen Ansiedlungsgebieten Nordostdeutschlands gab es im allgemeinen weder Hörige noch Leibeigene.[4] Und doch finden wir in der rechtlichen Stellung der Fischergemeinden, also germanisierter Slaven, Momente, die teils an die rechtliche Stellung der Hörigen, teils an die der Leibeigenen erinnern. Mit den Hörigen war ihnen gemeinsam ein von weltlicher (z. B. unsere 6 Gemeinden), geistlicher (z. B. der Domkietz zu Brandenburg) oder auch privater Obrigkeit (z. B. auf der Wublitz) überlassener, später dann rechtlich verliehener Grundbesitz, nun aber nicht an Ackerland, sondern an Wasser. Hinsichtlich der Abgaben ist zu bemerken, dass für die Gemeinden zu Hennigsdorf und auf dem Kietz zu Spandau für das Jahr 1375 eine Zinsabgabe an Geld und Hühnern bezeugt ist, während dies bei den Dämmern erst fürs Jahr 1590 der Fall ist, zu welcher Zeit der Kietz und Pichelsdorf von derartigen Lasten befreit sind. Ob diese Gemeinden ebenso wie die Hörigen nicht das Recht der Freizügigkeit besassen, muss für die ersten Jahrhunderte nach der Kolonisation dahingestellt bleiben. Von besonderem Interesse ist in dieser Hinsicht eine Urkunde vom Jahre 1378[5], nach der von Eckard von Bardeleben, dem Besitzer des Rittergutes Uetz[6] die Wublitz mit 8 Wenden, deren 4 zu Schorin (Marquardt)

---

[1] Siehe unten § 4, Nr. 3 u. 4.

[2] So z. B. Spatz in „Landeskunde der Provinz Brandenburg", Bd. II, S. 226. und Wendt, a. a. O., Bd. 2, S. 44.

[3] Siehe dazu III. Kap., § 3, „Die Pritzstabel".

[4] Viereck, Assmanns Geschichte des Mittelalters III, S. 570.

[5] R. Bd. 8, S. 318. — [6] Lb. S. 101.

und 4 zu Uetz sassen, verkauft wird. Den Wenden wird dabei zwar zugestanden, dass sie, falls Eckard von Bardeleben die Wenden zu Uetz „verunrechtede“, von Uetz nach Schorin ziehen dürften, aber sie werden zugleich verpflichtet, bei der Ernte wie auch beim Dreschen dem Bardeleben auch ferner zu helfen, wofür sie dieser mit Naturalabgaben — in der Ernte mit einer Mandel Getreide, beim Dreschen mit einem Scheffel Korn — entlohnt. Von dem Hühnerzins, den die Wenden entrichteten, ging ein Teil an die neuen Besitzer über, einen anderen Teil behielt sich Bardeleben vor. Wir haben hier also rechtlich ein verwickeltes Verhältnis vor uns; einmal waren die Wenden dem Bardeleben nicht völlig auf Gnade oder Ungnade ausgeliefert, sie hatten die Möglichkeit, wenn sie sich bedrückt fühlten, sich einen anderen Wohnort zu suchen, aber die Dienstleistungen blieben bestehen. Eine volle Freizügigkeit der Wenden muss hiernach also angezweifelt werden, da diese sich von ihren Dienstleistungen ja nicht trennen konnten. Inwieweit wir den hier an der Wublitz beobachteten Zustand verallgemeinern und für die vorhergehenden beiden Jahrhunderte auf die übrige Mark übertragen dürfen, wagen wir bei dem Mangel jeglichen Urkundenmaterials nicht zu entscheiden; immerhin haben wir bereits oben (I. Kap., 1. Teil, § 2, Nr. 5) auf die geographische Lage der Wublitzgegend hingewiesen, die das alleinige Vorhandensein früherer verbreiteter Zustände gerade für diese Gegend verständlich machen könnte. An das Verhältnis einer gewissen Leibeigenschaft erinnert nun wieder der Zug, dass die Slawen stellenweise zum Eigentum eines bestimmten Grundherrn gehörten und wie unbewegliche Sachen mit dem Grundbesitz veräussert werden konnten (z. B. auf der Wublitz und der dem Domkapitel zu Brandenburg gehörigen Havel).[1] Ganz besonders erinnert nun aber an dieses Verhältnis die ausgedehnte Dienstpflicht der Fischergemeinden, soweit sie von einem Schloss abhängig waren. In Haus und Feld hatten sie Dienste zu leisten, was bei den Potsdamer Kietzern bis zu dem Stubenreinigen in den Gemächern des Schlosses sich erstreckte. Die Spandauer Kietzer hatten noch im Jahre 1754 auf der Festung Holz zu hauen, zu schauren und in der Küche zu helfen. Als völlig unbegrenzt erscheinen die Verpflichtungen nach den Amtsregistern des 16. bis 18. Jahrhunderts; was die Herrschaft auch verlangte, die Fischer hatten es auszuführen. Trotz dieser einzelnen Züge, die wir hier aufgefunden haben, lässt sich jedoch aus dem vorhandenen Urkundenmaterial das gewonnene Bild für keine Gegend und für kein Jahrhundert dahin verdichten, dass wir in irgend einem Fall von einem ausgesprochenen, auch anderswo in der deutschen Verfassungsgeschichte vorhandenen verfassungsrechtlichen Verhältnis sprechen könnten; es hat sich eben hier im Kolonialland eine verfassungsrechtliche Stellung der weiter geduldeten und in ihren Sitzen

---

[1] Siehe hierzu I. Kap., 1. Teil, § 2, Nr. 5 und Nr. 6.

belassenen Fischerbevölkerung herausgebildet, die einzig dasteht und wohl nirgends ihresgleichen findet.

Wenn Guttmann gelegentlich behauptet hat,[1] das fast alle Kietze als Pertinenzen eines landesherrlichen Schlosses erscheinen und ursprünglich alle in Abhängigkeit von einem solchen Castrum gewesen sein müssen, so ist dies, wie wir das aus der Beobachtung der Flurnamen gesehen haben, nicht richtig. Die eine Tatsache jedoch steht fest, dass diese Kietze und Fischergemeinden dort, wo sie von einem Schloss abhängig wurden, ihre erste Stellung ursprünglicher und für spätere historische Zeiten daher wahrnehmbarer erhalten haben, als wo dies nicht geschah.

Man kann also eigentlich zunächst nicht sagen, dass gerade die Fischerei es ist, die die in ihr ihren Erwerb suchende Bevölkerung in das der übrigen Landesverfassung unbekannte und fremde Dienstverhältnis zum Landesherrn brachte; denn wir dürfen annehmen, dass ein ähnliches Verhältnis auch auf dem Lande für die übrige slavische Restbevölkerung in der ersten Zeit nach der Besitzergreifung des Landes durch die Deutschen bestanden hat, nur dass es dort schneller verwischte und nur geringe Spuren davon, wie z. B. für die Wublitzgegend, auf uns kamen. Aber, als man in den folgenden Jahrhunderten den wahren, in der fremden Nationalität begründeten Ursprung des rechtlichen Verhältnisses vergessen hatte, war es eben dann doch einfach der Fischereibetrieb, der diese Stellung bedingte. Ohne die Kenntnis von der slavischen Abstammung des Fischervolkes müsste uns eine derartig absonderliche Stellung eines einzelnen Wirtschaftszweiges und dessen Repräsentanten im Verfassungsleben eines Staates stets unerklärlich bleiben.

Die Abgaben der Fischergemeinden beschränkten sich, wo sie überhaupt vorhanden waren, zumeist auf solche grundherrlicher Natur; von öffentlichen Abgaben waren sie so gut wie ganz befreit. Dies änderte sich im Prinzip jedoch mit dem Ende des 16. Jahrhunderts; die Fischerordnung vom Jahre 1574[2] enthält die Verfügung, dass die Inhaber einer Fischereigerechtigkeit in Zukunft von dieser Fischerei zu dienen und zu geben haben, wie es die anderen Untertanen tun. Dieser Übergang ist z. B. für die Fischer zu Berlin und Cöln im Jahre 1571 erfolgt; es heisst da in der Bestätigung eines alten Vertrages, dass diese erfolgt sei,[3] „vurnehmblich weil sie solche Fischerei uud Gerechtigkeit hievor frei gehabt, itzo aber schwehrlich verschossn und versteuern müssn." Die Fischergemeinde zu Werder entrichtete bereits im Jahre 1559 den Schosszins.[4] Andererseits wurden im Jahre 1569 die Dämmer

---

[1] Guttmann, a. a. O., S. 142.

[2] Siehe Kap. 3, § 2.

[3] Geh. Staatsarchiv, Rep. 78 IV B, Titel 19, I.

[4] Geh. Staatsarchiv, Rep. 21, 87, 2, 3, Werder.

zu Spandau auf Grund eines Privileges von der Schossabgabe und aller „Unpflicht" befreit;[1]) Bestätigungen dieses Privileges erfolgten mehrmals bis zum Jahre 1713.[2]) Auch für die Kietzer zu Spandau und die Pichelsdorfer enthalten die Erbregister des Amtes Spandau aus dem 16, 17. und 18. Jahrhundert Befreiungen vom Schoss und Zehnten, während z. B. die Fischer zu Hennigsdorf schon im Jahre 1590[3]) Wasserzins und Zehnten entrichten. Es spricht sich eben auch hier wieder der Gegensatz aus zwischen den schon zu einer grösseren Selbständigkeit gelangten Fischergemeinden in der Stadt oder auf dem Lande und den von einem Schloss abhängigen.

Ganz allmählich wuchsen die slavischen Bevölkerungsreste in die neue Landesverfassung hinein und ohne dass die staatliche Obrigkeit dabei nach einem bestimmten, von vornherein festgesetzten Programm verfuhr, gestaltete sich dieser Prozess an den einzelnen Orten verschieden. Von unseren 6 ursprünglich von einem Schloss abhängigen Fischergemeinden hat die zu Hennigsdorf vermöge ihrer vom Schlosse zu Spandau entlegeneren Lage sich zuerst zu einer selbständigen Gemeinde entwickelt. Die Fischer zahlen, wie wir sahen, im Jahre 1590 bereits Wasserzins und Zehnten und beschäftigen sich nebenbei schon mit der Ackerwirtschaft; doch erinnern auch hier noch 12 „Fischerdienste" an den früheren Zustand. Die Gemeinden zu Pichelsdorf und auf dem Kietz zu Spandau wie auch die Potsdamer Kietzer haben ihre ursprüngliche Stellung als landesherrliches Gesinde bis ins 18. Jahrhundert hinein erhalten. Dann wurden auch sie selbständige Verbände, die Spandauer Kietzer und Pichelsdorfer zu Dorfgemeinden und die Potsdamer Kietzer und mit ihnen die Burgstrasser daselbst zu städtischen Innungen. Der Kietz zu Fahrland wurde als Fischerkossätengemeinde den übrigen Kossäten im Dorf gleichgeachtet; doch ist auch hier noch ein gewerblicher Zusammenschluss (gemeinsame Lade und Kasse) gewahrt geblieben.

Wir hätten nun noch auf jene zweite Gruppe von ehemals slawischen Fischergemeinden einen Blick zu werfen, die in Berührung mit einer deutschen Stadt- oder Dorfgemeinde kamen; es sind dies alle übrigen Gemeinden unseres Gebietes mit Ausnahme von Göttin. Hier bei diesen Gemeinden vollzog sich der Germanisierungsprozess wesentlich einfacher und schneller. Wir befinden uns hier mit einer Ausnahme (Ketzin) im Bereich des Klosters und späteren Klosteramtes Lehnin; i. J. 1317 hatte das Kloster das Recht der Grossfischerei auf dieser Havelstrecke erhalten. Das Fischerdorf Göttin stellt in unserem Gebiete insofern ein Unikum dar, als es allein bis auf die Gegenwart wirtschaftlich den Typus eines slavischen Fischerdorfes am reinsten und ausgeprägtesten bewahrt

---

[1]) Geh. Staatsarchiv, Rep. 78, III, S. 68, 4.
[2]) Geh. Staatsarchiv, Rep. 78, IV, S. 11, 13.
[3]) Geh. Staatsarchiv, Erbreg. von Spandau, 1590.

hat, dank seiner günstigen oder besser für den Ackerbau ungünstigen Lage, und ferner nie in Abhängigkeit von irgend einer lokalen deutschen Oberherrschaft gelangte. Es bietet das Dorf Göttin somit inmitten einer weit vorgeschritteneren Kulturlandschaft ein Denkmal seltener historischer Beharrlichkeit bis in die jüngste Zeit, das seinen Grund findet in dem durch die geographische Lage der Siedlung bedingten gleichen Wirtschaftsbetrieb. In den übrigen Gemeinden hat sich die Eingliederung in den deutschen Gemeindeorganismus schnell vollzogen, doch haben auch hier die alten Bevölkerungsreste — in den späteren Jahrhunderten wohl lediglich aus dem gleichen wirtschaftlichen Interesse dazu veranlasst — innerhalb der deutschen Gemeinden eine gewisse Geschlossenheit bewahrt. Die grösseren Fischergemeinden (Werder, Phöben, Ketzin) besitzen Laden, z. T. noch aus dem 17. Jahrhundert. Endlich kommt ein gewisser Unterschied noch zwischen den Stadt- und Dorfgemeinden zum Ausdruck. In der Stadt (Werder und Ketzin) trat der Zunftcharakter deutlicher hervor als auf dem Lande; in Werder konnte sich die Fischergemeinde bereits i. J. 1686 zu einer regelrechten Innung ausbilden. Hier hatten sich also schon jegliche Unterschiede, besonders in Hinsicht der Nationalität, ausgeglichen, und wir haben hier somit das äusserste Gegenstück zu der obigen von einem Schloss abhängigen Fischerbevölkerung. In Ketzin treffen wir die Fischer in der „Wröhe" als „Kleinbürgergemeinde" an. Auf dem Lande wurden die Fischerkossäten schon früh den Ackerkossäten gleichgeachtet, doch finden wir auch hier noch meist einen gewissen durch die gleiche Wirtschaft bedingten Zusammenschluss. Völlig verschwunden sind einmal schon während des ausgehenden Mittelalters die slavischen Fischer zu Paretz und die Kietzer zu Schorin, Uetz und Paaren, bei den letzten drei Dörfern wohl infolge der sich verschlechternden Wasserverhältnisse. Auch in Schmergow gibt es heute keine Fischer mehr.

Indem wir so die Fischereiwirtschaft zur Grundlage gemacht haben für die Beurteilung der Frage nach den Resten slawischer Bevölkerung und Kultur, hat sich uns eine neue Perspektive eröffnet, in der uns die mittelalterliche Kolonisation und Germanisierung des mittleren Havelgebietes und in weiterer Hinsicht der gesamten Mittelmark verständlicher geworden ist. Nach dieser bereits die Ergebnisse der folgenden Untersuchungen zusammenfassenden Übersicht soll uns die innere geschichtliche Entwickelung der einzelnen Fischergemeinden beschäftigen.

§ 4. Geschichte der einzelnen Fischergemeinden an den Potsdamer und Spandauer Gewässern.

1. Die Fischergemeinde zu Hennigsdorf.

In Hennigsdorf kommt der Typus eines ursprünglich sich ausschliesslich von der Fischerei ernährenden Fischerdorfes, dessen alte

Erwerbsquelle jedoch durch den Rückgang der Fischerei, der durch natürliche Veränderungen und künstliche Regulierungen des Havelflusses verursacht wurde, heute zur Bedeutungslosigkeit herabgesunken ist, am deutlichsten zum Ausdruck. Im Jahre 1375[1]) ein Dorf von 9 Häusern, von denen jedes jährlich 2 Schilling zu Martini und Walpurgis gab, dazu 4 Hühner und 20 Eier, ernährte es sich ausschliesslich von der Fischerei, da jeder Ackerbesitz fehlte. Der Hühnerzins war ja in der Kolonisationszeit die übliche Abgabe der Slawen ohne Ackerbesitz.[2]) Der Schulze hatte 2 Hufen, für die er nichts zu zinsen hatte. Nur ein „Henningh" besass eine Hufe, für die er zinste. Vielleicht dürfen wir in diesem Henningh den Schulzen selbst oder doch etwa einen nahen Verwandten des Schulzen gleichen Namens erblicken, der dann seinen Namen auf die Siedlung, die ihren alten slawischen Namen verloren hatte, übertragen hätte, als er als deutscher Schulze dem slawischen Fischerdorf vorgesetzt worden war. Im Jahre 1590[3]) ist der Ort immer noch ein „Fischerdorf" mit 13 Fischern, die nebenbei jetzt auch einigen Acker besitzen. Jeder Fischer gibt 4 Groschen 10 Pfennige Wasserzins. Der Schulze erhielt von jedem Einwohner jährlich 6 gute Pfennige. Die 12 „Fischerdienste" lassen die Herkunft aus ursprünglicher slavischer Wurzel noch deutlich erkennen. Das Fischerdorf gehört „Kurf. Gnaden zum Schlosse Spandau mit Obern- und Niedern Gerichten samt dem Kirchlehen, auch Zinsen, Pächten, Zehnten und aller anderen Gerechtigkeit und Nutzbarkeit." Die Fischer mussten alle Sageblöcke, die man im Amt nötig hatte, fällen, und wenn sie am Wasser angefahren waren, diese zusammenbinden und nach Spandau flössen, ebenso das im Amt nötige Bauholz, doch wurden sie für diese letzte Leistung gebührlich gelohnt; desgleichen mussten sie den Kien für das Amt ausgraben. In der Ernte mussten sie Roggen, Gerste und Hafer, auch das Gras neben anderen Dienstpflichtigen helfen mähen, binden, heuen und wegbringen. Die Dienstpflicht war unbeschränkt; jederzeit, wenn man sie im Amte bedurfte, hatten sie auf Erfordern zu erscheinen, und was ihnen auch in der Herrschaft Sachen zu tun auferlegt wurde, demselben hatten sie Folge zu leisten.

Diese eigenartige Verfassung blieb bis ins 18. Jahrhundert hinein bestehen.[4]) Im Jahre 1652 geben nur 10 Fischer den alten Wasserzins, weitere 3 Fischer geben noch nichts, da sie „ihre Güter ganz wüste angefangen haben". Im Jahre 1704 waren die Naturaldienste für die Feldarbeiten von den 12 Fischern mit einem Dienstgeld von 5 Talern

---

[1]) Lb., S. 23.

[2]) Brückner, a a. O., S. 19, Anm. 44 „Hühnerdörfer".

[3]) Geh. Staatsarchiv, Erbreg. von Spandau 1590.

[4]) Kgl. Regierung zu Potsdam, Dom.-Reg., Erbreg. von Spandau von 1652 u. 1704.

für den Mann abgelöst, während die besonderen „Fischerdienste" noch die gleichen wie im Jahre 1590 waren.

In der Gegenwart ist die Fischerei nur noch von geringer Bedeutung, da im Jahre 1910 von den noch vorhandenen 12 Fischereiberechtigungen bei Anlage des Gross-Schiffahrt-Weges seitens des Staates sehr beträchtliche Teile abgelöst sind.

2. Die Dämmer.

Der Fischerort[1]) Damm bei Spandau ist eine Fischerniederlassung, über deren Entstehen wir nicht klar sehen können. Die Bewohner betreiben ausschliesslich die Fischerei, gehören zum Amte Spandau und ähneln in ihrem Dienstverhältnis vollkommen den Fischersiedelungen slawischen Ursprungs. Wahrscheinlich hatten sich auch hier die slavischen Fischer, die die Fischerei oberhalb Spandaus in der Havel ausübten, auf dem Damm während der Kolonisationsperiode angesiedelt, soweit sie nicht vielleicht schon vorher dort gewohnt haben. Im Jahre 1590[2]) wohnen hier 6 Leute, die „Dämmer" genannt, „seindt aller Schoss und Unpflicht frei". Sie müssen die Herrschaft des Amtes und dessen Befehlshaber, so oft es nötig ist und ihnen angesagt wird, zu Wasser fahren bis auf 2 Meilen, auch bis ins Amt Bötzow. Ebenso sind sie verpflichtet, das Bier, das auf dem Schlosse gebraut wird, in den Keller bringen zu helfen. Ein jeder gibt aufs Schloss 12 Hühner und 12 Groschen Wächterlohn. Über die Befreiung vom „Schoss und jeder Unpflicht" besassen die Dämmer ein Privilegium des Markgrafen Joachim vom Jahre 1569, das wiederum die Erneuerung eines älteren Privileges war, das sie beim Schlossbau verloren hatten.[3]) Dieses Privilegium, das zum letzten Male im Jahre 1713 bestätigt wurde, enthält stets die Verpflichtung der Dämmer, so oft es gefordert würde, die Herrschaft zu Wasser zu fahren. Im Jahre 1643 wurde bestimmt, dass die Dämmer von den neuerworbenen Gütern steuern sollten.[4]) Im Jahre 1875 wurde das Dorf Damm der Stadt Spandau einverleibt.[5])

3. Der Spandauer Kietz (Fischergemeinde zu Tiefwerder).

Der Spandauer Kietz wird zum ersten Mal im Jahre 1319 als „vicus" erwähnt.[6]) Markgraf Waldemar überlässt dem Kalande zu Spandau und auf der Heide Hebungen aus dieser Siedelung. Im Jahre

---

[1]) Von Fidicin, in Territorien der Mark Br., Osthavelland S. XV als „Fischerort" und S. XVIII für das Jahr 1859 als „Fischerdorf" mit 11 Wohngebäuden bezeichnet.

[2]) Geh. Staatsarchiv, Erbreg. von Spandau 1590.

[3]) Geh. Staatsarchiv, Rep. 78, III, S. 68, 4. Bestätigungen vom Jahre 1643 ebenda, R. 78, 169, I, S. 33, und vom Jahre 1688 u. 1713 ebenda R. 78, IV, S. 11, 13.

[4]) Siehe vorstehende Anm. 1643.

[5]) Kuntzemüller, a. a. O., S. 15.

[6]) R., Bd. 11, S. 24.

1375 bestand der Kietz, „prope castrum" gelegen, aus 25 Häusern, von denen jedes jährlich 15 Pfennige an das Schloss zu zahlen hatte.[1]) Die Einwohner werden in den Jahren 1393[2]) und 1409[3]) ausdrücklich als „Wenden" bezeichnet, ihr Gewerbe war die Fischerei.[4])

Im Jahre 1590[5]) wohnten auf dem Kietz 29 „Kietzer", die sich sämtlich allein von der Fischerei ernährten. Im Jahre 1560 hatten sie wegen des Festungsbaues ihre alte Wohnstätte nahe beim Schloss aufgeben müssen und waren vor dem Klostertor auf dem Burgwall und der davorgelegenen Wiese angesiedelt worden, weshalb man sie auch Kietzer und „Borchwaller" nannte. Der Kietz gehörte zum Schlosse „mit aller gnaden und Gerechtigkeit, nichts überall davon ausgenommen". Kirchgang hielten sie zu Spandau, woselbst sie auch Taufe und Begräbnis hatten. Dem Schlosse waren sie für ihre Fischereiberechtigungen zu weitgehenden Diensten „mit dem Leibe zu Wasser und zu Lande" verpflichtet. In der Ernte dienten sie den Kossäten gleich, Laufreisen mussten sie bis zu 2 Meilen Weges tun, ebenfalls bei der Heuernte des Schlosses helfen. Demgegenüber waren sie aber von altersher schoss- und zollfrei. Im Jahre 1704[6]) wohnen auf dem Kietz ebenfalls 29 Kietzer; in ihren Diensten hat sich mit der Ausnahme, dass sie ihre Verpflichtung zum Heuen mit 1 Taler 6 Groschen abgelöst haben, nichts verändert.

Der Kietz hatte eine eigene Dorfverfassung, mit einem Ortsvorstand an der Spitze, der auch die Gerichtsbarkeit inne hatte. Im Jahre 1409[7]) bestimmte der Markgraf Jobst: „Ouch sollen dieselben unsir Wende vor dem richter in der stat zu Spandaw nicht antworten, sunder sie sollen antworten vor unserm richter uff dem Tamme, do sie inghehohren von rechte, is were denne, daz sie brechen in eyme andern gerichte, do musten sie in antworten."

In einem Generalpachtanschlage des Amtes Spandau vom Jahre 1754[8]) treten die weitgehenden Dienste der Kietzer dem Schloss gegenüber klar zutage. 26 „Untertanen zum Kietz und Burgwall" (3 weitere Fischergüter besass der Advokat Nöthing frei) zahlten 8 Taler 8 Groschen 11 Pfennige Wasserzins und mussten, der Schulze ausgenommen, beim Vorwerk Plahn im Augst-Vierteljahr wöchentlich 2 Tage und im Roggen-Augst 6, also zusammen 32 Tage dienen, die

---

[1]) Lb. S. 23.

[2]) Urk. im Besitz der Fischergemeinde zu Tiefwerder, gedruckt Märk. Forsch. Bd. 17, S. 80.

[3]) Wie Anm. 2, S. 82; siehe auch R. Bd. 11, S. 72.

[4]) Siehe 1. Kap., 1. Teil, § 2, Nr. 2.

[5]) Geh. Staatsarchiv, Erbreg. von Spandau vom Jahre 1590.

[6]) Kgl. Regierung zu Potsdam, Dom.-Reg., Erbreg. von Spandau 1704.

[7]) R. Bd. 11, S. 72.

[8]) Geh. Staatsarchiv, Gen.-Direkt. Kurm, Tit. LXXIV, Sekt. c, Nr. 1, gedruckt Märk. Forsch., Bd. 17, S. 122 f.

für sämtliche Fischer mit 50 Taler 18 Groschen 9 Pfennige veranschlagt wurden. Die übrigen dreiviertel Jahr dienten sie bei der Festung und mussten die Festungsgräben im Sommer räumen und im Winter aufeisen. Kamen der König oder fremde Herrschaften auf die Festung, so hatten sie Holz zu hauen, zu schauren und in der Küche zu helfen. Die Schwäne wurden von ihnen jährlich zweimal zum Pflücken zusammengeholt und die jungen Schwäne wurden gelähmt; zur Winterszeit brachten sie die Schwäne von Spandau bis Sakrow zur Fütterung zusammen. Alle herrschaftlichen Briefe bestellten sie bis zu 2 Meilen Weges, wofür sie täglich 9 Pfennig bar erhielten.

Im Jahre 1813 wurden die Kietzer abermals aus ihren Wohnsitzen verdrängt, die bei der Belagerung Spandaus durch die Russen von dem französischen Festungskommandanten in Brand gesteckt wurden.[1] Im Jahre 1816 wurden die Kietzer auf dem „Tiefwerder" neu angesiedelt und erhielten, indem man den Ort „Tiefwerder" nannte, eine eigene Gemeindeverfassung. In dieser Gemeinde haben sich später die alten Kietzfischer als Fischersozietät zusammengeschlossen; die Sozietät hat eine gemeinsame Kasse. Die Fischereiberechtigungen liegen auf bestimmten Grundstücken und konnten unabhängig von diesen bisher nicht veräussert werden. Der jährliche Ertrag einer noch heute ausgeübten Fischerei wird auf 1200 M eingeschätzt.

Die Zahl der die Fischerei ausübenden Fischermeister ist im Laufe der Jahrhunderte sehr stetig gewesen und richtete sich immer nach der Zahl der Fischereiberechtigungen (siehe oben I. Kap., 2. Teil, § 2). Vom Jahre 1590 bis zur Mitte des 19. Jahrhunderts betrug sie 29 und war nur nach dem dreissigjährigen Kriege eine zeitlang auf 18 gefallen.[2] In der zweiten Hälfte des 19. Jahrhunderts verlor die Fischerei an Bedeutung, so dass heute von 29 Berechtigten nur noch 13 im Hauptberuf[3] die Fischerei ausüben, während eine kleine Zahl von Berechtigungen noch verpachtet ist; die übrigen liegen ungenutzt.

4. Die Fischergemeinde Pichelsdorf.

Die Fischergemeinde zu Pichelsdorf,[4] von der es im Jahre 1375[5] nur heisst „servire tenetur", gehörte im Jahre 1590[6] „Kurfürstl Gnaden zu Brandenburg zum Schlosse Spandau mit obern und niedern Gerichten, Diensten und aller anderen Gerechtigkeit". Sie war wie die Kietz-

---

[1] Hegert: Märk. Forsch., Bd. 17, S. 77.

[2] Kgl. Regierung zu Potsdam, Dom.-Reg., Erbreg. von Spandau 1652.

[3] Auch diese haben noch Nebeneinnahmen aus Gartenland.

[4] Fidicin macht den Versuch, für diesen deutschklingenden Namen einen slavischen Ursprung nachzuweisen; Territorien, Osthavelland S. 42.

[5] Lb. S. 23.

[6] Geh. Staatsarchiv, Erbreg. von Spandau 1590.

gemeinde nach Spandau eingepfarrt und bestand aus 14 Fischerfamilien. Diese waren schuldig allerlei Fussdienste zu tun, „wozu man sie benötigt"; auch zu Wasser mussten sie für die Herrschaft mit Kähnen fahren. Vom Fleischzehnt waren sie „von alters" befreit. Laufreisen, wie auch die Reisen zu Wasser brauchten sie nur in der Woche Crucis zu besorgen, wenn die Kietzer ihre Hegewasser fischten; vom Zehnt waren sie frei.[1]) Eine unbeschränkte Dienstbarkeit bringt auch das Erbregister vom Jahre 1652[1]) zum Ausdruck, nachdem sie allerlei Fuss- und Handdienste zu tun schuldig waren, „wann und wozu sie erfordert werden". Auch in dieser Gemeinde stand an der Spitze ein Lehnschulze. Im Jahre 1712 verkaufte z. B. ein gewisser Zützel, Amtsschreiber zu Spandau, der im Jahre 1685, als der frühere Lehnschulze ohne Erben gestorben war, vom Kurfürsten mit dem Lehnschulzengericht beliehen war, dieses für 1600 Taler wiederkäuflich an den Amtskammerrat Grohmann und dessen Frau. Zu dem Lehnschulzengericht gehörte ein Fischergut, das ein gesetzter Schulze bewohnte, Fischereiberechtigung gleich den anderen Fischern, 2 Fischwehre zu je 3 Körben, Hausgarten, 2 Kaveln Wiesen und ein Bierschank, wovon dem Amte jährlich 3 Taler Kruglage zu entrichten waren. Der Schulze musste den Käufern jährlich 6 Taler geben und hatte das Schulzenamt ohne eine Erstattung zu verwalten.[2]) Im Jahre 1754[3]) waren die Dienstverpflichtungen der Pichelsdorfer gegenüber dem Amte Spandau denen der Kietzer gleich, mit Ausnahme des Briefe-Bestellens. Dafür brachten sie auf Ordre des Spandowschen Försters alles Wildpret zu Wasser zum Verkauf und zur Hofstatt nach Berlin und bekamen für das Stück 6 Pfennige Fuhrlohn; Rebhühner mussten sie umsonst tragen. Ihre Dienste beim Vorwerk Plahn waren auf 30 Taler 11 Groschen 3 Pfennige angeschlagen.

Eine geschriebene innere Ordnung nach Art der Innungsstatuten besass gleich dem Kietz auch diese Gemeinde nicht, doch bestanden „heilige Abmachungen" für die Ausübung der Fischerei, besonders der Sonntagsfischerei wegen, die sich in mündlicher Überlieferung traditionell forterbten, heute aber vergessen sind.[4])

Von den 14 Fischerstellen waren im Jahre 1652 nur 10 besetzt; im Jahre 1756 gab es 15 Fischereien am Ort.[5]) Die 15 Fischereiberechtigungen, die heute noch vorhanden sind, wurden in der Mitte

---

[1]) Kgl. Reg. zu Potsdam, Dom.-Reg., Erbreg. von Spandau 1652.

[2]) Geh. Staatsarchiv, Rep. 78, III, P. 24.

[3]) Geh. Staatsarchiv, Gen.-Dir., Kurm., Tit. LXXIV, Sect. c, Nr. 1, gedruckt Märk. Forsch. Bd. 17, S. 122 f.

[4]) Bescheid eines 73 Jahre alten Fischers zu Pichelsdorf.

[5]) Geh. Staatsarchiv, Gen.-Direkt., Kurm. Tit. LXXIV, Sect. c, Nr. 1, gedruckt Märk. Forsch. Bd. XVII, S. 123.

des 19. Jahrhunderts noch von Fischern im Hauptberuf genutzt, heute ist dies nur noch bei 7 der Fall, die übrigen sind nach auswärts verpachtet. Die alte Bezeichnung eines Fischkossäten ist der eines Fischergutsbesitzers gewichen.

5. Der Potsdamer Kietz (die Neustädter Fischerinnung).

Der Kietz zu Potsdam, im Jahre 1349 zum ersten Mal urkundlich bezeugt,[1] erscheint von Anfang an mit dem Schloss zu Potsdam verbunden und in besonderer Abhängigkeit von diesem. Häufig wanderte er als Pfandobjekt aus einer Hand in die andere, z. B. 1349,[1] 1382,[2] 1400[3] und 1456.[4]

Der eigentliche Gewerbebetrieb der auf dem Kietz wohnenden Fischer wurde jedoch von diesen Verpfändungen wenig berührt, und so ist der Kietz für lange Zeiten ein Denkmal slawischer Kultur gewesen. Im Landbuch Kaiser Karls vom Jahre 1375 werden die Bewohner des Kietzes Slaven („Slavi de vico vel Kitz") genannt.[5] Der Kietz Potsdam hat 22 Fischwehre (gurgusta),[6] auf jeden Kietzer entfiel dabei wahrscheinlich eins, da das Erbreg. vom Jahre 1589[7] 22 Kietzer kennt. An Zins zahlten die Kietzer im Jahre 1375 2 Pfund, desgleichen an Bede 24 Schilling, desgleichen an Holzzins 28 Schilling, desgleichen 1 Schock Aale. Der Schulze erhielt 12 Schilling.

Im Jahre 1589 gehörte der Kietz dem Kurfürsten mit Ober- und Niedergerichten zu Wasser und zu Lande, auch mit Zinsen und mannigfachen Diensten; an der Spitze stand ein Lehnschulze, der zu Michaelis und Ostern je 6 Groschen zinste, dazu auf Weihnachten 1 Taler 10 Groschen Zappenzins. Er hielt auf seine Unkosten für den Kurfürst ein Lehenschiff, dagegen war er von den übrigen Diensten befreit. Die 21 „Fischerkossäten" gaben im Jahre 10—16 Groschen Zins, zusammen ausserdem 57 frische Aale. Vom Zehnten waren sie befreit und nach Potsdam eingepfarrt. Bis zum Jahre 1600 gaben die Kietzer ausser dem Vierzeitenpfennig zur Unterhaltung der Kirche oder deren Diener nichts, wurden jedoch in diesem Jahr verpflichtet, gleich den anderen Bürgern in Potsdam der Kirche zu steuern.[8] Es bahnte sich somit durch eine gleiche Pflicht eine allmähliche Ausgleichung der nationalen Unterschiede zwischen der ehemals slawischen und der deutschen Bevölkerung an. Die Kietzer waren verpflichtet, das Sommer- und Wintergetreide aufzuharken und „in die Bande zu bringen"; auch Flachs mussten sie zubereiten. In der Ernte erhält jeder 2 „kulichen" Brod, die Binder und

---

[1] R., Bd. 11, S. 155 — [2] R., Bd. 24, S. 387. — [3] R., Bd. 11, S. 156. — [4] R., Bd. 11, S. 177. — [5] Lb., S. 23.

[6] Im Jahre 1700 waren noch 10 Wehre vorhanden. Geh. Staatsarchiv, Amtsbreviar v. Potsdam 1700; gedruckter Auszug bei Sello, Potsdam und Sanssouci, Breslau 1888.

[7] Geh. Staatsarchiv, Erbreg. v. Potsdam 1589, gedruckt im Auszug wie vorige Anm.

[8] Stadtarchiv zu Potsdam, IV, 119. Gedruckt bei Sello, a. a. O., S. 270.

Harker jeder 1 Käse, auch Kohl und gekochte Fische; ausserhalb der Ernte bekommen sie an jedem Tag, den sie im Amte dienen, 1 „keulichen" Brod und „coventt" zu trinken. Jeder Hausgenosse auf dem Kietz musste im Jahre 2 Garne spinnen; dafür erhielt er 2 „keulichen" Brod. Ausserdem hatten die Kietzer Wiesen zu mähen, Gärten zu bepflanzen, die Weinberge in baulichem Zustande zu halten, endlich mit Briefen 4 Meilen Weges zu laufen und zu Wasser ebensoweit zu fahren, im Schlosse die Gemächer zu reinigen „und was der Dienste mehr sein, müssen sie alle tun." Im Amtsbreviar vom Jahre 1700[1]) kommt dasselbe unbeschränkte Dienstverhältnis zum Ausdruck: „Die Kietzer müssen das ganze Jahr durch alle Tage dienen". Sie geben Aalzins 4 Taler 12 Groschen, von 10 Wehren je 4 Taler, Dienstgeld jeder 5 Taler.

Im Jahre 1540 mussten die Kietzer auf den 7 jährlichen Märkten auf eigene Unkosten vorm Schlosse und in den Toren den Zoll einnehmen; der Amtmann konnte dazu so viel anstellen als er bedurfte.[2])

Auf dem Kietz bestand ein Schulzengericht,[3]) zu dem ein „Bierschank oder Kruggerechtigkeit" gehörte. Neben Vergünstigungen an Fischerei und Wiesenbesitz erhielt der Richter von jedem Erben auf dem Kietz 6 Pfennige. Im Jahre 1684 betrug der Kaufpreis dieses Schulzengerichtes 320 Taler, wovon 220 Taler für das Fischererbe und 100 Taler für das Lehen galten; im Jahre 1630 war das Gut auf 131 Taler 18 Groschen, das Lehen auf 127 Taler 6 Groschen angeschlagen worden.[4])

Die Zahl der besetzten Fischerstellen unterlag Schwankungen, obgleich die Zahl der Berechtigungen sich ja stets auf 22 hielt (siehe oben 1. Kap., 2. Teil, § 2). Im Jahre 1590 waren alle 22 Stellen besetzt. Im Jahre 1631 wurde die Hälfte der auf dem Kietz befindlichen Häuser von den schwedischen Soldaten eingerissen, so dass nur 11 Kietzer übrig blieben; die anderen begaben sich grösstenteils nach anderen Orten und liessen ihre Hofstellen liegen.[5]) Im Jahre 1633 sind 12 Fischerstellen[6]) besetzt, 1673 gar nur 7,[7]) 1700 wieder 12,[8]) bis es um die Mitte des 19. Jahrhunderts wieder 22 waren. In der Gegenwart wird von 13 Berechtigten die Fischerei selbst ausgeübt, 9 Fischereien sind verpachtet; nur 2 Berechtigungen dienen nicht als Haupterwerb.

---

[1]) Geh. Staatsarchiv, Amtsbreviar von Potsdam 1700.

[2]) Sello, Potsdam und Sanssouci, Urk. u. Akten Nr. 15, S. 219.

[3]) Geh. Staatsarchiv, Rep. 78, Bd. III, P. 38.

[4]) Mitteilungen zur Geschichte Potsdams, 1883, Neue Folge, 3. Teil.

[5]) Amtsinventar vom Jahre 1650 bei Fidicin, Geschichte der Stadt und Insel Potsdam, Berlin 1858, S. 99 ff.

[6]) Aus einem Aktenstück in der Kietzlade.

[7]) Geh. Staatsarchiv, Rep. 78, Bd. IV, 9, 6, 4.

[8]) Geh. Staatsarchiv, Amtsbreviar vom Jahre 1700.

Wie sich beim Kietz zu Potsdam durch das nähere Verhältnis der Wenden zur Landesherrschaft die lange Sonderung der beiden Nationalitäten erhalten hatte, so bewirkte dieses auch eine enge Abgeschlossenheit zur benachbarten Stadt Potsdam. Die Stadt suchte sich gegen das Eindringen der Kietzer in den städtischen Organismus zu wehren, da dem Erwerb freien Grundeigentumes in der Stadt und ihrer Aufnahme in die Bürgerschaft jenes aus ihrer Kietzer-Eigenschaft entspringende Abhängigkeitsverhältnis zum Amte entgegenstand. Ferner galt ja die Abkunft von wendischen Eltern als ein Hindernis für die Erlangung des Bürgerrechtes. Im Jahre 1573 kam es jedoch zu einem Vertrag[1]) zwischen dem Rate und einem Kietzer, der 2 Bürgergärten vor dem Kietztor erblich gekauft hatte, welchen Kauf der Rat jedoch nicht gestatten wollte, weil „er aufm Kietz wohnt und kein Bürger ist, noch Dienst und Schösse davon erlegt". Der Kietzer verpflichtet sich einen Taler für die Bürgerschaft zu erlegen, auch jährlich und erblich für die bürgerlichen Dienste von dem Garten einen Gulden und Pfundschosse nach der Taxe gleich anderen Bürgern zu geben. Auch soll er kein Haus in dem genannten Garten bauen, noch Sitz haben sein Handwerk zu treiben. Der Kietzer bleibt also nach wie vor von dem städtischen Wirtschaftsbetrieb ausgeschlossen.

Gänzlich eingewachsen ist der Kietz dann in den Stadtkörper, als König Friedrich Wilhelm I. im Jahre 1722 den Kietz mit der Stadt vereinigte und ihn der städtischen Gerichtsbarkeit unterstellte. Die Kietzer wurden von allen Amts- und anderen Diensten befreit und sollten hinfort „als Bürger traktiert" werden.[2]) Seit dieser Zeit führt das ehemalige Fischerdorf den Namen Kietzstrasse.

Die Fischergemeinde bestand in ihrer wirtschaftlichen Geschlossenheit fort und hatte im Jahre 1797 schon eine gemeinsame Sterbekasse.[3]) Erst im Jahre 1823 wurde sie zur Innung unter dem Namen „Neustädter Fischer-Innung". Eine gemeinsame Innungskasse bringt auch heute noch den Innungscharakter zum Ausdruck, an der Spitze steht ein von den Fischern gewählter Obermeister.

6. Die Burgstrasser zu Potsdam (die altstädtische Fischerinnung).

Ob wir dieser Innung einen Ursprung aus slavischer Wurzel zuschreiben können, muss dahingestellt bleiben.[4]) Im Landbuch Kaiser Karls vom Jahre 1375 nicht erwähnt, wird im Jahre 1451 diesen Fischern

---

[1]) Potsdamer Stadtbuch, Stadtarchiv zu Potsdam; im Auszug bei Sello, a. a. O. 211.
[2]) Kgl. Regierung zu Potsdam, Dom.-Reg., Paq. XII, 5, Amt Potsdam.
[3]) Akten in der Lade der Fischerinnung.
[4]) Wendt möchte in den „Burgfischern" Potsdams ein Analogon zu den slavischen Fischern auf dem Burgwall im See bei Bernstein in der Neumark sehen, eine Ansicht, die durch die gegenwärtige archäologische Aufdeckung einer umfänglichen Slavenburg dicht bei der Fischersiedelung Beachtung verdient. Wendt, a. a. O. II, S. 36.

durch den Kurfürsten Friedrich II. bereits die kleine Fischerei bis zur Nedlitzer Fähre zuerkannt.[1]) Die nächste Nachricht von dieser Gemeinde stammt aus dem Jahre 1570.[2]) Wenn wir der Aussage des Amtsschreibers und Schulzen auf dem Kietz zu Spandau von diesem Jahre Glauben schenken dürfen, so sind der Burgstrasser zu Potsdam „vor alters über 4 oder 5" nicht gewesen, die sich jedoch ohne die Knechte bis zu diesem Jahr auf 28 Fischer vermehrt hatten. Ob nun slavischen Ursprunges oder nicht, von einer slavischen Fischergemeinde können wir in diesem Falle nicht mehr reden, denn der Zustrom neuer Fischer ist sicher deutscher Nationalität gewesen. Wir haben hier somit den seltenen Fall, dass sich an einem märkischen Wasser eine Fischergemeinde erst in deutscher Zeit herausgebildet hat. Es lässt sich dieser Vorgang am besten auf die Weise verstehen, dass von den Bürgern der Stadt, denen nach Art der für Rathenow geschilderten Verhältnisse[3]) eine wilde Fischerei zustand, gewisse Leute bezüglich ihres Gewerbes das Hauptgewicht allmählich auf die Fischerei legten, welche Spezialisierung bei einer aufblühenden Stadtgemeinde des 16. Jahrhunderts ja durchaus möglich wurde. Im Jahre 1518 führten diese Fischer zum Unterschied von den Garnherren den Namen „Hamherren".[4]) Die Fischer gehörten als Bürger zur Stadt, ihr Gewerbe auf den landesherrlichen Gewässern verpflichtete sie andererseits auch wieder dem Amte. Die einzelnen Mitglieder der Burgstrasser-Fischergemeinde waren einer bestimmten Ordnung unterworfen, für deren Befolgung der Rat der Stadt Sorge trug. So ordnete im Jahre 1573[5]) dieser auf die Klagen unter den Fischern wegen unzeitigen Fischens an, dass die Fischer am Sonnabend oder sonst am heiligen Abend von der Fischerei ablassen und zu Lande ankommen sollten, wie auch am folgenden Feiertag und Sonntag samt der nächsten Nacht bis am Montag Morgen die Fischerei ruhen sollte. Der Zuwiderhandelnde verfiel jedesmal dem Rate mit einer Tonne Bier, wie schon seit alters gewöhnlich war. Andererseits fühlte sich der Rat verpflichtet, die Fischer bei Streitsachen mit Fremden zu unterstützen. So findet sich in der Kämmereirechnung vom Jahre 1571/72 unter den Ausgaben eine Summe (13 sch. 20 Gr. 2 Pf.), die die Stadt Unkosten hatte (Advokatengeld und Zehrpfennige bei den Reisen nach Berlin) bei einem Streit der Fischer mit denen von Stechow über die Gerechtigkeit auf dem Lehnitzsee.[6]) Desgleichen beschwerte sich der

---

[1]) Original im Stadtarchiv zu Potsdam, gedruckt bei R. Bd. 11, S. 172.

[2]) Geh. Staatsarchiv, Rep. 78, Bd. IV, 9, 6, 4, gedruckt Märk. Forsch. XVII, S. 98

[3]) Siehe Kap. 1, 1. Teil, § 3, Nr. 3.

[4]) Urk. und Aktenstücke Nr. 12 bei Sello, Potsdam und Sanssouci, Breslau 1888. Der „Hamen" ist ein Fischerzeug.

[5]) Potsdamer Stadtbuch; siehe Urk. und Aktenstücke bei Sello, a. a. O., S. 211 ff.

[6]) Stadtarchiv zu Potsdam, IV, 118; gedruckt bei Sello, a. a. O., S. 230 ff.

Rat der Stadt im Jahre 1572 beim Kurfürsten darüber, dass den Bürgern die Fischerei verboten sei, die sie doch seit 50—70 Jahren nachweislich betrieben, und bat bei der grossen Armut der Fischer diesen die Fischerei wieder zu gestatten[1] Dieses Verbot war vermutlich im Anschluss an den durch Achatius im Jahre 1570 aufgestellten Vergleich erfolgt.[2]

Dem Amte waren die Burgstrasser Wasserzinsen schuldig. Sie zahlten im Jahre 1589 für die Fischerei auf den kurfürstlichen Wassern 7 Taler 2 Groschen,[3] wie jeder, der sich von der Fischerei auf den kurfürstlichen Wassern ernährte, ins Amt Potsdam jährlich 10 Groschen 8 Pfennige geben und während der Ernte jede Woche 2 Tage, sonst in 14 Tagen 1 Tag ins Amt dienen musste. Danach scheint in jener Zeit den Bürgern bis zu einer bestimmten Anzahl[2] die Fischerei freigestanden zu haben, was dann aber allmählich, wie schon vorher bemerkt, zu einer festgeschlossenen Fischergemeinde geführt hat. Die Burgstrasser hatten „vermöge der alten Register" ein jeder bei seiner Kost, „er fische oder fische nicht", jährlich einen Klafter Holz für das Amt zu hauen. Dazu waren sie wie alle anderen Fischer zu Potsdam verpflichtet, den Kurfürsten und dessen Diener mit Kähnen zu fahren. Im Jahre 1650 wohnten in der Burgstrasse neben 4 Garnmeistern 9 Fischer, „so sich des Fischens gebrauchen". Sie dienen dem Amt dafür „uf gewisse Mafse", wie jeder, der „sich im Städtlein Potstamb oder uff der Burgkstrassen der Fischerey gebraucht, schuldig zu dienen ist, sonsten aber nicht.[4] Trotz ihrer deutschen Nationalität hatte die Ausübung der Fischerei auch diese Fischer in gewissem Sinne hörig gemacht. Doch unterschieden sie sich durch die Begrenzung ihrer Dienste immer noch von den slavischen Kietzfischern.

Im Jahre 1700 gingen in der Burgstrasse nur noch 5 Anwohner dem Fischerwerb nach, während „allhier vor alters 16 Fischer oder Kleinzieher gewohnt"; die „übrigen sind zum Teil wüste, teils aber von den bewohnten fischen nicht".[5] Diese 5 Fischer entrichteten ans Amt an Zins-, Zuhr- und Holzhauergeld jeder 18 Groschen 8 Pfennige und Dienstgeld jeder $1\frac{1}{2}$ Taler. Ausserdem aber müssen die, welche die „Fischernahrung wirklich betreiben", in 14 Tagen einen, in der Ernte aber wöchentlich 2 Tage mit der Hand dienen und werden dabei gespeist. Die Vergünstigung den Kietzern gegenüber, die ja 5 Taler Dienstgeld gaben und alle Tage im Jahr zu dienen hatten, kommt hier deutlich zum Ausdruck.

---

[1] Geh. Staatsarchiv, Rep. 21, 124.

[2] Siehe 1. Kap., 2. Teil, § 2, Nr. 3.

[3] Erbregister von Potsdam 1589, Sello, a. a. O., S. 253 ff.

[4] Amtsinventar vom Jahre 1650 bei Fidicin, Geschichte der Stadt und Insel Potsdam, Berlin 1858, S. 99 ff.

[5] Amtsbreviar von Potsdam 1700, siehe Sello, a. a. O., S. 351 ff.

Im Jahre 1722 wurden die Burgstrasser, die im Jahre 1700 noch den Abschoss dem Amte zuführten, ganz der Stadt Potsdam eingemeindet und von der Kriegs- und Domänenkammer aller Amtsprästationen für frei erklärt, doch hatten sie das Schwanengreifen nach wie vor allezeit, so oft es erfordert wurde, zu verrichten.[1]) Während der Regierungszeit Friedrich Wilhelms I. hatten sich die Burgstrasser wieder auf 22 vermehrt und erhielten Häuser gebaut.[2]) Dabei führten die Fischer selbst im Jahre 1738 Klage, dass jedem „verlaufenen Kerl" zu fischen erlaubt würde, „so aber denen, so eigene Häuser hätten und Einquartierung nebst andern bürgerlichen Lasten tragen müssen, höchst projudizirlich wäre, inmaſsen sie auch dieserhalb nicht einen Knecht behalten könnten, als welche sogleich lieber ihre eigene Herren würden, und durch Plünderung der Gewässer selbst ihren Unterhalt schaffen, als andern gut tun wollen."[3])

Ende des 18. Jahrhunderts schlossen sich die Burgstrasser zu einer Innung zusammen, die zur Zeit 25 Mitglieder zählt. Die Innung besitzt eine gemeinsame Innungskasse, an der Spitze steht ein Obermeister.

7. Der Kietz zu Fahrland.

In dem Landbuche vom Jahre 1375 wird als zu einem Schloss gehörig zu Fahrland neben einem Städtchen ein Kietz folgendermassen erwähnt: „Up dem Kitze sind X huesser besettet, eyn islik gyfft alle Jar X groschen facit $1^{1}/_{2}$ schogk groschen und X. Darsulves up deme Kitz sind wusthe V erve".[4]) Es hatte hier in Fahrland also ehemals eine Kietzsiedlung mit 15 Kietzerstellen bestanden, von denen 10 noch besetzt waren. Diese 10 Kietzerstellen haben bis in die Neuzeit hinein unverändert fortbestanden. In den Jahren 1450 und 1480 sind diese 10 „Fischereien" vorhanden und zinsen jede 10 Groschen und zu Rutenzins $^{1}/_{2}$ Schock;[5]) desgleichen finden wir diese 10 Fischer oder Kietzer im Jahre 1624 im Schosskataster wieder.[6]) Im Jahre 1704 dagegen sind in Fahrland gleich den Bauern und Kossäten, wahrscheinlich infolge der Kriegsnot des 17. Jahrhunderts, auch die Kietzer ihrer Zahl nach zurückgegangen und zwar auf 6.[7]) Im 17. Jahrhundert sollen neben den 10 Kietzern einmal 2 „Halbkietzer" auf dem Kietz zu Fahrland ansässig gewesen sein,[8]) eine Bezeichnung, die sich wohl daher erklärt, dass 2 Leute je zur Hälfte eine Kietzerstelle bewohnten. Auf Befehl König Friedrich I. sollten die wüsten Kietzerstellen wieder aufgebaut werden, was dann

---

[1]) Akten in der Lade der Innung.

[2]) Fidicin, Geschichte von Potsdam, S. 47.

[3]) Geh. Staatsarchiv, Gen.-Dir. Kurm., Tit. CXV, Sect. O, 13, Fischer Nr. 1.

[4]) Lb. S. 23. — [5]) Lb. S. 317.

[6]) Geh. Staatsarchiv, Schosskataster vom Jahre 1624.

[7]) Geh. Staatsarchiv, Erbreg. von Fahrland 1704.

[8]) Geh. Staatsarchiv, Breviarium des Amtes Potsdam vom Jahre 1700.

auch nach und nach geschah.[1]) Es dienten die Kietzer den übrigen Kossäten im Dorfe gleich „wöchentlich 6 Tage mit der Hand und im Augst-Vierteljahr selbander." Der Dienst war angeschlagen auf 7 Taler für jeden. An Deputat bekam jeder Kietzer gleich den Kossäten 12 Scheffel Roggen und 6 Scheffel Gerste.[2]) Um diese „Hofdienste" wurde in der ersten Hälfte des 18. Jahrhunderts von den Kietzern mit dem Amt wiederholt lebhaft Streit geführt.[3]) Jeder Kietzer musste ferner, wenn er verstarb oder wegzog, „zum Hoffgewehr lassen einen gutten kahn", während die Bauern 2 Pferde, der Ackerkossät nur 1 Pferd oder Ochsen zurücklassen mussten.[4])

Bis in die dreissiger Jahre des 19. Jahrhunderts betrieben die 10 Kietzer oder Fischerkossäten, wie sie jetzt genannt wurden, allein das Fischergewerbe und ernährten sich ausschliesslich neben ein wenig Gartenland davon. „Wenn es sich auch kärglich dabei lebte, man musste eben zufrieden damit sein."[5]) Im weiteren Verlauf des 19. Jahrhunderts haben sich nun die wirtschaftlichen Verhältnisse vollkommen verändert. Bei der Separation erhielt jeder Kietzer 6 Morgen Weideland für das Vieh (2—3 Kühe gewöhnlich), das bislang mit auf die Bauernweide getrieben war, und 3 Morgen Ackerland. Der „Hofedienst", der dem Amt zu leisten war und in der letzten Zeit 4 Tage in der Woche betragen hatte, wurde durch eine Rente abgelöst, die heute bereits abgetragen ist. Einen wirtschaftlichen Schaden brachte der Fischerei die Anlegung des Sakrow-Paretzer Kanals im Jahre 1875, wobei der Fahrländer See durch Buhnen abgesperrt wurde vom eigentlichen Strom, durch den der Fisch nun seinen Lauf nahm. Als Entschädigung bekam jeder Fischerkossät im Jahre 1895 3000 M.; die Fischereiwirtschaft hatte ihre ursprüngliche Bedeutung eingebüsst.

Heute wird die Fischerei, die bei der Besteuerung auf 200—300 M. eingeschätzt wird, mit einer Ausnahme nur noch gelegentlich ausgeübt Ausser der Kietzstrasse, an der die Fischerkossäten nebeneinander wohnen, und einer Kietzerheide in der Feldmark erinnert heute nichts mehr an eine ehemalige Kietzsiedlung.

8. Die Fischerinnung zu Werder.

Dass die Werdersche Fischerinnung aus einer slavischen Fischergemeinde hervorgegangen ist, beweist das Vorhandensein eines Kietzes. Dieser „Fischerkietz", der heute der Vergessenheit anheimgefallen ist,

---

[1]) Akten in der Lade der Fischerkossäten.

[2]) Geh. Staatsarchiv, Erbreg. von Fahrland 1704.

[3]) Akten in der Lade der Fischerkossäten.

[4]) Geh. Staatsarchiv, Amtsbreviar von Potsdam 1700.

[5]) Angabe des 86-jährigen Fischerkossäten Fleschner zu Fahrland, wie auch für das Folgende.

ist für das Jahr 1784 noch bezeugt.[1]) Zum ersten Male erwähnt werden die Werderschen Kleinfischer im Jahre 1317,[2]) wo sie von ihrer Kleinfischerei bereits Zins geben, und zwar dem Kloster Lehnin, da diesem die Gewässer in dem Jahre vom Markgrafen beigegeben wurden (siehe 1. Kap., 1. Teil, § 2, Nr. 4). Im Jahre 1474[3]) ferner erwähnt, erfahren wir jedoch über den eigentlichen Gewerbebetrieb dieser Fischer im Mittelalter nichts. Im Jahre 1559 finden wir sie als „Fischer und Bürger" zu Werder wieder;[4]) der Hauptmann zu Potsdam hatte ihnen verboten, die „Gruben bei Geltow gelegen" zu befischen; sie bitten den Kurfürsten, ihnen diese Fischerei wieder freizugeben, da sie Schoss und Zinsen zahlen müssten, diese zu entrichten ihnen jedoch jetzt bei ihrer Armut unmöglich sei.

Im Jahre 1686 erhielten die Fischer zu Werder auf ihre Bitte um Konfirmation „einiger zu guter Ordnung und Einigkeit unter ihnen gereichender Punkten" vom Kurfürsten eine Ordnung.[5]) Danach sollen im Städtlein Werder nicht mehr als 12 „Klein-Tauer oder Klein-Netzer-Fischermeister" sein. Diese mussten jährlich 27 Taler 9 Groschen und 6 Pf. an den kurfürstlichen Fischmeister zu Cöln abführen. Ein „Junge" soll 2 Jahr in der „Lehr" aushalten und bei seiner Annahme 1 Taler in die Lade geben, nach Ablauf der Lehrzeit aber 5 Taler Lehrgeld seinem Meister. Das Geld, das in die Lade kommt, darf nicht zur Sauferei, sondern muss zu der Armen und Kranken Notdurft angewendet werden. Stirbt ein Fischermeister, so ist die Witwe befugt, solange sie im Witwenstande verbleibt, ihre Fischernahrung durch einen Lehrjungen fortzusetzen. Heiratet ein Fischer, der ehrlich ausgelernt hat, eines Fischermeisters Witwe, so soll er 2 Taler 12 Groschen in die Lade geben und angenommen werden; heiratet die Witwe einen anderen, so hat sie die Fischereigerechtigkeit verloren. Für den Eintritt in die Innung ist der Nachweis einer ehrlichen Geburt erforderlich. Bei „Kriminallastern, als Ehebruch, Hurerey, Diebstahl u. dergl." entscheidet die Gerichtsobrigkeit über die Strafe und erkennt, ob der Betreffende der Fischereigerechtigkeit verlustig gehen soll. Stiehlt ein Meister oder Lehrjunge ein Stück Fischerzeug aus dem Wasser oder löst einen Fisch von fremdem Gerät ab, geht er der Gerechtigkeit verlustig. Stirbt einer von den 12 Meistern, so kann sich ein anderer mit 5 Talern, die in die Lade kommen, einkaufen. Ein „Meisterstück" wird nicht gefordert, nur sind die Netze vorzuzeigen, ob sie der Fischerordnung gemäss sind.

---

[1]) Schönemann, Diplom. u. Topograph. Geschichtsbeschreibung der Stadt Werder, Potsdam 1784, S. 59.

[2]) R. Bd. 10, S. 233.

[3]) R. Bd. 10, S. 333; siehe oben 1. Kap., 1. Teil, § 2, Nr. 4.

[4]) Geh. Staatsarchiv, R. 21, 87, 2, 3, Werder.

[5]) Original in der Lade der Innung; gedruckt Märk. Forsch. Bd. 17, S. 113.

Wer von auswärts kommt, muss beweisen, dass er ehrlich ausgelernt habe. Eines Meisters Sohn oder Tochter geben nur die Hälfte. Fremde Fischer dürfen sich nicht eindrängen. Die Meister können ihm dann den Kahn und das Fischerzeug wegnehmen, auch kann in diesem Fall der kurfürstl. bestallte Fischmeister eine Geldstrafe verhängen, wovon die Lade den vierten Teil erhält. Die Sonntagsfischerei ist bei 2 Taler Strafe, die ebenfalls der Lade zukommen, verboten. Beleidigt jemand die Werderschen Netz-Fischmeister und schilt sie „vor Fuscher“, so sollen die Gerichte auf eine Geldstrafe erkennen, deren vierter Teil ebenfalls der Lade zufällt. Die Haus- und Mietsleute oder ledigen Handwerksgesellen dürfen nicht fischen, allein die gesessenen Bürger oder Bauersleute können, soweit sie von alters dazu berechtigt, mit der Fusswade ein Gericht Fische fangen. Endlich sollen in den „thalichten und grundichten Wiesen“ keine neuen Fischwehre angelegt werden. Die Ortsobrigkeit hat darüber zu wachen. Zu Walpurgis sind die Bruchwehre zu öffnen, damit der junge Samfisch den Durchgang zum Strom hat und nicht den Raben zuteil werde. Im übrigen haben sich die Fischer nach der Fischerordnung und dem Kommissionsrezess vom Jahre 1683 zu richten.[1]) Den Garnmeistern zu Werder und Phöben sollen sie an ihren Zügen keinen Eintrag tun, widrigenfalls Bestrafung erfolgen würde.

Neben diesen 12 Fischermeistern gab es im Jahre 1686 noch 10 „unkonzessionierte“ Fischer,[2]) die die Fischerei mit einer Ausnahme nicht gelernt hatten, anscheinend jedoch in den im Laufe des 17. Jahrhunderts wüst gewordenen Fischerstellen sassen. Als diese gegen die Ordnung Einspruch erhoben, liessen die Fischermeister noch 5 von diesen zu, doch nur unter der Bedingung, dass sie keinen Lehrjungen annehmen dürften. Im Jahre 1702 bereits an Zahl 18,[3]) vermehrten sie sich bis zum Jahre 1729 auf 29[4]) und im Jahre 1748 auf 35.[5])

Im Jahre 1739 errichtete der Rat zu Werder eine Ordnung für sämtliche (es waren 23) „Fischer und Bürger“ zu Werder. Veranlasst wurde der Rat hierzu durch die Beschwerde des Pfarrers, dass die Fischer und ihre Knechte, von der Arbeit in der Nacht zum Sonntag müde, am Sonntag nicht die Kirche besuchen könnten. Es wird bestimmt, dass vom Sonnenuntergang am Sonnabend bis zum Sonnenuntergang am Sonntag die Fischerei ruhen soll. Zuwiderhandelnde werden mit 1 Taler, das 2. Mal mit 2 Taler bestraft, die halb dem Amt, halb der Lade zufliessen. Beim 3. Mal soll eine empfindliche Leibesstrafe in Anwendung

---

[1]) Märk. Forsch. Bd. 17, S. 108 ff.
[2]) Akten in der Lade der Innung, Copialbuch, S. 101.
[3]) Ebenda, S. 119.
[4]) Ebenda, S. 139.
[5]) Ebenda, S. 160; siehe oben, 1. Kap., 2. Teil, § 2, Nr. 5.

kommen. In der Laichzeit darf jedoch jeder Fischer, nicht aber die Knechte, nach Gefallen ausfahren. Ferner bestimmt die Ordnung für die Ausübung der Fischerei innerhalb der Gemeinde: Wenn auf dem Schwielowsee gefischt wird, sollen die Fischer alle zugleich ihre Netze herausnehmen, auch darf keiner 2 „Schicht" stellen bei 1 und 2 Taler Strafe. Auf den „Golm" hat bei gleicher Strafe niemand heimlicher Weise allein hinzufahren und Maresen-Netze auszustellen, sondern es hat dies jederzeit von allen gemeinsam zu geschehen. Tut jemand Pfandkehrung oder schilt diejenigen, die ihn überraschen, so ist er doppelter Strafe oder Leibesstrafe verfallen.[1]

Während der zweiten Hälfte des 18. Jahrhunderts hielt sich die Zahl der Fischer auf 35.[2] Bei der ökonomischen Wertschätzung der Fischnahrung seitens der Kammer verfügte diese im Jahre 1782, der Magistrat zu Werder habe darauf zu achten, dass die Vernachlässigung der Fischerei unter dem Vorwande einer anderen „Handthierung" nicht gestattet werde. Es findet sich ein solcher Gedanke in der Geschichte der Fischerei hier zum ersten Mal ausgesprochen, und er wird verständlich aus den auch anderwärts[3] in dieser Zeit erkennbaren Bemühungen der Regierung, den Preis für die Fische durch ein grosses Angebot möglichst niedrig zu halten.

Aufs neue wurde im Jahre 1783 durch den Rat der Stadt Werder die Sonntagsfischerei geregelt.[4] Bis Sonnabends Nacht 12 Uhr dürfen die Knechte „zum Erwerb einiges Biergeldes" fischen, doch nur mit dem Flock und den Aalpuppen; dabei sollen immer 2 Knechte von 2 Meistern einen Kahn haben und den Fang unter sich teilen. Das Fischen mit Netzen wird mit 48-stündigem Arrest bestraft. Sollte ein Fischermeister mit seinem Knecht bei dieser Nachtfischerei gemeinsame Sache machen, so verfällt er einer Strafe von 2 Talern und 16 Groschen Pfandgeld.

Ein besonders strenges Regiment führte zu Ende des 18. Jahrhunderts über die Fischerinnung der damalige Bürgermeister der Stadt Werder, Schönemann. Im Jahre 1789[5] wählte dieser aus der Innung 10 Fischermeister als „Altmeister" aus, unter denen die Altmeisterschaft jährlich abwechseln sollte. Der nächstfolgende Meister war immer Nebenmeister. Was diese 10 Altmeister zum Besten der Innung beschlossen, dem mussten sich die übrigen Mitglieder ebenfalls unterziehen. Es hatten sich nämlich durch die jährliche Annahme eines neuen Altmeisters, besonders durch die vielen unerfahrenen Mitglieder begünstigt, mancherlei Unordnungen ergeben.

---

[1] Akten in der Lade der Innung, Copialbuch S. 145.
[2] Ebenda, S. 183.
[3] Siehe I. Kap., 2. Teil, § 3, am Ende.
[4] Akten in der Lade der Innung, Copialbuch S. 257.
[5] Akten in der Lade der Innung, Copialbuch S. 273.

Im Jahre 1791 richtete die Innung eine Sterbekasse ein,[1] da die bei Sterbefällen bisher freiwillig aufgebrachten Unterstützungen, was durch die Fischer auf einmal geschehen war, diesen zu schwer gefallen seien. Jeder Meister zahlt bei Annahme 12 Groschen in die Kasse. Jeder Fischermeister oder jede die Fischerei betreibende Witwe geben monatlich 1 Groschen. Wer im Zahlen zurückbleibt, soll durch rechtliche Hülfe dazu angehalten werden. Das Geld wird vom Altmeister und zwei in gutem Ruf stehenden Meistern eingenommen und wird in der Lade verwahrt. Dem Magistratsbeisitzer ist am Hauptquartal Rechnung zu legen. Bei Sterbefällen der Meister werden 8 Taler, der Frauen 6 Taler ausgezahlt. Auf die die Fischerei nicht mehr ausübenden „Altfischer" findet diese Kasse keine Anwendung. Stirbt ein Fischermeister, so soll die Witwe, wenn der Tod zur Zeit, wann die Fischer „in Commune" fischen, eintritt, noch 6 Wochen ihren Anteil vom Fang haben, andernfalls sie 6 Wochen eine Unterstützung von täglich 6 Groschen erhält. Den Schaden von Unglücksfällen, der durch Eis oder andere Unfälle beim Commune-Fischen verursacht wird, will die ganze Innung tragen.

Dass in der Innung gute Ordnung gehalten wurde, zeigt ein umfängliches Strafbuch[2] aus der zweiten Hälfte des 18. Jahrhunderts. Vergehen gegen die Fischerordnung, mündliche Verabredungen gegen die Innungsordnung werden mit einigen Talern Strafe belegt; ein Betrug wird z. B. mit 3 Taler geahndet, ausserdem darf der Fischer nie Innungsmeister werden. Konfuse Berechnung zweier Meister hat die Deckung von 10 fehlenden Talern durch diese zur Folge. Im Jahre 1781 wird die gesamte Innung durch den Bürgermeister Schönemann wegen Toddenfischerei zu 2 Taler Strafe verurteilt; 1780 müssen 2 Fischer wegen unbefugten Fischens 24 Stunden Gefängnis erleiden. Im Jahre 1783 zahlen 8 Fischer wegen Sonntagsfischerei an den Pritzstabel jeder 1 Taler; ferner erhalten 2 Altmeister je 1 und 4 Tage Arrest und 22 Fischer zahlen jeder 1 Taler, weil sie den Pritzstabel bestochen und das Todden betrieben haben. In dieser Weise werden noch in vielen Fällen wegen Grenzüberschreitung, wegen Grobheit gegen die Altmeister u. ä. Geldbussen und Arreststrafen verhängt.

Waren die Werderschen Fischer die ersten und auch eigentlich zugleich die einzigen in unserem Gebiet, die sich streng innungsmässig organisiert hatten, so hat sich auch diese Organisation bei ihnen am längsten wirksam erwiesen. Noch heute werden Lehrlinge nach Verlauf einer bestimmten Lehrzeit vermöge eines Briefes zu Gesellen gemacht.[3]

---

[1] Akten in der Lade der Innung, Copialbuch S. 275.

[2] Dieses Strafbuch befindet sich in der Lade der Innung.

[3] Nach Angabe des Obermeisters hat die Innung im Jahre 1912 2 Lehrlinge zu Gesellen gemacht.

Wenn auch die meisten Fischer in der Gegenwart aus Obstgärten Nebeneinnahmen beziehen, so ist doch die Fischerei der Hauptberuf geblieben.

9. Die Fischergemeinden zu Phöben, Göttin, Leest, Töplitz, Ketzin, Deetz, Schmergow und Paretz.

Die Fischergemeinden zu Phöben, Göttin, Leest, Töplitz, Ketzin,
Deetz, Schmergow und Paretz sind aus mehr oder weniger grossen
slavischen Fischersiedlungen hervorgegangen, wie sich diese slavische
Herkunft ja schon in ihren Namen verrät; es hat sich jedoch in der
Kolonisationszeit und den folgenden Jahrhunderten jede Gemeinde für
sich verschieden entwickelt.

Am meisten hat die Fischergemeinde zu Göttin den Charakter
einer ausschliesslich von der Fischerei sich ernährenden Gemeinde bewahrt. Im Jahre 1375 ist Göttin ein aus 10 Kossätenstellen bestehendes
Fischerdorf ohne jeden Hufenbesitz.[1] Die Einwohner sind im Besitze
mehrerer Wehre, von denen sie dem Kloster Lehnin Zins geben.[2]
Nachdem sie im Jahre 1452[3] vom Kurfürsten Friedrich bei ihren
Fischereien und Wehren ausdrücklich geschützt worden, waren im Jahre
1538[4] 7 Göttiner Fischer noch ohne jeden Ackerbesitz und lebten allein
vom Fischergewerbe, was auch durch das Lehniner Erbregister vom
Jahre 1605 bestätigt wird.[5] Im Jahre 1756 ebenfalls noch 7 an Zahl[6]
haben sie sich als Fischergemeinde bis zur Gegenwart erhalten. In der
letzten Hälfte des 19. Jahrhunderts erwarben die einzelnen Fischer zu
ihren Fischergütern je 2 Morgen Land; doch ist die Fischerei auch heute
noch ihre hauptsächliche Nahrungsquelle.

In Phöben finden wir die ursprüngliche slavische Gemeinde als
Kossätengemeinde neben der späteren Bauerngemeinde, was sich auch
sofort durch das Vorhandensein eines Kietzes ausdrückt.[7] Im Jahre 1375
besassen die Phöbenschen Fischerkossäten mehrere Wehre und nutzten
auch wahrscheinlich gegen einen Zins die grosse Garnfischerei des
Klosters zu Lehnin.[8] Während im Jahre 1450[9] neben den Hufnern
Kossäten und Fischwehre ohne nähere Zahlenangabe erwähnt werden,
finden wir im Jahre 1538 neben 16 Hufen in Phöben 11 Kossäten;[10]
das Lehniner Erbregister vom Jahre 1605 zählt 14 Kossäten auf, die

---

[1] Lb. S. 96.
[2] Siehe oben, I. Kap., 2. Teil, § 2, Nr. 6.
[3] R. Bd. 10, S. 289.
[4] Geh. Staatsarchiv, Rep. 21, S. 87.
[5] Kgl. Regierung zu Potsdam, Dom.-Reg., Erbreg. v. Lehnin 1605.
[6] Geh. Staatsarchiv, Prov. Br., Rep. 7, Domänenamt Lehnin, F. 10, Nr. 1.
[7] Siehe oben, S. 108, Anm. 6.
[8] Siehe Kap. 1, 1. Teil, § 2, Nr. 4.
[9] Lb. S. 308.
[10] Geh. Staatsarchiv, Rep. 21, 87.

ihre Nahrung von der Fischerei hatten, sonst nutzten sie nur noch gegen einen Graszins die Amtswiesen. Von 4 Wehren jedoch zinsen jetzt 4 Hüfner je 8—9 Taler.[1]) Das Schosskataster von 1624 kennt 4 Hüfner, 5 Kossäten und 9 Fischer.[2]) Im Jahre 1756 sind 13 Fischerkossäten in Phöben,[3]) wie auch heute noch 13 Fischereien am Ort sind. Die Fischerei wird hier jedoch nur noch als Nebenerwerb neben der Ackerwirtschaft betrieben, während dies vor der Separation noch in grösserem Maße geschah. Die einzelne Fischerei ist auf 5000 M. abgeschätzt.

Die gleiche Entwickelung wie Phöben haben die beiden Fischergemeinden von Leest und Töplitz genommen, nur dass sie an der Zahl der Fischer weit geringer sind. In beiden Orten sassen im Jahre 1538[4]) je 3 Kossäten, neben denen schon 9 und 15 Hufen vorhanden waren. Im Jahre 1605 finden wir dieselben Fischerkossäten in beiden Gemeinden neben je einem Schulzen und 3 bezw. 5 Hufnern. In Töplitz gab es ausserdem jetzt noch 3 Ackerkossäten.[5]) Die 3 Fischerkossäten haben sich in jedem Ort bis zur Gegenwart behauptet, wir finden sie im Jahre 1756,[3]) 1794[6]) und noch heute.[7])

In den Dörfern Deetz und Schmergow liegen die Verhältnisse ähnlich denen in Leest und Töplitz. In Deetz waren im Jahre 1450 11 Kossäten,[8]) die Wehrzins und Gartenzins dem Kloster Lehnin entrichteten und vermutlich auch im Jahre 1375 schon die Grossfischerei vom Kloster in Pacht hatten.[9]) Daneben wurden aber schon 30 Hufen bewirtschaftet. Im Jahre 1538[10]) noch 9 Kossäten, finden wir im Jahre 1602[11]) und 1605[5]) nur noch 6 Fischer am Ort. In dieser Stärke erhielten sie sich bis zur Gegenwart; im Jahre 1756[3]) und 1794[6]) sind sie als Fischerkossäten bezeugt. In Schmergow waren es im Jahre 1538 neben 14 Hufen 3, 1756 und 1794 nur noch 2.

Wie auf dem Lande der „Fischerkossät" vom Bauern unterschieden wurde, so trennt man in der Stadt Ketzin den „Kleinbürger" vom Ackerbürger. Eng zusammen geschlossen bestand die Gemeinde der Klein-

---

[1]) Kgl. Regierung zu Potsdam, Dom.-Reg., Erbreg. von Lehnin 1605.

[2]) Fidicin, Territorien; Zauche, S. 42.

[3]) Geh. Staatsarchiv, Prov. Br., Rep. 7, Domänenamt Lehnin, F. 10, Nr. 1.

[4]) Geh. Staatsarchiv, Rep. 21, 87.

[5]) Kgl. Reg. zu Potsdam, Dom.-Reg., Erbreg. von Lehnin, 1605.

[6]) Geh. Staatsarchiv, Gen.-Dir. Kurm., Tit. CCLXXII, Wassersachen, Havel, Nr. 4.

[7]) Bei dem gleichen Berechtigungsgebiet haben die Gemeinden Göttin, Phöben, Leest und Töplitz auch eine gemeinsame Kasse, in die die aus der Sportfischerei gezogenen Einnahmen fliessen; für dieses Geld werden Besatzmaterial beschafft und gemeinsame Prozesse bestritten.

[8]) Lb. S. 308.

[9]) Siehe Kap. 1, 1. Teil, § 2, Nr. 4.

[10]) Geh. Staatsarchiv, Rep. 21, 87.

[11]) Geh. Staatsarchiv, Prov. Br., Rep. 7, Domänenamt Lehnin, F. 10, Nr. 2.

bürger in der Art einer städtischen Innung neben der übrigen Gemeinde. Die Fischerversammlung nannte man „Wröh“, an der Spitze stand der „Wröhherr“. Die „Wröhlade“ barg die wichtigen Dokumente. Dieser enge Zusammenschluss lässt sich bis zur Wende des 16. zum 17. Jahrhundert zurückverfolgen.[1]) Wir hätten hier also unter der Fischerbevölkerung einen „Wröh“-Verband, der uns sonst nur unter Ackerbürgern in der Mark gelegentlich begegnet.[2]) Im Jahre 1586 wurde einer von den „Kossäten und Fischern des Städtleins Ketzin“ bei einer Streitigkeit wegen der Fischerei zwischen ihnen und den Garnleuten des Domkapitels zu Brandenburg von dem Lakai des Dompropstes erschossen; der Dompropst zahlte 100 Gulden Sühnegeld an die Anverwandten des Erschlagenen.[3]) Die Zahl der Kleinbürger, die in der Fischerei ihre Hauptnahrungsquelle erblickten, betrug im Jahre 1756[4]) und 1794[5]) 20, im Laufe des 19. Jahrhunderts vermehrte sich die Zahl der Fischer auf 29. Im Jahre 1907 haben die Fischer sich zu einer Innung zusammengeschlossen, die aus 20 Mitgliedern besteht und Pachtfischer nicht aufnimmt. Von 29 Berechtigten leben 14 ausschliesslich von der Fischerei; die übrigen betreiben daneben etwas Ackerwirtschaft.

Endlich ist noch die Fischergemeinde zu Paretz zu erwähnen, die im Jahre 1375[6]) aus 16 Mitgliedern bestand und von ihren Häusern und der Fischerei (Ackerbesitz wird auch hier nicht erwähnt) 4 Talente und 1 Schilling Abgaben zahlten. Im Jahre 1197[7]) hatte diese Fischergemeinde noch als „slavica Porats“ bestanden neben einem „Porats“, in dem sich vermutlich deutsche Kolonisten (1375 = 32 Hufen)[6]) angebaut hatten. Im Schosskataster vom Jahre 1624 werden noch einmal 12 Kossäten genannt,[8]) wir erfahren über die Fischerei jedoch nichts mehr, und auch in der Gegenwart gibt es in Paretz keine Fischer mehr.

III. Kapitel.

Der Fischschutz.

§ 1. Vorgeschichte des Fischschutzes.

Spuren, die uns von einer bewussten Ausübung eines Fischschutzes zur Erhaltung oder Vermehrung des Fischbestandes im Mittelalter

---

[1]) Siehe Akten in der Lade der Ketziner Fischerinnung.

[2]) Siehe R., Bd. 4, S. 229, Neuruppin, und Fidicin, Histor.-diplomatische Beiträge zur Geschichte Berlins, Bd. 4, S. 364.

[3]) Geh. Staatsarchiv, Rep. 21, Nr. 76.

[4]) Geh. Staatsarchiv, Prov. Br., Rep. 7, Domänenamt Lehnin, F. 10, Nr. 1.

[5]) Geh. Staatsarchiv, Gen.-Dir. Kurm., Tit. CCLXXII, Wassersachen, Havel, Nr. 4.

[6]) Lb. S. 102. — [7]) R. Bd. 7, S. 469.

[8]) Fidicin, Territorien, Osthavelland, S. 41

Zeugnis ablegen könnten, sind ausserordentlich spärlich und erstrecken sich dann auch nur auf kleinere Gebiete des Flusses. Für grössere Gebiete erlassene staatliche Fischerordnungen fehlen ganz. Für den Versuch, gar für die Zeit der slavischen Besiedlung in der Mark einen Fischschutz nachzuweisen, fehlen jede Anhaltspunkte, wenngleich man ja den Slaven, wie wir oben gesehen haben, eine gewisse wirtschaftliche Regelung bei der Ausübung der Fischerei (z. B. das System der Garnzüge und die Abgrenzung der Fischereibezirke) nicht absprechen kann. Eine solche Maßnahme scheint uns auch für jene Zeit, in der für einen Rückgang des Fischbestandes infolge der viel günstigeren Strombedingungen (siehe Einl.) und der bei weitem lichteren Siedlungsweise nicht zu fürchten war, nicht nötig gewesen zu sein. Für den Fischreichtum der Gewässer im Mittelalter haben wir durch zeitgenössische Schriftsteller hinreichende Beweise (siehe Einl.). Dagegen konnte der Ertrag der Fischerei nach Einwanderung der deutschen Kolonisten und bei der gesamten Zunahme der märkischen Bevölkerung im Laufe der folgenden Jahrhunderte der Nachfrage nicht immer genügen, und so wurde dann Raubfischerei betrieben. Die dadurch verursachte Verwüstung der Gewässer erforderte nun wiederum Vorkehrungsmassregeln. So begegnen wir schon im Jahre 1311 bei der Stadt Lychen der Einrichtung, dass in jedem Jahr ein See von dem Kloster Himmelfort mit der Fischerei geschont wird (parcere in piscando, was man zu deutsch „hegende" nennt).[1] Derartigen „Hegeseen" begegnen wir des öfteren schon im Mittelalter, so 1400 das Plauerwasser,[2] 1483 die Deetzsche, Trebowsche und Zachowsche Havel, in welchen Gewässern die Fischerei ausdrücklich untersagt ist.[3] Auch während der Laichzeit einzelner Fischarten wird gelegentlich die Fischerei verboten, so 1331 und 1361 bei der Stadt Lychen, solange der Plötz laicht;[4] 1452 wird während der Laichzeit der Bleie auf dem Plessower See die Fischerei unterbrochen.[5]

Mit dem Ausgang des Mittelalters mehren sich dann die Klagen über „ungewohnliche" Fischerei und wir finden bereits Vorschriften über die Beschaffenheit der einzelnen Fischereigeräte. Im Jahre 1483 ergeht dieserhalb ein Schiedsspruch[6] in Sachen des Domstifts zu Brandenburg und der Neustadt Brandenburg, der insofern von weitgehender Bedeutung war, als er mit seinen Verordnungen das Vorbild bildete für die erste im Jahre 1551 erlassene und für die ganze Mark bestimmte Fischerordnung. Als erlaubte Fischerei wird angesehen: „Flocken" mit weiten und engen Netzen, „Ballreusen", „Pufert", Körbe unter die

---

[1] R. Bd. 13, S. 102. — [2] R. Bd. 9, S. 109 ff.

[3] R. Bd. 9, S. 222 ff.; siehe oben, Kap, I, § 2, Nr. 6.

[4] R. Bd. 13, S. 65—67 und R. Bd. 13, S. 39.

[5] R. Bd. 10, S. 148. — [6] R. Bd. 9, S. 222 ff.

„Heven" zu stellen, Welsangeln und „Kreffthäme". Auch die Zeit ist festgelegt, nämlich von „Sunte Johannes Baptisten Dage" bis auf „Sunte Mertens Dage". Die Flacknetze sollen so weit sein, dass 2 Finger bis an die Faust durch die Maschen gehen. Kaulbarsch-Flakerei, „lahmen" oder Quästelegen sind verboten. Die Ruder sollen die gehörigen Mafse haben und nicht länger sein. Hechte, deren 3 oder 4 einen Pfennig kosten, sollen wieder ins Wasser gesetzt werden. Die Hegewasser sind streng zu schonen. Als Strafe für Übertretungen werden 1 Schock Brandenburgische Pfennige oder 4 Wochen Turmstrafe oder Räumung der Stadt festgesetzt.

Ähnliche ausführliche Ordnungen sind im Jahre 1487 für die Fischergemeinden, die in den Gewässern des Schlosses Köpenick Fischereigerechtigkeit haben, erlassen,[1] über die hier schon ein Fischereiaufsichtsbeamter, der „Pritzstabel" (siehe unten), wacht.

Von grundlegender Bedeutung für die Ordnung der fischereilichen Verhältnisse in der Mark, die bei der Erkenntnis von der hohen nationalökonomischen Bedeutung der Fischnahrung vor allem den Schutz des jungen Samfisches im Auge hat, um so der durch eine planlose Ausraubung der Gewässer drohenden Verwüstung derselben vorzubeugen, sind nun aber die drei Fischerordnungen aus den Jahren 1551, 1574 und 1690. Die „erneuerte Fischerei-Ordnung" vom Jahre 1690 war $1^1/_2$ Jahrhundert in Geltung, bis sie durch einen Allerhöchsten Erlass vom 1. März 1858 dnrch den Prinzen von Preussen ausser Kraft gesetzt wurde.[2] Erst im Jahre 1874 wurde das „Fischereigesetz für den Preussischen Staat" erlassen. Augenblicklich ist man um das Zustandekommen eines neuen Gesetzes bemüht, das das „Polizeigesetz" vom Jahre 1874 als „Fischereiwirtschaftsgesetz" ergänzen soll. Die ersten drei Ordnungen wie auch noch einige Nebenordnungen der älteren Zeit und eine im 18. Jahrhundert geplante, jedoch nicht zum Abschluss gekommene Fischerordnung werden uns hier beschäftigen; wir wollen die Entstehung und den Wandel der den Fischschutz betreffenden Verordnungen beobachten. Für das Fischereigesetz vom Jahre 1874 verweise ich auf die Arbeit von Havenstein, „Das Fischereirecht der Mark Brandenburg".[3]

§ 2. Die staatlichen Fischerordnungen.

Die erste staatliche „Ordnung der Fischerei auf dem Havelstrom und anderen Hauptwässern"[4] wurde von Kurfürst Joachim II. am 13. Oktober 1551 erlassen. Die Veranlassung zur Abfassung dieser Fischerordnung möchte ich in folgendem Ereignis erblicken.

---

[1] R. Bd. 11, S. 433—435.
[2] Gesetz-Sammlung 1858, S. 281.
[3] Berlin 1903 bei Franz Vahlen.
[4] Mylius, Corpus Constitutionum Marchicarum, IV, II, S. 183 ff

Im Jahre 1548 hatten die Kietzfischer zu Potsdam den Fischern zu Werder ihre Netze gepfändet, weil die Maschen daran angeblich zu eng waren. Vom Hauptmann von Potsdam erfolgte Anzeige an den Kurfürsten Joachim, der den Amtmann zu Lehnin, Michael Hap von Hapberg, mit der Bestrafung des dem Amt Lehnin untertänigen Fischers zu Werder Arnoldus samt seinen Gesellen beauftragte. Dieser Amtsverweser gibt nun in einem Antwortschreiben[1]) an den Kurfürsten zu, „dass die wasser durch die gar enge netzen nicht nuhr allein von denen von Werder, besundern auch von denen von Berlin, Spandau, Potzstamp, Brandenburgk, Ketzin und anderen so an der Havel gelegen, und sich der vischereye gebrauchen, seher verwüstet werden. Ich weiss aber nicht, dass derhalben einig verbott oder ordnung von E. Churfl. gnaden ausgangen sei, so ist mir auch kein befehlich von E. Churfl. gnaden derhalben zukommen." Der Amtmann macht weiter darauf aufmerksam, dass der letzte Abt des Klosters, Valentinus, das Domkapitel zu Brandenburg, der Hauptmann zu Plaue und beide Städte Brandenburg vor etlichen Jahren eine Ordnung gemacht hätten, „wie weite Netze ein Jeder vischer gebrauchen, und wie viel er netzen abfuhren sollte." Da diese Ordnung nun aber zur Zeit allenthalben überschritten würde, so erachte er es für notwendig, dass der Kurfürst unter Anhörung der oben genannten Wasserherren und im Einverständnis mit ihnen eine neue Ordnung erlasse, nach der sich ein jeder zu richten habe; dazu sollten zur Aufsicht in jedem Amt vereidete Personen bestellt werden.

Auf diesen Vorschlag scheint nun Kurfürst Joachim eingegangen zu sein, und so erliess er denn 3 Jahre später, im Jahre 1551, die erste Fischerordnung, in die jene vom Amtmann erwähnte Sonderordnung zwischen dem Domkapitel und den beiden Städten Brandenburg Aufnahme gefunden hat (siehe unten), wie ja auch der Vorschlag des Amtmanns, die einzelnen Ämter mit der Fischereiaufsicht zu betrauen, verwirklicht wurde. So hätten wir also das Zustandekommen der ersten märkischen Fischerordnung der Anregung des Lehniner Amtsverwesers Hap von Hapberg (1543—1561) zu verdanken.

Die Ordnung selbst beschäftigt sich nun mit der Abschaffung von allerlei verbotenem Fischerzeug und setzt das erlaubte fest. In der begründeten Vorrede heisst es, dass sich der Kurfürst zu dieser Verordnung veranlasst sähe dadurch, dass die Wasser durch neu eingeführte Missbräuche der Fischer grossen Schaden an ihrem Fischreichtum erlitten hätten.[2]) Den Herrschaften geistlichen wie weltlichen Standes,

---

[1]) Geh. Staatsarchiv, Rep. Nr. 21, 87, Werder.

[2]) „Wiewol etzliche statliche heubtwasser, in unseren Landen gelegen, als die Oder, Sprew, Havel, und dergleichen meher, die mit allerley vischerey von Got reichlich begabt, sein doch dieselben wasser, etzliche Zeit her, durch manicherley eyngefurthe

die an den Gewässern der Oder, Spree und Havel freie Garnzüge, Privilegien oder dergleichen Gerechtigkeit haben oder unter sich Fischer halten, wird ernstlich anbefohlen, nach dieser Verordnung sich zu richten und sie den Garnleuten und anderen Fischern bekannt zu machen, damit sich der Fischreichtum wieder mehre. Wo nötig, sollen sie die festgesetzten Strafen unnachlässig verhängen, „damit dieser vischs pollicey ordentlich nachgesetzt und gehorsamlich gelebt werde.“

Zunächst werden einige Generalartikel veröffentlicht, die für alle Gewässer der Mark Geltung haben sollen. Die Laichzeit über sollen bis auf Jakobi sämtliche Gewässer der Mark mit Garnzügen, Flackerei und jeder Fischerei verschont werden, damit der Laich gedeihen möge. Allein das Reusenstellen ist denen, die damit berechtigt sind, gestattet. Der junge Samfisch, der im Frühjahr, wenn das Wasser über die Ufer getreten, auf den Brüchen gesamt worden, soll nicht mehr, wie das des öfteren geschehen ist, von den anliegenden Bauern und Fischern in den Gräben und Ausgängen der Brüche zum Fluss hin mit Körben aufgefangen und wohl gar den Schweinen als Futter vorgeworfen werden, sondern in Zukunft freien Durchgang durch die Gräben haben, besonders wenn das Wasser wieder zu fallen beginnt, damit der junge Fisch in den Strom zurückgelangen kann. Den Amtleuten und anderen Wasserherren wird anbefohlen, hierauf ganz besonders zu achten und die Gewässer fleissig zu befahren und die „Abgänge“ zu besichtigen. Wo sie Körbe oder Reusen in den Gräben vorfinden, sollen sie diese wegnehmen und zerschlagen. Der Übertreter wird beim ersten Mal mit 2 märk. Schock Strafe belegt, beim 2. Mal erhält er 14 Tage Turmstrafe, beim 3. Mal wird er gänzlich vom Wasser verwiesen und als Fischer nicht mehr geduldet. Wenn auch die Wasser das eine Jahr mehr steigen als das andere, so sollen doch die Fischer am Tage Urbani, wie hoch auch das Wasser stehen möge, auf den Brüchen die Wehrkörbe aufheben, damit der Samfisch wieder zum Strom kann. Beginnt das Wasser vor diesem Termin wieder zu fallen, so sollen die Wasserherren an jedem Ort das Wegräumen der Körbe anbefehlen.

Die Maschen der Flocke, Fischhähme und Garntücher sollen so weit sein, dass man 2 Finger bis an die Hand in die Maschen stecken kann, und nicht enger sein, damit der junge Fisch durchlaufen kann. Die Amtleute und Wasserherren sollen alle Jahre das Fischerzeug, das das Jahr über gebraucht werden soll, ungefähr gegen Jakobi besichtigen,

---

geubte myssbreuche der vischer, zu merglichem abfhall, smelerung und vorwüstung dermassen geratten, das uns auch, als dem Landsfürsten, dodurch ursach gegeben, dieselbigen unordnung, vorterb und vorwuestung des visches, abzuschaffen, und in besser regulirte ordenunge zustellen, damit benannte wasser widderumb zu gedeye, aufnehmen und besserung, durch Goettliche vorleyhung kommen, und unser landt und leutte derselben diste fruchtbarlicher geniessen und gebrauchen mögen.“

auch einen eisernen „Knotspaer" zurichten lassen, welches zweier Finger
Weite an Maschen hält, und dieses zwei geschworenen Leuten zustellen,
die auf Grund ihres Eides vor der Ausfahrt die Fischgarne, Flocke,
Hähme und andere Netze oben und unten auf ihre Weite prüfen sollen.
Zu engmaschige Netze sollen von den Amtleuten und Wasserherren eingezogen werden. Bei der Obrigkeit Strafe ist ein jeder Fischer verpflichtet, sämtliche Netze vorzuzeigen und nicht etwa etliche heimlich
zu behalten. Neu angefertigte Netze hat der Fischer von dem Schulzen
oder, wer sonst zur Aufsicht gesetzt ist, vor dem Gebrauch prüfen zu
lassen bei einer Strafe von 1 märk. Schock, seiner Herrschaft zu zahlen,
es sei auch, dass die Netze nachträglich für gut befunden werden.

Die Fischerei auf den Privatgewässern, als Seen, stehenden Wasser-
teichen und dergl. unterliegt diesen Bestimmungen nicht.

Für die Havel allein hat, da dieser Fluss durch mancherlei schädlichen eingeführten Missbrauch durch die Fischer, auch durch etliche
Bauern, „die kein vischer gütter halten", verwüstet worden ist, der Kurfürst mit dem gemeinen Ausschuss der Landschaft folgende Bestimmungen getroffen, um dem Missbrauch zu steuern. Vornehmlich sollen
die Bauern in den anliegenden Dörfern, Ackerleute und Kossäten, die
als Fischer von den Herrschaften des Havelstroms nicht zugelassen sind,
auch von diesen die Fischerei nicht. gemietet haben, sich gänzlich der
Fischerei enthalten, da die Havel kein freies Fischwasser ist. Zuwiderhandelnde sind von den Wasserherren zu bestrafen.

Vor allem soll in der Laichzeit bis auf Jakobi jede Fischerei unterbleiben, nur die Stromwehre und das Reusenstellen sind den damit
Privilegierten gestattet. Wenn auch für diese Zeit an irgendwelchen
Orten der Havel Freiheiten bezüglich des Fischfanges bestehen, so sollen
die hiermit aufgehoben sein. Auch die „freien Wasser", wo immer
solche wären, sollen während dieser Zeit nur mit Reusenstellen befischt
werden. Es sind dies Bestimmungen, die alle den Schutz des Samfisches bezwecken.

Es werden nun die für den Fischfang auf der Havel erlaubten
Fischereigeräte aufgezählt und gleichzeitig festgesetzt, zu welcher Zeit
sie benutzt werden dürfen. Da ist die „weite Floke", hauptsächlich
für den Bleifang, dann die „Cruttflocke". Beide sollen eine Maschenweite haben, dass man 2 Finger durchstecken kann, und sind nicht
länger als von Jakobi bis Martini zu gebrauchen. Die Ruder bei den
Flockkähnen dürfen nur eine Länge von drittehalb Klafter haben, „damit der junge visch in den teuffen von den flockeren ungeirrt bleibe."
Die „pufert jagt" ist zur selben Zeit erlaubt, ebenso Welsangel zu legen
und „unter die hefenkorbe zu stellen." Die Stintflocke ist nur in der
Zeit, wenn der Stint gefangen wird, zu benutzen. Obgleich die „setz-
heme" und „schleifheme" dem jungen Fisch merklichen Schaden zuge-

fügt haben, soll für diesmal noch der „schleifham" zugelassen sein, doch müssen die Maschen gleich den Flockmaschen sein, und nur einer soll damit schleifen, nicht etwa 4 oder 5 Kähne zusammen. Der „schleufham" muss neben dem Kahn und nicht aufs Land aufgezogen werden, worauf die groben Fische und Krebse mit der Hand herauszulesen, die jungen Fische aber wieder ins Wasser zu setzen sind. Ausdrücklich wird der Schleifham nur auf Widerruf gestattet. Die Fischkörbe in den Stromwehren dürfen nicht zu eng geflochten sein, und die Wehranlage soll nirgends die Schiffahrt behindern und überall in den alten Grössenverhältnissen bestehen bleiben.

Die Bruchwehre, die von alters nicht gewesen, sondern von den anliegenden Dörfern und Bauern neu hergerichtet sind, sollen binnen 8 Tagen nach Veröffentlichung dieser Ordnung abgeschafft werden bei einer Strafe von 1 märk. Schock, da der Samfisch zu grossen Schaden dadurch erleidet. Sollte irgend einer ein neues Bruchwehr anlegen, so muss er der Turmstrafe gewärtig sein.

Als verbotene Fischereigeräte werden bezeichnet die „kulebars — oder enge flocke", „Maresen" und kleine Netze und das „Strohgarn". Die Garnleute sollen nur „rechtschaffen garnetucher" führen, auch keine „oken" oder Stinthaken an die Garnsäcke hängen. Ferner dürfen vor die Wehre keine „queste" gesteckt werden, desgleichen keine „puppen".

Bei Übertretungen gelten auch hier als Strafe beim ersten Mal 2 märk. Schock, beim 2. Mal der Turm, beim 3. Mal völlige Verweisung vom Fischergewerbe.

In den Städten und allen anderen Ortschaften soll darauf Acht gegeben werden, dass junge Hechte, „so zwei oder drei einen Pfennig gelten", nicht verkauft werden, ebenso „das junge Grue" oder „Samfisch", bei Strafe eines märkischen Groschens.

Aufgenommen ist in diese Fischereiordnung eine Sonderordnung,[1] die zwischen dem Domkapitel und beiden Städten Brandenburg aufgerichtet war. Zwei Fischer sollen zusammen flocken, keine Knechte halten, das Schock Krebse nicht teurer als 12 Pfennige verkaufen; für die Maschenweite ist ein eiserner „Knutspan" als Maſs gefertigt. Aus jedem Fischererbe darf nur ein Hahm gebraucht werden, doch nie des Nachts. Der Mutterkrebs darf nicht aus den Ufern und Gelegen aufgegriffen werden, die Wehre sollen mit Flaken verschont werden. Weder Hausleute noch Handwerksgesellen, sondern nur der „besessen Bürger" darf auf der Havel Fischerei ausüben.

Am 23. Februar des Jahres 1574 erliess Kurfürst Johann Georg eine neue Fischerordnung.[2] Ihm war Klage gekommen, die Wasser seien so verwüstet, dass, wenn nicht Abhilfe geschaffen, in kurzer Zeit

---

[1] Vergleiche die einführenden Worte dieses Paragraphen.
[2] Mylius, Corpus Constitutionum Marchicarum, IV, II, S. 191 ff

die „Untertanen von diesen Gnadenreichen Landessegen, Göttlicher allmacht, nicht alleine ire narung und handtierung (wie bis anhero geschehen) nicht haben, besonderen an irer eigener notturfft mangel, steigerung und teurung leiden und erfinden würden."

In der Hauptsache enthält diese Ordnung dieselben Bestimmungen wie die vom Jahre 1551, nur dass sie jene noch in einzelnen Punkten ergänzt.

Die Grossgarnfischerei soll vom Gründonnerstag bis Bartholomäi, die Flakerei vom Gründonnerstag bis auf Johannis ruhen zur Schonung des Laiches. Die Reusen und Körbe sollen so weit sein, dass man 4 Finger bis an die Hand bequem hineinstecken kann. Als neu findet sich hier die für die rechtlichen Verhältnisse interessante Verfügung, dass die Leute, welche eine Fischereigerechtigkeit besitzen oder erlangen werden, von dieser Fischerei zu dienen und zu geben haben, wie es die anderen Untertanen tun.[1]) Die am Wasser angesessenen Bürger und Bauern, welche auf Grund alter Gewohnheit das Recht haben, bisweilen mit der Fusswade ein Gericht Fische zu fangen, sollen bei diesem Recht belassen werden, sie haben sich jedoch jeder anderen Fischerei zu enthalten. Setzt sich ein Fischer zur Ruhe und übergibt seinem Sohn die Fischerei, so mag er, wenn er sich von seinem Einkommen nicht zu nähren vermag, bis an sein Lebensende mit einem Kahn fischen. Zwei Fischer sollen immer zusammen flacken und keine Knechte halten; ebenso soll aus jedem Fischererbe immer nur ein Kahn und ein Krebshahm gebraucht werden und allein bei Tage gefischt werden. Die Flackerei wird auf die Zeit von Johannis bis auf Martini festgelegt. Die Netze für den Stintfang sollen für die Zeit, in der der Stintfang im Jahr verboten ist, im Amt oder wo es sonst von der Herrschaft angeordnet wird, hinterlegt werden. Strohgarne, „Züren" und Aalqueste sind verboten. Enten, Gänse, Schwäne und alle anderen Vögel, die am Wasser und auf den Brüchen nisten, sind zu schonen und das Ausnehmen der Nester ist bei ernster Strafe verboten. Auf den Fischmärkten sollen die Fische zum Kauf ausgeschüttet und nicht in den „Hüdefässern oder Spielkahnen" unbesichtigt verkauft werden.

Für Privatgewässer findet auch diese Ordnung keine Anwendung. Auf der Elbe und Oder soll sie nur in den Punkten befolgt werden, die den dort anders gearteten Verhältnissen zum Besten dienen. Die Prälaten, Herren, Adel und Städte werden in 50 Taler Strafe verfallen, sobald man ihnen eine Nachlässigkeit bei der Beobachtung dieser Ordnung

---

[1]) Von diesem Wandel ist uns an einer Stelle Zeugnis überkommen: Die Fischer zu Berlin und Cölln erhalten im Jahre 1571 ihre Fischereigerechtigkeiten bestätigt, „vurnehmblich weil sie solche Fischerei und Gerechtigkeit hievor frei gehabt, itzo aber schwehrlich verschossn undt versteuern müssn". Geh. Staatsarchiv, Rep. 78, IV B. Titel 19, 1.

nachweisen kann; die Amtleute und ihre Untergebenen gehen ihres Jahres-
gehaltes verlustig.

Eine weitere Ausbildung erhielten diese beiden Ordnungen durch
die vom Kurfürsten Friedrich III. im Jahre 1690 erlassene „Erneuerte
Fischer-Ordnung",[1] der dann erst im Jahre 1874 das „Fischereigesetz
für den preussischen Staat" folgte. Die neue Ordnung will die alten
Bestimmungen vom Jahre 1574 revidieren und „dasjenige, welches in so
langer Zeit, sonderlich durch des damahligen eingefallenen Teutschen
Krieges Unwesen und Unordnung häuffig eingeschlichen, und zum Theil
bis dato noch beybehalten" wieder verbieten. Die grosse Anzahl der auf
der Oder und Havel vorhandenen Wehranlagen macht eine Visitation nötig.
Wo die Besitzer eine Konzession oder Privilegierung nicht aufweisen
können, sollen die Wehre umgehauen werden. Auch diese Ordnung wiederholt im wesentlichen alle Verfügungen der Ordnungen des 16. Jahrhunderts.

Die Grossgarnfischerei hat von Ostern bis auf Bartholomäi, die
Flackerei von Ostern bis Pfingsten zu ruhen. Zu enge Maschenweite
wird mit 10—20 Reichstaler bestraft, nach Befinden auch mit Gefängnis.
Jede Nachtfischerei wird untersagt; allein die Grossgarnfischer dürfen
vor Tag einlegen, jedoch dürfen die „Aufzüge" nicht vor Tagesanbruch
herauskommen. Wenn die Pritzstabel und Wasservögte die Gewässer
befahren und visitieren, sollen ihnen die Beamten jedes Ortes einige
Kietzer mitgeben zur Untersuchung der Ordnung; wer diese Aufsichtsbeamten schmäht oder misshandelt, soll schwerer Geldbusse, auch Leibes-
und Lebensstrafe gewärtig sein. Der Adel und auch andere, die mit
einer Küchenfischerei begabt sind, haben diese Gerechtigkeit gegen Geld
vermietet und beziehen noch obendrein von den Pächtern Fische, infolge
dessen die Pächter Tag und Nacht mit ungewöhnlichen engen Netzen
fischen; ja die Schweine machen sie mit dem Samen fett. Dies soll in
Zukunft unterbleiben. Überall darf nur ein bestimmter Fischer für Küche
und Haushaltung fischen und keine Fische verkaufen.

Die Zuhre und das Strohgarn, eigentlich zur Grossgarnfischerei
gehörig, die vor alters nie gebraucht, seit einiger Zeit aber in grosser
Anzahl angetroffen werden, sollen bei Strafe von 20 Reichstalern abgeschafft werden. Allein die Hofküche darf auf der Spree 2 Zuhren
benutzen (siehe Kap. I, 2. Teil, § 3 „Zuhrfischerei").

Es folgt die Aufzählung der erlaubten Fischerzeuge. Die „Raab-
Floecke" können 3—3¹/₂ Klafter lang sein, und 2 Kähne sollen immer
nur 1 Flock führen. Pufert-Jagd mit 1 oder 2 Stücken je 15 Klafter
lang ist in der Zeit der Flöckerei gestattet. „Schicht-Pufert-Jagd", je
15 Klafter, 6 in eine Schicht, darf jeder ausüben. Gründling-Reusen
von Hölz, eine Elle hoch, darf jeder Fischer legen. See- oder Treibe-
Flöcke, je 3¹/₂ Klafter lang und 3 Finger weit, darf jeder Fischer von

---

[1] Mylius, Corpus Constitutionum Marchicarum IV, II, S. 247 ff.

Martini bis es zum ersten Mal zufriert, längstens jedoch bis Weihnachten, gebrauchen. Mit Plötznetzen, 4 Stücke je 30 Klafter lang, darf von Pfingsten bis Crucis gefischt werden. Mit einem eisernen Maſs, das das kleinste zulässige Maſs für den Verkauf des Hechtes darstellt,[1]) soll die Ortsobrigkeit bei den Fischmärkten Untersuchungen vornehmen. Käufer wie Verkäufer sind bei Übertretungen in Strafe zu nehmen.

Verboten werden die „Messings- oder Gründlingsflöcke", die „Lammen", mit denen mehr Samfische als gewachsene herausgefüllt werden, die „Greyhwahden", mit Ausnahme bei der Hofküche; ebenso sollen anstatt der Greywahden keine leinenen Tücher an die Bügel gemacht werden. Auch das Verkaufen des Greyes und Samfisches wird bei exemplarischer Strafe verboten. Soldaten oder anderes „lediges Gesindel" sollen in der Zeit, wenn die Krebse „in der Muht" liegen, diese nicht mit Pulsen, Hähmen oder sonstwie fangen. Das „Dorgen, womit der Hecht häufig aus den Wassern geschleppt wird", soll verboten sein. Auch das Aneinanderstellen von allerhand Fischerzeug und Flöckerei, um dadurch ein Garn von vielen Klaftern Länge zu erhalten, ist bei Strafe verboten. Keiner soll in den kurfürstlichen Karpfenteichen fischen. Mit 4 Reichstaler Strafe sollen die ledigen Burschen bestraft werden, die in der Frühlingszeit den Hecht, Aland, Däbel und Rapen mit dem Eisen wegstechen. Der Grob-, Klein- oder Nagelschmied, welcher solche Eisen verfertigt, soll mit 10, zum anderen Mal mit 20 Reichstaler Strafe belegt werden, dann aber mit Ausstossung aus der Zunft. Die Kietzer und Fischer, denen das „Beistellen" bei den kurfürstlichen Garnen zusteht, sollen nicht vor den Garnzügen auswerfen, sondern daneben und hinter, worauf der Pritzstabel zu achten hat. Die Hegeseen sind allein vom kurfürstl. Fischmeister für die Hofküche zu befischen. In allen übrigen Punkten bleibt es bei den Bestimmungen der beiden Ordnungen des 16. Jahrhunderts.

Neben diesen drei grossen Fischerordnungen finden sich nun noch zahlreiche andere, die sich mit einzelnen die Ausübung der Fischerei betreffenden Punkten beschäftigen, allemal mit dem Zweck, der Verwüstung der Gewässer vorzubeugen. So wird das Fischen und Krebsen auf den Seen der kurfürstl. Heiden des Nachts mit Feuer in den zahlreichen Holzordnungen des 16., 17. und 18. Jahrhunderts[2]) wieder und wieder verboten und mit Strafe belegt.

Im Jahre 1668[3]) verbietet Kurfürst Friedrich Wilhelm das Nachtfischen auf der Spree, Havel und Wublitz, das sich die Fischer an-

---

[1]) Ein solches Hechtmaſs findet sich im Zimmer des Fischereigewerkes im Märkischen Provinzial-Museum in Berlin ausgestellt.

[2]) Mylius, Corpus Const. March. IV, I, S. 504 ff.

[3]) Mylius, Corpus Const. March. IV, II, S. 197.

gemasst haben, bei Verlust der Fische, Garne und Kähne, die der kurfürstl. Pritzstabel wegnehmen und der Hofküche einliefern soll.

Ein Edikt vom Jahre 1670[1]) ist gerichtet gegen das unbefugte Fischen in der Elbe, Oder Spree, Havel und Wublitz mit Hahmen, Wurfnetzen und „Wathen", das „teils Bürger, Vorstädter und Bauern, item Grassmäher, Heumacher, auch andere Einwohner" in den betreffenden Strömen ausgeübt haben, und soll unter Androhung ernster Strafe in den Städten und Dörfern der Mark von den Kanzeln verlesen werden.

Im Jahre 1682[2]) verbietet ein anderes Edikt den Missbrauch, mit allerhand schädlichen Fischerzeugen zu fischen, sonderlich in der Laichzeit, sowohl tages als nachts mit „Setzhähmen, Wurfnetzen, Moresen, Grüsegarn, Aalpuppen, Hechtstechen und brennendem Kienholz zu krebsen des Nachts", wodurch die Wasser in unverantwortlicher Weise verwüstet würden. Schon hier wird auch den Grob- und Kleinschmieden bei 20 Taler Strafe und Niederlegung des Handwerks verboten, Hechtspeere zu verfertigen. Auch dieses Edikt wurde öffentlich von den Kanzeln herab verkündigt, damit sich niemand mit Unwissenheit entschuldigen könne.

Im Jahre 1699[3]) verbietet der Kurfürst den Offizieren, in den Seen, Strömen und Teichen zu fischen, worüber öfters Beschwerde geführt worden ist.

In der Flecken-, Dorf- und Ackerordnung vom Jahre 1702[4]) wird bestimmt, dass an den Orten, wo die Untertanen zu der Fussfischerei berechtigt sind, keine Fischspeere geduldet werden. Wo sie angetroffen werden, soll der „Verbrecher" neben Verlust des Speeres mit 12 Groschen bestraft werden; der Schulze aber, der jährlich im Anfang Februar nebst den Schöppen daraufhin von Haus zu Haus Visitation anstellen soll und diese verbotene Fischerei nicht anzeigt, soll bei Überführung, das er davon gewusst, allemal 1 Reichstaler zur Strafe erlegen.

Der an den Seen wohnende Adel erweiterte seine Berechtigung zur Küchenfischerei oft in unerhörtem Mafse. Nicht nur, dass er sich verbotener Zeuge, z. B. der Zuhren, bediente, sondern er gestattete auch seinen Untertanen mit zusammengeknüpften Netzen zu fischen, baute z. B. im Spreewald die Wasserläufe mit Wehranlagen völlig zu, ja legte sich eigene Fischkäufer zu und trieb mit den Fischen Handel. Die Erbpächter erhoben dagegen Klage mit dem Bemerken, unter diesen Zuständen die angelobte Erbpacht nicht entrichten zu können. Darauf verbot ein Patent vom Jahre 1703[5]) bei 10 Reichstaler Strafe, alle zu

---

[1]) Mylius, Corpus Const. March. IV, II, S. 197.
[2]) Mylius, Corp. Const. March. IV, II, S. 245.
[3]) Mylius, Corp. Const. March. III, I, S. 217.
[4]) Mylius, Corp. Const. March. V, III, S. 238.
[5]) Mylius, Corp. Const. March. IV, II, S. 285.

Ungebühr gebrauchten Fischereien sofort einzustellen. Die Domänen-Kommission, der die Fischereien unterstellt sind, soll die Konzessionen zur Küchenfischerei nachprüfen und denen, die „entweder propria autoritate oder aus Conniventz der Fischmeister und Beamten sich derselben angemasst", das Fischen untersagen.

Im Jahre 1710 wurde durch eine königliche Verordnung eine Kommission damit betraut, eine genaue Untersuchung der Berechtigungen auf der Havel und Spree vorzunehmen und nach Anleitung der Fischerordnung vom Jahre 1690 alle „Abusus" festzustellen. Diese Untersuchung kam nicht zustande und so richtet sich denn ein Patent vom Jahre 1711[1] unter Ankündigung harter Strafe gegen alle ungebührliche Fischerei, als „Hechtpuppen, Kraatzen, Queste, Lammen, Reisebünder, item die Hechte zu schleifen, auch keine Fichtenreise in den Laichzeiten am Lande ins Wasser zu legen, so alles in der Königlichen publizierten Fischer-Ordnung nicht benennt".

In der Zeit von 1737 bis 1796 wurden dann Verhandlungen gepflogen über eine neue Fischerordnung.[2] Die Kurmärkische Kriegs- und Domänen-Kammer liess im Jahre 1738 durch den Kriegs- und Domänen-Rat Limmer einen Entwurf einer neuen Fischerordnung anfertigen. Tit. I, § 2 richtete sich gegen die vom Adel eingeführte und verpachtete sogenannte Küchenzuhre, die bei 50 und 100 Taler Geldbusse verboten werden sollte. Im Tit. III, § 1 kommt dann zum Ausdruck, dass die Benutzung der Zuhre wegen ihrer grossen Schädlichkeit für den jungen Samfisch in Zukunft bei der neuen Verpachtung der grossen Garnfischereien auch den Pächtern derselben, denen quartaliter einige Tage mit der Zuhre zu fischen mittels Kontraktes verschrieben worden ist, untersagt werden soll. Trotz jahrelanger Verhandlungen kam diese Ordnung nicht zustande. Daher verfügte Friedrich der Grosse durch eine an das General-Direktorium gerichtete Allerhöchste Kabinetts-Ordre vom 25. Juli 1763[3] durch eine Verordnung den schon längst verbotenen Gebrauch der Zuhren zu wiederholen und zu verschärfen und auch nicht ungestraft zu lassen.

Nachdem im Jahre 1770 auf Erfordern des Königs seitens der Domänenkammer der Kriegs- und Domänen-Rat Bartsch mit der Abfassung einer neuen Fischerordnung betraut war,[4] ohne dass diese jedoch zustande kam und zwar aus dem Grunde, weil die hoch verpachteten Amtszuhren immer noch nicht hätten abgeschafft werden

---

[1] Mylius, Corp. Const. March., IV, II, S. 291.

[2] Geh. Staatsarchiv, Gen.-Direkt. Kurm., Tit. CXV, Sect. O. 13, Fischer Nr. 1. Einige Auszüge in Märk. Forsch., Bd. XVII, S. 73—75.

[3] Geh. Staatsarchiv, Gen.-Direkt. Kurm., Tit. CXV, Sect. O. 13, Nr. 1, abgedruckt Märk. Forsch., Bd. XVII, S. 123.

[4] Geh. Staatsarchiv, Gen.-Direkt. Kurm., Tit. CXV, Sect. O. 13, Nr. 1.

können, wurde dann auf den energischen und wiederholten Befehl König Friedrich Wilhelms II. im Jahre 1792 vom Kriegs- und Domänenrat Meinhart eine neue Fischerordnung entworfen[1]) und noch im selben Jahre der Gesetzeskommission vorgelegt. Nach oftmaligem Erinnern des Königs zur Erledigung ihrer Aufgabe reicht endlich die Gesetzeskommission im Jahre 1796 ihr Gutachten ein, das dahin gipfelt, dem Entwurf eine ganz veränderte Gestalt zu geben und denselben „auf den Gesichtspunkt eines Polizeigesetzes, wegen Abstellung der bisherigen Missbräuche der Fischerei, zu reduzieren und in eine legislatorische Form umzuarbeiten". Das Gutachten ist noch insofern von Wichtigkeit, als sich hier zum ersten Mal der Gedanke eines vom Staate festgelegten Laichschonrevieres ausgesprochen findet („es sollen auch ordentliche Geläge für den Samenfisch, wo es angeht, ausgemittelt und solche vom Abgang des Eises an, so vom 1. März an gerechnet werden kann, bis Bartholomäi geschonet werden"). Mit dem Befehl des Königs an die Kurmärkische Kriegs- und Domänen-Kammer, nach dem Gutachten der Gesetzeskommission die projektierte Fischerordnung umzuarbeiten, verschwindet auch diese wie ihre Vorgängerin vom Jahre 1739 aus den Akten.

In der Zwischenzeit begnügte man sich mit kleinen Verordnungen. So erging im Jahre 1756[2]) an die Amtmänner eine gedruckte Anweisung seitens der Kammer, auf ihre „After-Fischer-Pächter" besser zu achten, ob sie sich auch nach den Ordnungen und Reglements richteten. Widrigenfalls müsse der Beamte für den Schaden stehen und das Amt würde ihm abgenommen werden. Eine gleiche gedruckte Verordnung, besonders darauf zu achten, dass in der Laichzeit die Hechte nicht gefangen würden, auch die kleinen Fische wieder ins Wasser gesetzt würden, auch den Pritzstabel von neuem gehörig zu instruieren, wurde 1766 an die einzelnen Ämter erlassen.[2])

Fragen wir nun am Ende dieser Betrachtungen nach der Wirksamkeit der Fischerordnungen, so würden wir sehr irren, wollten wir annehmen, sie hätten der die Fischerei ausübenden Bevölkerung überall zur Richtschnur gedient. Gewiss, man hatte ein Mittel in der Hand, dort, wo es mit der Raubfischerei allzu arg herging, hin und wieder einmal einzuschreiten, aber um diese Ordnungen wasserwirtschaftlich wirksam zu machen derart, dass einer Abnahme des Fischbestandes auch wirklich vorgebeugt wurde, dazu fehlte es an einer gewissenhaften ständigen Aufsicht (siehe § 3, 1 „Pritzstabel"), und selbst die Landesherren konnten sich gelegentlich durch kleinliche Rücksichten gehindert (siehe Kap. I, 2. Teil, § 3 „Zuhrfischerei") zu einer beharrlichen Durchführung ihrer Verordnungen nicht verstehen. Unterzieht man die vielfachen Fischereiakten des 17. bis 19. Jahrhunderts einer Probe auf Grund

---

[1]) Geh. Staatsarchiv, Gen.-Direkt. Kurm., Tit. CXV, Sect. O. 13, Nr. 1.
[2]) Geh. Staatsarchiv, Prov. Br., Rep. 7, Domänenamt Lehnin, F. 10, Nr. 1

der Fischerordnungen, so ergibt sich ein klaffender Zwiespalt.[1]) Man
könnte eine Geschichte der Fischerei schreiben, wie sie betrieben werden
sollte, und eine solche, wie sie betrieben worden ist (obs wohl heute
sehr viel anders ist?). Den Hauptgrund für diese Missstände bildete die
unzureichende Fischereiaufsicht, mit der an Stelle der untergeordneten
Beamten vielleicht frühzeitig energische mittlere Beamte, die in der
Fischereiwirtschaft gründlich ausgebildet worden wären, hätten betraut
werden müssen.

Neben den staatlichen Fischerordnungen sei noch kurz hingewiesen
auf die Statuten einzelner Fischerinnungen die ebenfalls für eine ge-
deihliche Fortentwickelung des Fischbestandes Sorge trugen und der
Raubfischerei vorbeugten.[2]) Wo derartige Innungsordnungen fehlten,
gab es bei den Fischergemeinden in mündlicher Tradition vererbte
„heilige Gesetze“, die jeder Fischer achtete, bis in die Mitte des
19. Jahrhunderts hinein. Die moderne Zeit, die ja gerade während der
letzten 50 Jahre die einst so beharrlichen Verhältnisse bei der Fischerei
von Grund aus wandelte, hat auch sie zum grossen Schaden des gesamten Fischereibetriebes entkräftet.[3])

§ 3. Die Fischereiaufsicht.

1. Allgemeiner Überblick.

In Anlehnung an die auf den Fischschutz bedachten Anordnungen
bildete sich allmählich eine Fischereiaufsicht heraus, d. h. die einzelnen
Wasserherren betrauten bestimmte Personen mit der Aufsicht über die
fischereilichen Verhältnisse einer bestimmten Gegend. Diese Aufseher
haben im Mittelalter noch einen vollkommen privaten Charakter; öffentliche Fischereiaufseher, die der Staat für eine grössere Wasserstrecke
ernannte, entwickelten sich erst aus diesen im Laufe des 16. u. 17. Jahr-

---

[1]) Nur ein Beispiel rücksichtsloser Raubfischerei sei hier angeführt: Am 12. August
des Jahres 1756 beschwert sich der Garnmeister Mahnkopf zu Spandau, dass die Pächter
der dem Herrn von Haacke zu Machnow gehörigen Fischereigerechtigkeit in der Havel
oberhalb Potsdams, die Fischer Ebel und Rasenack zu Potsdam, mit Strohzuhren den
diesjährigen jungen Fischsamen an Barsen, Hechten, Zandern, Bleien dermaßen häufig
herausfischten, dass sie solchen nicht scheffelweise, sondern fast winspelweise nach Berlin
zum Markte brächten, ohne was in Potsdam konsumiert werde, und dass dieses der Wahr-
heit gemäss sei, davon würde die Berlinische Polizei nach dem Besuch der Fischmärkte
in der Heiligengeiststrasse, in Cölln und auf der Neustadt pflichtmässiges Gezeugnis
abgeben können. — Die Polizeidirektion berichtet dann unterm 25. September, dass sie
in Berlin 13 Fischer angetroffen habe, die jungen Fischsamen verkauften, den sie aus
der ganzen Mark her bezögen, auch aus Potsdam; wenn sie den Potsdamern diesen
nicht abnähmen, verkauften diese ihn selbst in der Stadt und auf den Dörfern umher.
Kgl. Reg. zu Potsdam, Dom.-Reg. Generalia, Paq. 2, 4.

[2]) Siehe z. B. Ordnung der Fischerinnung zu Werder vom Jahre 1686, gedruckt
Märk. Forsch. Bd. XVII, S. 113 ff.

[3]) Nach Aussage eines 73 jährigen Fischers der Fischergemeinde Pichelsdorf.

hunderts. Im Jahre 1407[1]) steht ein gewisser Petze Dines den markgräflichen Wassern im Spandauer Wassergebiet vor und schlichtet, indem er die Sache vor den Landeshauptmann der Mark, Lippold von Bredow, bringt, in seiner Eigenschaft als Vorsteher einen zwischen den Kietzern zu Spandau und den Fischern von Berlin und Cölln wegen unrechtmässiger Fischerei ausgebrochenen Streit. Im Jahre 1487[2]) finden wir als gleiche Oberinstanz auf den zum Schlosse Köpenick gehörigen Gewässern einen „Pristabel", der einem in Fischereigerechtigkeiten zuweitgehenden Anspruch der Gemeinde Rahnsdorf entgegentritt. Wenn sich auch aus diesen beiden zu Spandau und Köpenick angesetzten Aufsichtsbeamten hernach jene den Namen „Pritzstabel" führenden staatlichen Fischereiaufseher entwickeln, so sind sie doch während dieser Zeit nur Privatbeamte des Markgrafen. Anderenorts wurden die Gemeindeschulzen mit der Aufsicht über die Fischerei betraut.[3]) Bei der umfänglichen Ratsfischerei der Altstadt Brandenburg haben im Jahre 1555 auf Grund eines Eides der „Garnmeister" und der „Sturemann" darauf zu achten, dass dem Rat an den Fischereirechten nichts entzogen werde.[4]) Im Anfang des 18. Jahrhunderts beaufsichtigten die Fischer sich hier untereinander. Am Jakobi-Tage wurden in der Domkirche 7 Personen, als 2 Fischer vom Dom, 2 aus der Neustadt, 2 aus Saaringen und einer aus Klein Kreuz „iuramento corporali" dahin verpflichtet, auf die richtige Maschenweite bei den Flöcken zu achten, ferner dass die richtige Zeit mit dem grossen Garn und allen anderen Fischerzeugen eingehalten werde; wegen der Fischerei auf der Unterhavel wurden am Johannistage 2 Fischer, einer aus der Neustadt, der andere aus der Altstadt, gleichfalls durch einen körperlichen Eid hierzu verpflichtet.[5]) In Ruppin treffen wir im Jahre 1524 einen „Tokieper",[6]) dem hier die Aufsicht über die Fischerei oblag und der auf dem Kietz neben den anderen Kietzern wohnte und im Gegensatz zu diesen gleich wie der Schulze und Garnmeister zinsfreie Güter und Fischereigerechtigkeiten hatte. Ebenfalls treffen wir in Havelberg im 18. Jahrhundert einen „Tokieper" als weltlichen Fischereiaufsichtsbeamten des Domkapitels.[7]) Auch die Innungsordnungen einzelner Fischergemeinden sahen eine Fischereiaufsicht vor; so übte z. B. zu Ende des 18. Jahrhunderts der Bürgermeister zu Werder ein strenges Regiment bei unrechtmässiger Ausübung der Fischerei in der dortigen Innung.[8])

---

[1]) Hegert, Märk. Forsch. Bd. XVII, S. 81.
[2]) R. Bd. 11, S. 433 ff.
[3]) R. Bd. 1, S. 453.
[4]) Mitteilungen des Fischereivereins f. d. Prov. Brdbg. 1907, S. 45 ff.
[5]) Geh. Staatsarchiv, Gen.-Dir., Kurm. Tit. CXV, Sect. O, 13, Fischer, Nr. 1.
[6]) R. Bd. 4, S. 465.
[7]) R. Bd. 3, S. 65.
[8]) Siehe Kapitel II, § 4, Nr. 8.

Neben der privaten Aufsicht entwickelt sich nun aber mit Beginn der Neuzeit eine staatliche Fischereipolizei, durch die auch den zahlreichen Herrschaften der dem Kurfürsten nicht gehörigen Gewässer die Schonung des Fisches zur Pflicht gemacht wird. Das Oberrecht des Landesherrn an den öffentlichen Gewässern findet hier seinen prägnanten Ausdruck. Die Fischereiordnung des Kurfürsten Joachim vom Jahre 1551[1]) bestimmt und begrenzt die Aufsichtsbezirke auf der Havel. In der Hauptsache werden die Amtleute mit der Aufsicht betraut. Der Amtmann zu Zehdenick mit der Aufsicht über die Amtswasser und die Gewässer der Klosterjungfrauen, die Amtleute zu Liebenwalde und Butzow (Oranienburg) für ihre Bezirke. Dem Hauptmann von Spandau fällt die Wasserstrecke bis nach Potsdam zu; in jedem Jahr soll der Hauptmann nach Ostern die Strecke befahren und sie einer Aufsicht unterziehen bezüglich der in der Fischereiordnung· niedergelegten Bestimmungen. Der Amtmann von Potsdam erhält als Aufsichtsbezirk die Havel abwärts bis an die Gewässer des früheren Klosters Lehnin und des Kapitels zu Brandenburg; für die Lehniner Gewässer trägt der Amtsverweser zu Lehnin Sorge, für die Gewässer des Kapitels die Domherren selbst. Die Städte Brandenburg beaufsichtigen ihre ·Gewässer, der Amtmann zu Plaue die dortigen Amtsgewässer, das Domkapitel zu Brandenburg die ihm zuständige Pritzerbische Havel; die Stadt Rathenow, das Amt Tangermünde und das Bistum und Kapitel zu Havelberg sorgen für ihre Fischereibezirke.

Als lediglich die Polizei über die Fischerei ausübende Gewalt entstand nun aber im Laufe der Jahrhunderte das Pritzstabelamt. Den Pritzstabeln übergeordnet wurde als höherer Beamter mit der Aufsicht über die gesamte Märkische Fischerei der kurfürstliche, später königliche „Fischmeister". Neben diesen wurde ferner Forst-, Buhnen- und Strombeamten eine beschränkte Fischereiaufsicht zur Pflicht gemacht. Die geschichtliche Ausbildung des Pritzstabel- und Fischmeisteramtes, in denen der märkische Fischereischutz seine eigentliche Bedeutung hatte, soll uns im folgenden beschäftigen.

2. Die staatlichen Fischereiaufsichtsbeamten.

a) Die Pritzstabel.

Über den Ursprung des Pritzstabelamtes als eines Aufseheramtes über die Fischerei lässt sich aus den historischen Zeugnissen eine volle Klarheit nicht gewinnen. Zum ersten Mal erscheint in der märkischen Geschichte im Jahre 1375 im Landbuch Kaiser Karls ein „Pristavel" im Dorfe Damelang in der Zauche.[2]) Das Dorf hat „20 Hufen, jede

---

[1]) Mylius, Corpus Const. March. IV, II, S. 183 ff.
[2]) Lb. S. 127.

zahlt drittehalben Schilling, ein Huhn, 15 Eier und einen Schilling dem Pristabel."

Zunächst das Wort „Pristabel". Es ist slavischen Ursprungs und bedeutet soviel wie „Aufseher".[1]

Hinsichtlich der Funktion dieses Pritzstabels steht Guttmann[2] auf dem Standpunkt, dass im Pritzstabel der slavische Name der Ortsbehörde zu sehen sei, also im Damelanger „Pristabel" der dortige Schulze. Es ist dies wahrscheinlich.[3] Ob wir nun aber zwischen diesem Damelanger Pritzstabel und den später als Fischereiaufseher auftretenden Pritzstabeln einen Zusammenhang hinsichtlich ihrer Funktion finden können, bleibt mehr als unwahrscheinlich.

Dem slavischen Wort zufolge findet man bei Lokalhistorikern häufig die Ansicht vertreten, auch das Pritzstabelamt habe seine Wurzel in der slavischen Kultur und die Slaven hätten die Fischereiwirtschaft auf diese Weise durch Aufsichtsbeamte bereits geregelt gehabt. Es wäre ja auch noch die Ansicht möglich, dass der Vorsteher der slavischen Fischergemeinden den Namen Pritzstabel geführt habe, von wo er sich dann auf die markgräflichen Fischereibeamten übertragen habe; da wäre nur wieder auffällig, dass sich der Name nicht irgendwo bei den ihr Slaventum doch so sicher bewahrenden Fischergemeinden erhalten hätte. Beide Ansichten scheinen mir nicht das Richtige zu treffen. Demgegenüber möchte ich mich folgender Annahme zukehren: Wie die noch zum Teil slavisch sprechende Bevölkerung des Dorfes Damelang ihren Schulzen, der ihnen als Aufseher gesetzt war, mit dem slavischen Wort „Pristavel" benannten, so werden auch die noch slavisch sprechenden Fischergemeinden, die den markgräflichen Gewässern zu Köpenick und Spandau anwohnten, den ihnen vom Markgrafen gesetzten Aufseher slavisch „Pritzstabel" genannt haben, welcher Ausdruck sich dann allmählich einbürgerte. Von diesen beiden markgräflichen Fischereibezirken übertrug sich dann dieser Name, wie wir das verfolgen werden, auf die übrigen anderenorts angesetzten Fischereiaufseher.

Weder die Fischerordnung des Kurfürsten Joachim vom Jahre 1551 noch die Johann Georgs vom Jahre 1574 tun des Pritzstabelamtes Erwähnung. Die beiden für diese Zeit bezeugten Pritzstabel zu Spandau und Köpenick waren ja, wie wir sahen, lediglich als Privatbeamte für die den Kurfürsten gehörigen Amtsgewässer zu Spandau und den

---

[1] Noch heute ist dieses Wort in den slavischen Dialekten verbreitet. Es ist z. B. im Russischen „pristav" = Gensdarm, Schutzmann.

[2] „Die Germanisierung der Slaven in der Mark" in Forsch. zur Brandbg., Preuss. Gesch., Bd. 9, S. 131.

[3] Sellos Meinung, („Lehnin", Berlin 1881, S. 71), nach der der Damelanger Pritzstabel der Fischereiaufsichtsbeamte des Klosters Lehnin war, kann ich nicht beistimmen.

ebenfalls ihnen gehörigen Gewässern der Herrschaft Köpenick bestellt. Erst ganz allmählich, einmal durch den bedeutenden aus der Säkularisation des Kirchengutes (Jungfrauenkloster zu Spandau, Kloster Lehnin) entstandenen Zuwachs an Fischereirechten, andererseits durch die Klagen über unrechtmässige Fischerei veranlasst, erkannte der Kurfürst die Verpflichtung durch eigens dazu angestellte Personen zur Unterstützung und Beachtung der von ihm erlassenen Fischereiordnungen eine Aufsicht ausüben zu lassen, und so wurden denn an mehreren Orten Pritzstabel neu angesetzt.

Dadurch dass der Kurfürst diese Aufsicht auch über die ihm nicht mehr eigens gehörigen Wasserbezirke, — z. B. auf der Havel bis Brandenburg und Havelberg, ebenso auf der Spree bis Beeskow — ausdehnte, wurden die Pritzstabel aus den bisherigen privaten zu öffentlichen Aufsichtsbeamten.

Aus dem Jahre 1649 ist nun ein Patent für die Pritzstabel erhalten,[1] woraus ihre Befugnisse deutlich werden und in dem vorgeschrieben wird „was sie bei den ungebührlichen Fischereien in Acht haben sollen". Dem Pritzstabel wird „alles Ernstes und bei Verlust seines Dienstes" anbefohlen, darauf acht zu geben, dass von allen denen, die Fischereigerechtigkeit besitzen, den Fischereiordnungen vom Jahre 1551 und 1574 nachgelebt werde. Besonders sei auf die vom Adel zu achten, die sich neue Grusegarne zugelegt hätten; ferner sei durch Hechtschlagen, -stechen und -schleifen das Wasser arg verwüstet. Auch sollen die Netzmaschen mit dem eisernen Spahn allenthalben untersucht werden. Trifft der Pritzstabel jemand bei ungebührlicher Fischerei, so soll der Betreffende mit 200 Talern unnachlässig gestraft werden, und erzeigt er sich ferner ungehorsam, soll man ihm die Fischereigerechtigkeit aberkennen. Die Raubfischer, welche nicht vermögend sind, 20 Taler Strafe zu zahlen, seien in Haft zu nehmen. Damit sich jeder vor Schaden hüten könne, muss der Pritzstabel dieses Patent überall kund tun.

In der öffentlichen Verordnung vom Jahre 1668 (siehe oben § 2) werden die Pritzstabel zum ersten Mal als öffentliche Aufseher genannt; im Fischereiedikt vom Jahre 1682 finden wir sie ebenfalls. Die erneute Fischereiordnung vom Jahre 1690[2] kennt die Pritzstabel dann als die Beamten, denen ihre wirksame Durchführung zur Pflicht gemacht ist. Sowohl zu Wasser als in den Häusern auf dem Lande sollen sie allerorts das gebrauchte Fischerzeug nachprüfen, ob es auch dem eisernen Knüttspan gemäss angefertigt ist. Bis zu 10 und 20 Taler, ja mit Gefängnisstrafe sollen die Übertreter gestraft werden.

---

[1] Geh. Staatsarchiv, Prov. Br., Rep. 7, Domänenamt Lehnin, F 10, Nr. 1.
[2] Mylius: Corpus Const. Marsch. IV, II, S. 249—251.

Wenn die Pritzstabel die Wasser befahren und visitieren, so müssen die Beamten jedes Ortes, sonderlich zu Fürstenwalde, Köpenick, Spandau, Potsdam wie auch das Domkapitel zu Brandenburg, Rathenow und an allen Orten, wo Kietzer vorhanden, so oft es nötig tut, ihnen einige Kietzer zur Hilfeleistung mitgeben. Wer dabei Pfandkehrung tut, auch Pritzstabel und Kietzer „mit schimpflichen Schmäh- und Scheltworten, ja wohl gar mit Schlägen traktiret", der soll ohne Unterschied mit schwerer Geldbusse und dem Befinden nach mit Leib- und Lebensstrafe bestraft werden.

Im 17. Jahrhundert begegnen wir nun an folgenden Orten dem Pritzstabel, nämlich in Spandau, Köpenick, Potsdam — hier gibt es sogar gelegentlich zwei auf einmal — und Werder. Hinsichtlich ihrer Befugnisse und ihrer Aufsichtsbezirke sind die Pritzstabel zu Spandau und Köpenick zu unterscheiden von denen zu Potsdam und Werder. Während sich bei diesen die Aufsicht nur auf die lokalen Gewässer erstreckt, reicht sie bei jenen über weitere Flusstrecken, beim Spandauer Pritzstabel nachweislich von der Oberhavel bis zur Stadt Brandenburg, beim Köpenicker bis zur Stadt Fürstenwalde.

Das Pritzstabelamt zu Spandau ist das nachweislich älteste. Einleitend wiesen wir schon auf die im Jahre 1407 durch Petze Dines ausgeübte Aufsicht über die Fischerei („so er der hern water tu der tyd vorstund") hin, wobei wir uns des nur privaten Amtscharakters dieses Aufsehers bewusst wurden. Der Name „Pritzstabel" fand sich hier nicht übermittelt, das Amt war dasselbe.

Bis zum Jahre 1639 sind wir in Spandau ohne Nachrichten. In diesem Jahr wird hier ein Pritzstabel bestellt und zwar mit einer Besoldung, wie die Bestallung besagt.[1] Im Jahre 1653 wird der Pritzstabel Hans Mahnkopf auf Trinitatis vereidigt[2] und im Jahre 1659 mit einer neuen Vorschrift versehen.[3] Im Jahre 1660 widersetzten sich diesem Pritzstabel in Heiligensee bei einer Aufsichtsreise einige Einwohner und fielen ihn mit „mördtlicher Gewehr"[4] an. Der Kurfürst befahl darauf dem Land-Reiter im Niederbarnim nebst dem Pritzstabel sich nach Heiligensee zu verfügen, den Bauern die Hechtspeere und das andere verbotene Fischerzeug in den Häusern wegzunehmen und die, welche sich an dem Pritzstabel vergriffen hatten, zu verhaften und in die Hausvogtei zu bringen. Es ist dies einer der wenigen Fälle, in dem dem Pritzstabel ein wirklicher Rückhalt geboten wurde. Derselbe Mahn-

---

[1] Königl. Regierung zu Potsdam, Dom.-Reg., Gen., Paq. 3, 20, Nr. 81. Da uns die Bestallung selbst nicht bekannt ist, erfahren wir auch über die Höhe der Besoldung nichts.

[2] Ebenda, Nr. 99.

[3] Ebenda, Nr. 113.

[4] Ebenda, Nr. 115.

kopf erstreckte seine Aufsicht bereits bis nach Brandenburg. Dass er dabei gelegentlich seine Befugnisse auch einmal überschritt, zeigt uns ein Fall vom Jahre 1661, wobei er auf die Beschwerde der Garnleute auf dem Kietz vor der Neustadt Brandenburg wegen seiner „unrechtmässigen proceduren uff ihrer Fischerei" einen Verweis erhält und ihm befohlen wird, von dergleichen Dingen bei Verlust seines Dienstes und anderer Bestrafung abzustehen und sich bei Visitierung der Ströme, Wehre und des Fischerzeuges nach seinem Patent zu richten.[1] Nach dessen Tode folgt im Jahre 1664 im Amt Jürgen Lehmann;[2] die Witwe des Mahnkopf erhält ein vierteljährliches Gnadengehalt, und es wird ihr im Jahre 1665 gestattet, sich ein Jahr der Fischerei mit rechtmässigem Fischerzeuge zu gebrauchen.[3] Auch Lehmann dehnt seine Tätigkeit bis Brandenburg aus. Den Bürgern der Alt- und Neustadt Brandenburg wird auf Grund seiner Anzeige vom Jahre 1665 von der Kammer durch ein Reskript an den Rat beider Städte das unbefugte Fischen verboten und die Abschaffung der schädlichen Hamen verfügt.[4] Im selben Jahre zieht auch dieser Pritzstabel sich einen scharfen Verweis zu, weil er nicht genug auf die Fischerei acht gehabt habe.[5] Bei dem im Jahre 1683 durch eine Kammerkommission zwischen sämtlichen Fischereiinteressenten auf der Havel zwischen Spandau und Phöben festgesetzten Rezess[6] wird dem Spandauer Pritzstabel zur Pflicht gemacht, auf die Befolgung der in den einzelnen Artikeln getroffenen Verordnungen zu achten und die Übertreter zu pfänden.

In Köpenick findet sich der Name „Pritzstabel" für ein Fischereiaufsichtsamt zum ersten Mal, und zwar im Jahre 1487.[7] Der Pritzstabel versieht hier die Aufsicht über die zum Schlosse Köpenick gehörigen Gewässer und bestreitet unrechtmässige Ansprüche der Gemeinde Rahnsdorf, so die Nachtfischerei derselben, eine zu grosse Anzahl von Netzen und ähnliches. Im Jahre 1516 finden wir ihn wieder.[8] Der Amtmann wird verpflichtet, dem Pritzstabel bei Pfändungen Leute zu Hülfe zu geben; das Strafgeld gehört dem Amtmann. Im Jahre 1591 gab es in Köpenick zwei „Pritztabell", den „alten und jungen", Vater und Sohn, die beide an einer Visitationsreise auf der unteren Spree teilnahmen.[9] Im Jahre 1630 treffen wir dann hier auf der Unterspree einen Pritzstabel wieder an, der zugleich als „Garnschreiber" über die

---

[1] Kgl. Regierung zu Potsdam, Dom.-Reg., Gen., Paq. 3, 20, Nr. 128.

[2] Ebenda, Nr. 135.

[3] Ebenda, Nr. 159.

[4] Ebenda, Nr. 141.

[5] Ebenda, Nr. 148.

[6] Gedruckt Märk. Forsch. Bd. XVII, S. 108 ff.

[7] R. Bd. 11, S. 433—435.

[8] R. Bd. 12, S. 29.

[9] Geh. Staatsarchiv, Erbreg. von Mühlenhoff 1591, S. 33.

Erträge des grossen Garnes Rechnung zu führen hat. Kurfürst Georg Wilhelm befiehlt ihm, das verbotene enge Fischerzeug auf der Unterspree wegzunehmen.[1] Wie in Spandau wird dem hiesigen Pritzstabel 1639 eine neue Bestallung ausgefertigt und zugleich festgesetzt, „was er von solcher Verrichtung jährlich haben soll". In ununterbrochener ruhiger Folge scheint sich seitdem das Pritzstabelamt in Köpenick entwickelt zu haben, das vom Jahre 1639—1694 für die Unterspree bezeugt ist.[2] Im Jahre 1691 nahm der Pritzstabel Hinkeldey unter dem Beistand der Kietzer den Rahnsdörfern 3 Kähne und 36 Netze ab.[3] Im Jahre 1690 erstreckte sich die Aufsicht bis nach Fürstenwalde.[4]

In Potsdam erscheinen zum ersten Mal im Jahre 1624 die 4 Garnmeister als „Prizstabelln und verordnete Aufseher".[5] Dass auch sie die Wasser durch enges ungewöhnliches Fischerzeug verwüsten geholfen haben, kann sie jedoch wenig empfehlen und lässt die Oberflächlichkeit bei Auffassung dieser Amtspflicht nur zu deutlich erkennen. Im Jahre 1630 treffen wir dann wieder einen Pritzstabel in Potsdam. Er ist bereits vor einiger Zeit von der kurfürstl. Amtskammer hier, wie das zugleich auch anderswo geschehen war, angesetzt und beeidigt worden, um acht zu geben, dass durch enges und verbotenes Fischerzeug der junge Fischsamen nicht verwüstet werde.[6] Dieser Pritzstabel, Paul Böldigke, hat jedoch nicht nur selbst das enge unzulässige Fischerzeug gebraucht, sondern es auch anderen zu führen gestattet. Die kurfürstl. Amtskammer unterbreitet diese Eidesverletzung des Böldigke den Schöppen in Brandenburg und ersucht sie, über dessen Verbrechen zu Recht zu erkennen. Der Schöppenstuhl erkennt für Recht, dass der kurfürstl. bestallte Pritzstabel Böldigke zu Potsdam für den Eidbruch seines Pritzstabelamtes zu entsetzen sei und ausserdem anderen zum Abscheu mit willkürlicher Strafe belegt werden könne. Dieser Böldigke war also selbst Fischer, was vor wie nach nicht immer bei den Pritzstabeln der Fall war. Im Jahre 1647 werden in Potsdam sogar 2 Pritzstabel auf einmal ernannt, Michel Cöpernick und Andreas Ebel.[7] Sie erhalten beide ein Patent mit der Versicherung dabei geschützt zu werden. Dass dieses Amt ein unbesoldetes war, geht aus einem Bericht vom Jahre 1650 hervor, in dem Michel Cöpernick mitteilt, den Burgstrassern und Kietzern zu Potsdam die Grusegarne und unordentlichen Flöcke abge-

---

[1] Kgl. Reg. zu Potsdam, Dom.-Reg., Gen., Paq. 3, 20, Nr. 70.

[2] Ebenda, Paq. 3, 19, Vol. I, 5.

[3] Ebenda, Paketakten.

[4] Mylius, Corpus Const. March., S. 249—251.

[5] Kgl. Reg. zu Potsdam, Dom.-Reg., Fischereis., Gen., Paq. III, 24.

[6] Akten des alten Schöppenstuhls zu Brandenburg, Bd. LXXIII, Fol. 404. Abgedruckt in Mitt. d. Vereins für die Geschichte Potsdams, Nr. 110.

[7] Kgl. Reg. zu Potsdam, Dom.-Reg., Gen., Paq. 3, 20, Nr. 91.

nommen zu haben; zugleich hält er um etwas Besoldnng und Deputat an oder bittet bei Ablehnung um seinen Abschied.[1]) Im Jahre 1667 ist noch ein Pritzstabel hier vorhanden,[2]) doch muss das Pritzstabelamt bald danach eingegangen sein.

In Werder hatte im Jahre 1635 der dortige Garnmeister, Peter Heineken, auf Grund eines ihm ausgefertigten Patentes die Aufsicht auf den kurfürstlichen Wassern auszuüben.[3]) Wiederholt musste der Pritzstabel von der Kammer gegen Angriffe geschützt werden. So wird im Jahre 1644 Sigismund von Hake zu Geltow durch den Kurfürsten bei Strafe gewarnt, sich nicht an dem Pritzstabel zu vergreifen[4]) (v. Hake hatte enges und unzulässiges Fischerzeug). Im Jahre 1697 sollen die Garnleute zu Phöben, welche mit verbotenem Fischerzeuge gefischt hatten und sich solches vom Pritzstabel nicht nehmen lassen wollten, diesen „übel traktiert" haben.[5]) Im Jahre 1698 hatte der Pritzstabel über die Müller in der Neustadt Brandenburg, welche sich ihm bei der Pfändung wegen ihres unbefugten Fischens auf der Havel widersetzt hatten, bei der Kammer Beschwerde geführt, worauf diese sich an den Rat der Neustadt wandte.[6]) Im Jahre 1705 hatte der Pritzstabel zu Werder, Hamans, einen Bauer zu Schmergow wegen unerlaubter Hahmenfischerei gepfändet. Der Bauer wurde zu 2 Taler Strafe verurteilt. Der Pritzstabel, der das gepfändete Fischerzeug nicht der Kammer einlieferte, sondern es weiter verkaufte und das Geld innebehielt, sollte ebenfalls durch Verfügung der Amtskammer bestraft werden.[7]) Hiernach muss die Pritzstabelstelle zu Werder eingegangen sein, da im Jahre 1724 der Pritzstabel zu Spandau angewiesen wird, auf die Werderschen und Phöbenschen Gewässer mit acht zu geben und die verbotenen Fischerzeuge dem Amt Lehnin einzuliefern.[7])

Es scheint in der Tat, wie das ebenso die übrigen Akten aus dieser Zeit erweisen, unter den Kurfürsten des 17. Jahrhunderts auch in der Fischerei mit Ernst und Nachdruck gewirtschaftet zu sein, wenn auch vielleicht der Erfolg nicht immer der erwünschte war. Dagegen werden wir jetzt sehen, wie im 18. Jahrhundert dann in der Fischereiwirtschaft der Mark eine grenzenlose Nachlässigkeit und bei den Versuchen um Abhilfe eine unverzeihliche Umständlichkeit waltet, die sich die Zustände doch nur verschlimmern lässt.

Im 18. Jahrhundert werden die Fischereiaufsichtsbezirke auf neue geregelt. Während die Pritzstabelstelle in Werder ganz verschwand

---

[1]) Kgl. Reg. zu Potsdam, Dom.-Reg., Gen., Paq. 3, 20, Nr. 95.
[2]) Ebenda, Nr. 156.
[3]) Ebenda, Nr. 75.
[4]) Ebenda, Nr. 87.
[5]) Ebenda, Paq. 3, 19, Lehnin, Nr. 12.
[6]) Ebenda, Paq. 3, 19, Brandenburg, Nr. 5.
[7]) Geh. Staatsarchiv, Prov. Br., Rep. 7, Domänenamt Lehnin, F. 10, Nr. 1.

und auch die in Potsdam nur noch einmal wenige Jahrzehnte besetzt
wurde, erweiterte sich die Aufsicht des Spandauer Pritzstabels bis zur
Havelmündung und die des Köpnicker Pritzstabels bis Beeskow. Später
wurde auf der Havelstrecke von Brandenburg bis Havelberg noch ein
neuer Pritzstabel angesetzt.

Dem Ansehen des Pritzstabelamtes trug in erster Linie die Art
der Besoldung argen Schaden ein. Von der Amtskammer auf ein
gänzlich unzureichendes Gehalt gesetzt — der Pritzstabel zu Spandau
erhielt zu Anfang des 18. Jahrhunderts 12 Taler 12 Groschen und der
zu Köpenick gar nur 7 Taler jährlich[1]) — waren sie angewiesen,
Fischerei und sonstiges Gewerbe zu treiben und mussten sich grösstenteils von unerlaubten Akzidenzien nähren. Dazu hatten sie die ihnen
von den ihrer Aufsicht unterstellten Fischern freiwillig gewährten
Beiträge zum Gehalt selbst einzusammeln, wodurch der Dienst in eine
unwürdige Abhängigkeit geriet. So war dem Spandauer Pritzstabel
Mahnkopf jeder Einfluss verloren gegangen, die Fischer liessen sich
nicht von ihm zur Ordnung zwingen, drohten ihm mit Schlägen und
taten auf den Strömen was sie wollten.[1]) Arge Zustände traf dann
auch der von der Kurmärk. Kammer mit einer gründlichen Revision
der fischereilichen Verhältnisse auf Havel und Spree im Jahre 1737
beauftragte Domänenrat Limmer an. Er berichtet der Kammer darüber;[2])
der Pritzstabel von Köpenick Johann Friedrich, der bereits 27 Jahre
im Amt sei und dies Amt vom Vater übernommen habe, bereise seinen
Distrikt noch ziemlich fleissig, dagegen gleiche der Pritzstabel von
Spandau, Michel Mannkops, mehr einem privilegierten Placker als treuem
Wasservogt, ganz zu schweigen, dass dieser während seines sechs-
jährigen Dienstes nur ein paarmal bis nach Pritzerbe, niemals nach
Rathenow, noch weniger bis Havelberg seiner Schuldigkeit nach-
gekommen sei. Von Rechtes wegen musste er dreimal im Jahr die
Havel bereisen, in der Barschlaichzeit, wenn der Samenhecht nach den
Strömen und Seen zurückgeht und im Herbst, wenn das Zuhren anfängt.
In der ganzen Zeit hat er nur eine Pfändung getan. Er glaube, sein
Dienst sei nur für ihn und nicht für andere, und es sei also genug, wenn er
seine Akzidenzien jährlich einmal zusammenschleppe und dabei einen
lustigen Tag pflege; „inmafsen er sich dann auch nicht enthalten
können bei dieser Visitationsbereisung, die ihm eben nicht lukrativ, aus
Betrübnis in die Worte auszubrechen: wie er vorm Jahr Hochzeit gehabt,
anitzo aber hätte er Begräbnis". Im übrigen bereist er die Fischerdörfer und Kietzörter, nimmt Viktualien nebst einem Gulden Reisegeld
in Empfang, dazu an „nasser Ware" eine ziemliche Dosis. Mahnkopf

---

[1]) Geh. Staatsarchiv, Gen.-Dir. Kurm., Tit. CXV, Sect. O, 13, Fischer, Nr. 1.
[2]) Bericht vom Jahre 1738, wie Anm. 1.

konnte auch bei Anklage durch die Fischer von Deetz und Schmergow nicht leugnen, dass er gleich seinem Vorgänger, dem Pritzstabel Nuschen, vom Herrn von Brösicke zu Paaren einen Scheffel Roggen empfangen habe, vermutlich deswegen, dass er den Missbrauch der Zuhre gütig übersehen wolle. — Wenn es nun auch nicht immer so schlimm hergegangen sein mag, so dient doch dieser Fall fürs ganze 18. Jahrhundert als treffliche Illustration der damaligen Pritzstabelverhältnisse. Limmer regt bei der Amtskammer die Teilung dieses die ganze Unterhavel von Spandau an umspannenden Bezirkes an und schlägt vor, auf der Strecke von Brandenburg bis Havelberg einen eigenen Pritzstabel anzusetzen.

Die Kurm. Kriegs- und Domänenkammer ging dann auch sofort daran, den unhaltbaren Zuständen, wie sie sich bei der Visitation durch Limmer allerorts an der Havel herausstellten,[1] abzuhelfen und übersandte an den König die von Limmer neu verfasste Fischerordnung,[2] in der auch die Fischereiaufsicht neu geregelt war. Vor allem sollte ein hinlängliches Gehalt für die Pritzstabel ausgemacht werden, alle Akzidenzien sollten in Wegfall kommen; nur treue Leute, des Lesens und Schreibens „ziemlich kundig" und in Fischereisachen vollkommen, seien anzustellen und zwar nicht wie bisher von den Ämtern, sondern von der Kriegs- und Domänenkammer.[3] Im Jahre 1748 folgte ein Bericht über die Festsetzung des Gehaltes für 3 in Köpenick, Potsdam und Rathenow anzusetzende Pritzstabel. Jeder soll 50 Taler Gehalt erhalten, den vierten Teil der Strafgefälle und das gewöhnliche Pfandgeld.[4] Zur Deckung der Gehaltsunkosten soll von den Fischerei-Interessenten repartiert werden. Dies war nun aber der Punkt, an dem sowohl die Publikation der neuen Fischerordnung, wie auch die Regelung des Pritzstabelamtes scheitern sollten, da es nicht gelang, die einzelnen Fischergemeinden zu einem Beitrag zu bewegen, und andererseits die Kammer sich zur Bewilligung der in Frage stehenden 150 Taler aus öffentlichen Mitteln nicht entschliessen konnte. Dank eines überaus nachlässigen Geschäftsbetriebes bei der Kurm. Kriegs- und Domänenkammer — der König musste wiederholt ernstlich drohen, um die Verhandlungen nicht ganz ins Stocken geraten zu lassen — kam es zur Veröffentlichung der Fischerordnung ja überhaupt nicht, das Pritzstabelamt wurde provisorisch unter der Hand geordnet. Im letzten Grunde wurde es nicht viel besser, als es eben früher auch schon war, und infolge der unsicheren, nie ganz

---

[1] Siehe auch Kap. I, 2. Teil, § 3 „Zuhrfischerei".

[2] Siehe oben § 2.

[3] Geh. Staatsarchiv, Prov. Br., Rep. 2, Kurm. Kriegs- und Domänenkammer, Materien Fischereisachen, Nr. 1.

[4] Geh. Staatsarchiv, Gen. Direkt. Kurm., Tit. CXV, Sect. O, 13, Fischer, Nr. 1.

durchgreifenden Versuche zur Neuordnung der Pritzstabelverhältnisse gestalteten sich diese ungemein verwickelt.

Das Pritzstabelamt zu Spandau bekleidete bis zum Jahre 1732 ein gewisser Nusche; von ihm übernahm es der oben erwähnte Michel Mannkopf, dem wieder im Jahre 1754 ein Pritzstabel Nusche im Amte folgte.[1]) Ein 1745 für den „Pritzstabel oder Wasservogt" zu Spandau neu ausgefertigtes Patent setzte den Aufsichtsbezirk fest für die Strecke von Spandau bis Havelberg.[1]) Das Gehalt des Pritzstabels war durch einen Erlass der Kammer an die Ämter Spandau, Potsdam, Ziesar und Fahrland[2]) derart geregelt, dass dieser anstatt der ehemaligen Speisung in den Dörfern von jedem Bauer oder vollen Fischer 6 Groschen und von jedem Kossäten oder Halbfischer 3 Groschen jährlich erhielt. Aus einem Bericht des Amtes Spandau vom Jahre 1769 erfahren wir,[3]) dass der Pritzstabel Nusche jährlich 3 bis 4 Reisen auf der Havel bis Rathenow tue, wozu die Fischergemeinde auf dem Kietz zu Spandau zu 2 Reisen 2 Mann und zur 3. Reise die Fischergemeinde zu Pichelsdorf ebenfalls bisher 2 Mann gegeben hätten; dafür seien diese aber wegen der 2 Mann bei Liquidation der Handdienste mitbezahlt worden. Auf der Oberhavel reise der Pritzstabel jährlich 2 bis 3 Mal bis Oranienburg, aber allein. Jeder Fischer solle ihm, so oft er sie bereise, einen Groschen geben. Der Pritzstabel brauche dies Geld jedoch als Zehrpfennig für die Reise, zumal sein Traktement noch immer nur 12 Taler 12 Groschen betrage. Ausser den Fischergemeinden Kietz und Pichelsdorf stellte keine Gemeinde zu den Reisen Begleitmannschaften. Als Nusche starb (1772), erhielt die Stelle Wegener, der jedoch schon im Jahre 1782 ertrank.[4]) Ihm folgte im Amte der Unteroffizier Hake, dessen Besoldung dann in folgender Weise geordnet war.[4])

1. An Traktement	12	Taler	12	Groschen
2. Ertrag der Pritzstabelwiese am Berliner Tor	14	„	—	„
3. Gemeinde zu Hennigsdorf	4	„	—	„
4. „ vom Kietz	9	„	8	„
5. „ zu Pichelsdorf	2	„	12	„
6. „ vom Damm, bei dem grossen und kleinen Garn die Handseite zu bestellen	2	„	—	„

Sa.: 44 Taler 8 Groschen

7. Reusenlegen in der Oberhavel bei Zepernicks Seite,
8. den Stintfang mit der Wade von „Plötzzeichen" bis am „neuen Toch", so etwa 4 Taler jährlich betragen, und das Pfandgeld, für jede Pfändung 16 Groschen.

---

[1]) Kgl. Regierung zu Potsdam, Dom.-Reg., Gen., Fischereis., Fach I, Nr. 5.
[2]) Geh. Staatsarchiv, Gen.-Dir. Kurm., Tit. CCLXXII, Wasser-Sachen, Havel, Nr. 4.
[3]) Kgl. Regierung zu Potsdam, Dom.-Reg., Gen., Paq. II, 22.
[4]) Ebenda, Fischereisachen, Fach I, Nr. 5.   11*

Die Aufsicht des Spandauer Pritzstabels erstreckte sich in dieser Zeit also wieder lediglich auf die Spandauer Gewässer. Dies hatte seinen Grund darin, dass in Potsdam, nachdem das General-Direktorium bereits im Jahre 1763[1]) die Kammer angewiesen hatte, hier ein „tüchtiges Subjekt" als Pritzstabel anzusetzen, auf Bitten der Garnmeister daselbst im Jahre 1769[2]) und deren Beschwerde, dass der Spandauer Pritzstabel Nusche seine Pflicht nicht gehörig tue, im Jahre 1772 ein Pritzstabel Koch angesetzt war,[3]) dem die Aufsicht über die Havel vom „roten Stein"[4]) beim Dorfe Cladow bis Brandenburg oblag. Der Koch konnte nur unter grobem Protest der Kietzer und Burgstrasser Fischer, die sich dabei auf dem Amt höchst ungebührlich benahmen, vereidigt werden. Und zwar wollten sie nicht, dass dem Pritzstabel das Recht des Mit-fischens eingeräumt würde; das Amt hatte ihm erlaubt, die kleine Fischerei zu treiben gleich dem Spandauschen und Köpenickschen Pritzstabel, auch das Flocken, Aalpuppen werfen und Beistellen im Sommer und Winter beim grossen und kleinen Garn. Ferner erhielt er an Gehalt 30 Taler von dem Pächter des Potsdamschen grossen Garnes und für jeden Fall 16 Groscheu Pfandgeld.[5]) Im Jahre 1775 folgte ihm der Pritzstabel Rasenack, der dann im Jahre 1790, nachdem er seiner Pflicht nicht un-parteilich genügt und „manche Klage gegen ihn entstanden", altershalber diesen Dienst aufzugeben beschloss. Trotzdem sich jetzt der Spandauer Pritzstabel Hake darum bei der Kammer bemühte,[6]) seine Aufsicht auch auf die Gewässer zu Potsdam, Werder und Phöben erstrecken zu dürfen und darum bat, ihm auch die Akzidenzien dort beizulegen, blieb die Potsdamer Pritzstabelstelle bis zum Jahre 1793 frei, da das dortige Justizamt „bei aller Mühe" einen anderen tüchtigen Wasservogt nicht ermitteln konnte. In diesem Jahre meldete sich auf ein Ausschreiben im Intelligenzblatt ein Fischer Schulze aus Ravensbrück bei Fürstenberg zu der Stelle, verlangte jedoch statt 30 Taler 72 Taler jährliches Ge-halt. Er wurde vom Amt Potsdam geprüft und für tüchtig befunden, worauf ihn die Kammer dem Generaldirektorium zur Anstellung empfahl.[7]) Der König befahl indessen, den Potsdamer Pritzstabelposten noch un-besetzt zu lassen, da es im Augenblick unmöglich sei, aus dem er-mittelten Salarien-Fonds (siehe weiter unten „Tableaux") 6 Taler monatliches Gehalt zu bewilligen.[8]) Als dann die Kammer im Jahre 1797 bat,

---

[1]) Geh. Staatsarchiv, Gen.-Dir. Kurm., Tit. CCLXXII, Wassersachen, Havel, Nr. 4.

[2]) Kgl. Reg. zu Potsdam, Dom.-Reg., Gen., Paq. II, 22.

[3]) Ebenda, Fischereisachen, Fach I, Nr. 5.

[4]) Ein künstlich errichteter Grenzstein für die Potsdamer und Spandauer Fischerei-berechtigungsbezirke; siehe oben 1. Kap., 2. Teil, § 2, Nr. 3.

[5]) Kgl. Reg. zu Potsdam, Dom.-Reg., Generalia, Fischereis., Fach 1, Nr. 4.

[6]) Ebenda, Fach 1, Nr. 5.

[7]) Geh. Staatsarchiv, Gen.-Dir. Kurm., Tit. CCLXXII, Wassersachen, Havel, Nr. 4.

[8]) Ebenda, 1794, August 9.

die Pritzstabelstelle in Potsdam doch wenigstens vorübergehend besetzen zu dürfen, wurde auch dies vom Generaldirektorium bis zur Neuberufung aller anderen Pritzstabel, der die noch immer nicht geregelten Besolduungsverhältnisse im Wege standen, abgelehnt.[1]) Der Pritzstabelposten zu Potsdam ist in der Folgezeit nie wieder besetzt worden.

Neben den beiden Pritzstabelstellen zu Spandau und Potsdam hatte sich seit der Mitte des 18. Jahrhunderts an der Unterhavel zwischen Rathenow und Havelberg eine neue Stelle herausgebildet. Nachdem schon in seinem Visitationsbericht[2]) vom Jahre 1737 der Kriegs- und Damänenrat Limmer für die Havelstrecke von Brandenburg bis Havelberg einen eigenen Pritzstabel gefordert hat, schlägt die kurmärk. Kammer im Jahre 1748[2]) dem König vor, einen solchen in Rathenow anzusetzen. Im Jahre 1752 bewirbt sich um die Stelle der Invaliden-Musketier Friedrich Eckhardt, der 15 Jahre gedient hatte, in der Sorauschen Bataille aber an den Füssen schwer blessiert war.[3]) Dieser ist von den Fischergewerken zu Havelberg und Rathenow bereits als Aufseher angenommen, worüber er die Zeugnisse der Bürgermeister zu Havelberg und Rathenow beibringt. Zugleich hatten sich die Fischer zu Havelberg und die Kietzer zu Rathenow verpflichtet, zu dessen „besserer Subsistenz" jährlich beizusteuern. Der König genehmigt die Anstellung und befiehlt den Steuerräten, auf Eckhardt ein beständiges wachsames Auge zu halten, damit er zu seinem Vorteil den Fischern nicht durch die Finger sehe. Eckhardt bittet, ihn gehörig zu autorisieren, insonderheit allen, die von Majestäts wegen Gerichte führen, so auch die Chefs der Garnisonen zu verpflichten, ihm erforderlichen Falles gegen die Contravenienten Beistand zu leisten. Obgleich die kurmärk. Kammer im Jahre 1755 die Besoldung des Eckhardt auf 31 Taler und 16 Groschen in der Weise festgesetzt hatte, dass von den Fischereiberechtigten von Plaue bis Havelberg die Vollfischer je 4 Groschen, die Halbfischer je 2 Groschen dazu beisteuerten, so scheint doch auch die Rathenower Stelle weder fest gegründet noch in der Folge recht wirksam geworden zu sein. Eckhardt übernahm neben dem Pritzstabelamt im Jahre 1755 die Küsterstelle zu Jederitz, die seine Existenz vollkommen sicherte. Dazu weigerten sich die magdeburgischen Haveldörfer, die „niemalen von einem Pritzstabel observiert worden", sich diesem zu unterstellen, und die Magdeburg. Kriegs- und Domänenkammer bat das General-Direktorium, die Haveldörfer mit dieser neuen Last zu verschonen, da sie doch dem König von der Fischereinutzung eine ansehnliche Kontribution bisher entrichtet hätten. Trotzdem nun die

---

[1]) Geh. Staatsarchiv, Gen.-Dir. Kurm. Tit. CCLXXII, Wassers., Havel Nr. 4, 1797, August 4.

[2]) Geh. Staatsarchiv, Gen.-Dir. Kurm., Tit. CXV, Sect. O., 13, Fischer, Nr. 1.

[3]) Ebenda, Tit. CCLXXII, Wassers., Havel, Nr. 4, Hierin finden sich auch die Akten zu den folgenden Angaben.

Kammer der Ansicht war, dass Eckhardt unmöglich Küster und Pritzstabel zugleich sein könne,[1] „indem dieses 2 ungleiche Functiones seien,
so sich unmöglich zusammen schicken wollen“, und auch der König die
Ansicht vertrat, dass Eckhardt als Küster den Pritzstabeldienst nicht gehörig versehen könne, finden wir im Jahre 1769 dennoch Eckhardt als
Pritzstabel noch in Jederitz. Allerdings scheint unter diesen Umständen
seine Klage verständlich, dass die vom Adel und alle Dörfer im Stifte
Magdeburg wie auch in der Mark ihn nicht für einen Pritzstabel erkennen
und die höchstschädlichen Fischerzeuge garnicht abschaffen wollen.[2]
Er bittet, durch das General-Direktorium ihm Anerkennung zu verschaffen,
auch dass ihm an "Salaire“ bei jeder Bereisung auf dem Lande von
jedem Fischer 6 Pfennige gegeben würden und er mit einem Fischer-
kahn von einer Fischerei zu der anderen gefahren werde; in den Städten
wollten ihn die Steuerräte schon unterstützen, wenn nur erst die Bauern
zum Gehorsam gebracht wären. Im Jahre 1792 wird ein Bauer Eckert
zu Jederitz, 45 Jahre alt und scheinbar ein Sohn des alten Pritzstabels,
als Pritzstabel auf der Havel von Rathenow bis Havelort angestellt[3]
und erhält im Jahre 1793 auf Grund seines geleisteten Eides die Be-
stallungsurkunde. Der Inhalt des Amtes erfährt dabei jedoch eine tief-
gehende Wandlung. Die Aufsicht erstreckt sich vor der Hand lediglich
auf die Wasserwerke in und längs der Havel; an Besoldung erhält der
Eckert 4 Taler monatlich aus den Havelbaugeldern. In einem Kahn,
den sich der Eckert auf seine Kosten anschaffen muss, muss er fleissig
wenigstens einmal wöchentlich die Havel von Rathenow bis Nitzow befahren und, wenn die Havel mit Eis belegt ist, diese auf dem Eise
begehen und darauf sein Augenmerk richten, ob die Buhnenbepflanzungen
und andere Wasserwerke durch mutwillige Leute, Vieh oder vom Eis-
gang beschädigt sind. Ferner hat er auf den gehörigen Betrieb der
Fischereien auf Grund der Fischerordnung vom Jahre 1690 zu achten.
Im Jahre 1801 folgt nach dem Tode des Eckert im Amte der Elb-
buhnenmeister Schütze und erhält 48 Taler jährliche Besoldung. Auf
diesem Wege wurde das alte lediglich die Fischereiaufsicht bezweckende
Pritzstabelamt zu Jederitz zum Buhnenmeisteramt; aus einem Anschreiben
des Domkapitels zu Havelberg vom Jahre 1824[4] an die Königliche
Regierung geht hervor, dass die Jederitzer Pritzstabelstelle nach Ableben
des Eckert nicht wieder besetzt worden ist. Mehrere Eingaben der
Prieguitzer Fischereiinteressenten um Anstellung eines Pritzstabels vom
Jahre 1824 werden von der Regierung abschlägig beantwortet, weil das

---

[1] Geh. Staatsarchiv, Gen.-Dir. Kurm., Tit. CCLXXII, Wassers., Havel, Nr. 4,
1755, Febr. 12.

[2] Ebenda, Wassers., Havel, Nr. 4, 1769, Dez. 14.

[3] Ebenda, 1792, Nov. 22.

[4] Kgl. Reg. zu Potsdam, Dom.-Reg., Fischereis. Gen., Fach 1.

Gehalt nicht vorhanden sei; dabei wird bemerkt, dass in Havelberg übrigens schon ein Aufseher unter der Benennung eines „Tokypers" angesetzt sei, dem jedoch nur die Aufsicht auf die Erbpächter der Amtsfischerei obliege.[1]

In Köpenick hat auch im 18. Jahrhundert das Pritzstabelamt in ruhiger und steter Weise seinen Bestand gehabt. Den Pritzstabel Johann Friedrich haben wir bereits kennen gelernt, der im Jahre 1737 das Amt bereits 27 Jahre verwaltete und vom Vater übernommen hatte. Scheinbar wieder ein Sohn des Johann Friedrich, Ludwig Friedrich, hatte das Amt dann bis zu seinem Tode im Jahre 1775 inne.[2] Er hatte die Berechtigung zur Kleinfischerei und bezog ein jährliches Traktement von 7 Talern. Diesem folgte wieder dessen Sohn Peter Friedrich; er hatte die Aufsicht über die sämtlichen zum Köpenicker Amt gehörigen Fischereien, die nach einer Aufzeichnung vom Jahre 1800 folgende Gewässer umfassten:[3] Der Müggel, die Spreegewässer, die Heidegewässer, bei Wendisch Woltersdorf, bei dem Erckner, oberhalb Rahnsdorf, mit dem grossen Garn bei Schmöckwitz, in der Lake daselbst, die Schmöckwitzer Wehrfischerei, die Fischerei bei Ziethen, die beiden Wehre bei Wernsdorf, die Fischerei in der Spree und den Feldpfühlen bei Mahlsdorf und Glienecke, die Amtsfischerei auf der Spree, die Rudowsche Fischerei. Ausserdem besuchte dieser Pritzstabel die Berliner Märkte, um den Verkauf zu kleiner Fische zur Anzeige zu bringen, wozu er im Jahre 1800 noch einmal aufs neue verpflichtet wurde. Diesem folgte dann im Jahre 1823 der Pritzstabel Judis.[4] Er darf im Gegensatz zu den früheren Pritzstabeln keine Fischerei mehr betreiben, erhält dafür aber 50 Taler Entschädigung von dem Fischereipächter des Amtes.

Während dieser ganzen Zeit waren die mit dem Erlass der neuen Fischerordnung verbundenen, die Neuregelung des gesamten Pritzstabelwesens bezweckenden Verhandlungen fortgesetzt worden, waren aber stets an den Versuchen einer Aufbringung des Gehaltes für die Pritzstabel gescheitert. Hinderte dies einmal das Zustandekommen der neuen Fischerordnung (1748), so liess ein andermal diese, da unvollendet, eine Regelung des Pritzstabelwesens nicht zu (1796). Bereits im Jahre 1748 befiehlt der König der Kammer, die Fischereiinteressenten an der Spree und Havel auf einen gewissen und proportionierlichen jährlichen Beitrag für die 150 Taler Gehalt der Pritzstabel zu Potsdam — der Spandauer sollte nach Potsdam versetzt werden —, Köpenick und Rathenow zu klassifizieren; doch im Jahre 1769 war diese Repartion dem Könige

---

[1] Kgl. Reg. zu Potsdam, Dom.-Reg., Fischereis., Gen., Fach 1.
[2] Ebenda, Fischereis., Paq. I, 7.
[3] Kgl. Reg. zu Potsdam, Dom.-Reg., Fischereis., Paq. I, 7.
[4] Kgl. Reg. zu Potsdam, Dom.-Reg., Etatssachen, Fach 32, Nr. 42.

noch immer nicht zugegangen.[1]) Inzwischen war im Jahre 1754 vom General-Direktorium die Verordnung[2]) für die Kurmark ergangen, wonach ein Bauer oder voller Fischer 6 Groschen, ein Kossäte und kleiner Fischer 3 Groschen jährlich zum Pritzstabelgehalt beisteuern sollten, welche Verordnung jedoch nie in ihrem ganzen Umfang wirksam wurde. Im Jahre 1793 befiehlt der König dann der kurmärk. Kammer, ein „Tableaux" anzufertigen sämtlicher an der Havel liegender Fischereiinteressenten von Spandau bis Havelberg.[3]) Jede Fischereigerechtigkeit soll ihrem Werte nach abgeschätzt werden, und jeder Interessent soll proportional dem Ertrage zum Pritzstabelgehalt beitragen. Dieses Tableaux kam im Jahre 1794 zustande, wenn auch sehr lückenhaft. Es wurden freiwillige Beiträge von insgesamt 161 Taler 11 Groschen ausgemittelt, die nun als Gehalt verwendet werden sollten für folgende 4 Pritzstabelstellen:

1. Von Berlin bis Cladow, welcher Pritzstabel jetzt 32 Taler 12 Groschen jährliches Gehalt hat, das vom Amte Spandau gezahlt wird.
2. Von Cladow bis Brandenburg, mit welcher Stelle 30 Taler Gehalt verbunden sind, die vom Beamten in Potsdam entrichtet werden. Die Stelle ist bereits 4 Jahre unbesetzt.
3. Von Brandenburg bis Rathenow, welcher Distrikt gänzlich ohne Aufsicht ist.
4. Von Rathenow bis zum Havelort, welcher Distrikt jetzt von dem Eckert provisorie respiziert wird für 4 Taler monatliches Gehalt.

Bei einer abermaligen Umfrage unter den Interessenten erhöhten sich die Beiträge auf 234 Taler 20 Groschen 3 Pf. Teils sollten sie freiwillig gegeben werden, teils schätzte man die Widerstrebenden zwangsweise ein. Die Interessenten der freiwilligen Beiträge machten zur Bedingung erstens, vorläufig nur auf 6 Jahre zahlen zu wollen, um den Erfolg erst abzuwarten, und zweitens, dass der Pritzstabel nicht selbst Fischerei betreiben dürfe. Die Beträge sollten von den Kreiskassen eingezogen werden und durch diese die Gehaltszahlungen an die Pritzstabel erfolgen. Die Höhe der Gehälter sollte nach der Grösse der verschiedenen Distrikte bestimmt werden.

Diese Pläne, in allen ihren Punkten wirksam durchgeführt, hätten der Fischerei einen guten Dienst erweisen können; doch sie gelangten nicht zur Ausführung. Als die kurmärk. Kammer im Jahre 1796 vom Generaldirektorium eine Approbation des Königs zur Einziehung der 234 Taler, die doch zum Teil zwangsweise geschehen musste, erbat,[2]) erhielt sie nach Jahresfrist zur Antwort, dass die königliche Approbation überflüssig werden sollte durch die Verfügung der neuen Fischerordnung,

---

[1]) Geh. Staatsarchiv, Gen.-Direkt., Kurm. Tit. CXV, Sect. O, 13, Fischer, Nr. 1.
[2]) Ebenda, Tit. CCLXXII, Wassers., Havel, Nr. 4.
[3]) Ebenda, 1793, Jan. 18.

die die Bezahlung den Fischern zur Verbindlichkeit machen werde.[1]
Nun, mit dieser Antwort hat sich die Kammer für immer begnügen
müssen, denn diese Fischerordnung kam ja nicht zustande.

Im Jahre 1802 wurde dann in der Provinz zur Anstellung mehrerer
Pritzstabel oder Stromaufseher ein Zuschuss von 800 Talern bewilligt und
im Domänen-Etat ausgeworfen.[2] Dazu verfügte das Generaldirektorium,
das gesamte Gehalt der jetzigen Stromaufseher zu einem Fonds zusammen
zu werfen. In wenigen Jahren sammelten sich jetzt mehrere tausend
Taler an, da zu den Pritzstabelstellen noch keine tüchtigen Subjekte
ausgemittelt werden konnten. Von entscheidender Bedeutung war nun
aber endlich die vom Generaldirektorium im Jahre 1805 vertretene Ansicht, dass das Gehalt der Pritzstabel zu Köpenick und Spandau, da
diese Leute ja nur auf die Fischerei und nicht auf die Schiffahrt die
Aufsicht hätten, mit dem zur Besoldung der Stromaufseher zu errichtenden
allgemeinen Fonds weiter nicht zu vermischen sein werde.[3] So hatten
die Pritzstabelposten eine Unterstützung von dieser Seite auch nicht
mehr zu erwarten, und die gesamten Pläne des 18. Jahrhunderts wurden
somit zunichte. Von den geplanten vier Pritzstabelstellen an der Havel
war nur eine, nämlich die zu Spandau, dauernd besetzt, an der Spree
die zu Köpenick, und hinsichtlich ihrer Besoldung von Seiten des Staates
finden wir im Anfang des 19. Jahrhunderts dieselben Verhältnisse wie
zu Beginn des 18. Jahrhunderts. Der Spandauer Pritzstabel erhielt vom
Amte Spandau im Jahre 1805 nach wie vor 12 Taler 12 Groschen und
der Köpenicker 7 Taler jährlichen Gehaltes vom dortigen Amt. Durch
die freiwillig, doch verschieden hoch aufgebrachten Zuschüsse der Fischereiinteressenten verbesserten sich jedoch im 19. Jahrhundert die Gehälter
schnell, und der Spandauer Pritzstabel verfügte im Jahre 1820 bereits
über ein Jahreseinkommen von 115 Talern und 6 Groschen, das sich
folgenderweise herleitete.[4]

1. An barem stehenden Gehalt aus der Rent- amtskasse	12 Taler	12 Groschen
2. Von 29 Kietzer Fischern à 8 Groschen . .	9 „	16 „
3. Von 15 Pichelsdorfer Fischern à 4 Groschen	2 „	12 „
4. Von 6 Dammer Fischern	7 „	— „
5. Von der Gemeinde zu Hennigsdorf	4 „	— „
6. Wegen der Revision der Gewässer bis Pots- dam und Brandenburg von verschiedenen Ortschaften	5 „	21 „

[1] Geh. Staatsarchiv, Gen.-Dir. Kurm., Tit. CCLXXII, Wassers., Havel, Nr. 4, 1797,
August 14.

[2] Geh. Staatsarchiv, Gen.-Dir. Kurm., Tit. CCLXXII, Wassers., Havel, Nr. 4.

[3] Ebenda, 1805, März 11.

[4] Kgl. Reg. zu Potsdam, Dom.-Reg., Fischereis., Gen., Fach 1.

(Hierzu steuerten nach einem Protokoll vom
Jahre 1815 bei die Fischer auf dem Kietz
zu Potsdam, die Burgstrasser Fischer daselbst, 12 Fischer zu Fahrland, 3 zu Leest,
6 zu Saaringen, 7 zu Deetz, 20 zu Ketzin
und 12 zu Phöben; in diesem Jahre zusammen
10 Taler 8 Groschen; die Zuschüsse waren
also verschieden hoch).

7. An Pfandgeld ungefähr . . . . 30 Taler — Groschen
8. An Pacht für die zum Dienst gehörige Wiese
ungefähr . . . . , ... 20 „ — „

Sa.: 91 Taler 1 Groschen

Ausserdem für jeden Schwan, der zum
Rupfen gebracht wird, 1 Groschen und für
jeden Schwan, der mehr zugezogen wird,
4 Groschen, macht nach einem 6jährigen
Überschlag jährlich . . . . 23 „ 17 „

Gesamtes Diensteinkommen also 115 Taler 6 Groschen

Auf dieser Höhe konnte sich das Einkommen nicht ständig halten.
Es betrug z. B. im Jahre 1844 nur 77 Taler 1 Groschen 3 Pfennig
insgesamt, welches Einkommen nach dem Bericht des Domänen-Rent-
meisters so gering sei, dass es kaum den Erwerb einer rüstigen Tage-
löhner-Familie erreiche.[1] Dazu war die Höhe des Gehaltes eben
schwankend, und so bittet im Jahre 1845 der Pritzstabel Rösicke zu
Spandau um Verbesserung und Festlegung. Obwohl die Regierung den
Vorschlag macht, das Gehalt auf 120 Taler als auf das eines Polizei-
dieners zu erhöhen, lehnt das Ministerium es zweimal ab. Ähnlich
erging es dem Köpenicker Pritzstabel. Er hat im Jahre 1846 nach Ablösung seiner früheren Befugnis bei den grossen Garnzügen beizustellen
seitens der fiskalischen Fischereipächter in einer Höhe von 50 Taler
ein Gesamteinkommen von 80 Taler 19 Groschen 2 Pfennig.

Im Jahre 1867 entschloss man sich endlich, den Pritzstabel in die
Domänenverwaltung zu übernehmen, womit zugleich eine Gehaltsregulierung
verbunden war. Der Spandauer Pritzstabel erhielt seitdem 180 Taler
Gehalt.[2] Desgleichen fielen in Zukunft die Besoldungsbeiträge der
Fischergemeinden der Ämter Spandau, Potsdam, Fahrland und Lehnin
weg.[3] Im Jahre 1907 tauschten dann die Fischereiaufsichtsbeamten
ihren alten „Pritzstabel"-Namen ein gegen den Namen eines „Königlichen Fischmeisters".[4]

---

[1] Kgl. Reg. zu Potsdam, Dom.-Reg., Fischereis., Gen., Fach 1.
[2] Ministerial-Reskript vom 11. Dez. 1867, II, 12 600.
[3] Ministerial-Reskript vom 12. März 1868, II, 4555.
[4] Staatshaushaltsetat für 1907, Domänenverwaltung.

Es haben die beiden Pritzstabelstellen, in Spandau nachweislich seit dem Jahre 1407, in Köpenick seit dem Jahre 1487, bestanden und sind ohne Unterbrechung besetzt gewesen. Neben den mancherlei Versuchen, anderenorts ebenfalls Pritzstabelstellen zu errichten, sind diese beiden allein bestehen geblieben und bestehen noch in der Gegenwart. Gegenüber den vielfachen irrigen Meinungen über das Wesen des Pritzstabelamtes sei noch einmal ausdrücklich hervorgehoben: Die Pritzstabel waren stets Beamte, wenn auch häufig recht säumige, und wurden stets vom Landesherrn berufen; nie aber wurden sie von den Fischern selbst aus ihrer Mitte als eigene Aufsichtsbeamte erwählt.

b) Der Fischmeister.

Dem Pritzstabel übergeordnet finden wir nach Durchführung der Beamtenorganisation in der Mark Brandenburg den Kurfürstl. Fischmeister, für das Jahr 1615 zum ersten Male bezeugt.[1] Ihm ist in der kurfürstlichen Amtskammer das Dezernat zunächst über die gesamte dem Landesherrn gehörige Fischerei übertragen. Ihm untersteht die Ordnung der aus den landesherrlichen Fischereirechten fliessenden Pachterträge und sonstigen Abgaben. Er ist ferner die entscheidende Autorität bei Kompetenzstreitigkeiten auf dem gesamten Gebiete der märkischen Fischerei und gilt desgleichen im 17. und 18. Jahrhundert als Chef der Fischereipolizei, also als Vorgesetzter der Pritzstabel, in welcher Eigenschaft ihm z. B. im Jahre 1686 auch eine Strafgewalt zustand.[2]

Einige Beispiele mögen uns ein Bild von seiner Tätigkeit geben. Im Jahre 1667 wird dem Fischmeister in einem Streit der Garnmeister zu Potsdam mit denen von Wartenberg zu Sakrow wegen unrechtmässigen Fischens derselben auf der Garnmeister Wassern die Untersuchung an Ort und Stelle befohlen.[3] Ein anderes Mal haben sich nach dem Fischereirezess vom Jahre 1683[4] alle diejenigen Fischer, welche die Kaulbarsnetze — eine nach der Fischerordnung eigentlich verbotene Netzart — gebrauchen wollen, vorher beim Fischmeister zu melden. Im Jahre 1711 befährt der Geheime Rat Meyer als damaliger Fischmeister mit dem neu angestellten Pritzstabel Friedrich zu Köpenick die Spree und unterweist ihn, wie weit er die Gewässer zu inspizieren habe;[5] auch übergibt der Fischmeister dem Pritzstabel den Hecht-Spohn und den blechernen Spohn für die Flöcke.

Eine weitergehende Bedeutung hat der Fischmeister eigentlich nie erlangt, die Fischereiakten erwähnen ihn daher auch nur selten. Eine

---

[1] Kgl. Reg. zu Potsdam, Dom.-Reg., Fischereis., Gen., Paq. 3, 19.

[2] Siehe Ordnung der Fischerinnung zu Werder v. J. 1686, gedruckt Märk. Forsch., Bd. XVII, S. 115.

[3] Kgl. Reg. zu Potsdam, Dom.-Reg., Fischereis., Gen., Paq. 3, 20.

[4] Märk. Forsch., Bd. XVII, S. 108 ff.

[5] Geh. Staatsarchiv, Gen.-Dir., Kurm., Tit. CXV, Sect. O, 13, Fischer, Nr. 1.

besondere Besoldung war mit dem Fischmeisterposten nicht verbunden; er wurde von einem Kammerrat nebenamtlich versehen. Die eigentlichen Geschäfte, vor allem also die Rechnunglegung über die landesherrlichen Fischereierträge besorgte unter Anleitung des Fischmeisters der „Fischschreiber". Als „Garnschreiber" war dieser bereits im Jahre 1591[1]) bei einer Inspektionsreise auf den Berliner und Köpenicker Gewässern zugegen und erhielt im Jahre 1630 als „Garnschreiber und Pritzstabel" den Befehl, auf der Unterspree das verbotene Fischerzeug wegzunehmen.[2]) Der im Jahre 1712 neu zum Fischmeister berufene Kammerrat Meyer wird in seinem Patent angewiesen, sich bei seinem Amt des Fischschreibers Rossum zu bedienen, der „von den Seen und deren Gerechtigkeiten gute Wissenschaft habe". Dieser solle nach wie vor die Rechnungen führen, und nur in Zweifelsfällen habe der Fischmeister dem Befinden nach gehörigen Bescheid zu erteilen. Vor der Hand soll der Fischmeister darauf sehen, dass der Fischschreiber Rossum seine rückständigen Fischrechnungen ablegen und dann alle Jahr richtig damit fortfahren möge.[3])

In neuester Zeit ist die Verwaltung der staatlichen Fischereien von der Fischereiaufsicht getrennt worden, sie sind an den Regierungen zwei getrennten Dezernaten beigelegt. Mit der Namensänderung des Pritzstabels zum Fischmeister erfolgte die des Fischmeisters zum Oberfischmeister.

IV. Kapitel.

Der Fischhandel.

---

§ 1. Überblick über den märkischen Fischhandel.

Wenn wir nun in einem letzten Kapitel noch auf den Fischhandel eingehen, so geschieht das lediglich, um in einem mehr oder weniger flüchtigen Überblick und an einigen charakteristischen Beispielen die Art des märkischen Fischhandels zu kennzeichnen, der bei einer Behandlung des märkischen Fischereiwesens immerhin eine besondere Würdigung verdient. Der Fischhandel hat in der Mark in früherer Zeit eine weit grössere Rolle gespielt, als wir das aus den heutigen Verhältnissen heraus für gewöhnlich annehmen. Während wir bei der slavischen Kultur des Mittelalters die Beobachtung machen können, dass die Siedlungsanlage in viel innigerer Beziehung zum Fischreichtum des Flusses stand,

---

[1]) Geh. Staatsarchiv, Erbreg. von Mühlenhoff, 1591, S. 33.
[2]) Kgl. Reg. zu Potsdam, Dom.-Reg., Gen., Paq. 3, 20, Nr. 70.
[3]) Ebenda, Paq. 3, 18.

infolgedessen sich dann auch ein eigentlicher Handel im Inneren des Landes nicht herausbilden konnte, wurden jedoch für das deutsche Mittelalter und vollends dann für die Entwickelung der Siedelungen in der Neuzeit andere geographische Faktoren, besonders der des Verkehrs neben dem des politischen Einflusses, hauptbestimmend. Der Fischhandel musste hier ausgleichend wirken, und er befähigte dann wieder rückwirkend die erwerbtätige Fischerbevölkerung zu einer höheren kulturellen Entwickelung. Wir können dann ferner beobachten, wie mit veränderter politischer Lage der Fischhandel andere Zielpunkte erlangte. Waren es im Mittelalter nur einzelne Städte, z. B. Brandenburg — für diese Stadt kauften z. B. im Anfang des 15. Jahrhunderts Brandenburger Bürger in Werder Fische auf, wohingegen in den späteren Jahrhunderten der Werdersche Fischhandel sich ganz nach Potsdam und Berlin erstreckte,[1]) — die den Handel an sich zogen, so bildete sich in der Neuzeit als Fischhandelszentrale besonders die Hauptstadt Berlin heraus, und auch die Residenzstadt Potsdam besass durch das 17. und 18. Jahrhundert gleichsam ein aus der Fürsorge der Kurfürsten und Könige für diese Stadt entspringendes Kaufmonopol in den Fischerorten seines Umlandes, soweit dort staatliche Pachtfischereien genutzt wurden. Der Fischhandel beschränkte sich gar nicht etwa nur auf das Innere des Landes, sondern tritt uns auch auf der Unterhavel und zwar schon in mittelalterlicher Zeit als Ausfuhrhandel entgegen, den die Havelberger Fischer-Kompagnie mit den Städten Magdeburg, Lüneburg und Hamburg unterhielt. Ja selbst im mittleren Havelgebiet ist eine Fischausfuhr in die südlichen Gegenden für das 17. Jahrhundert nach Treuenbrietzen und Brück, ja bis Wittenberg und Leipzig in den Akten bezeugt.[2]) Umgekehrt erfolgte im östlichen Teil der Mittelmark eine starke Einfuhr von Oderfischen nach Berlin.

1. Der Havelberger Aufkauf- und Ausfuhrhandel.

Ausserordentlich gut sind wir schon seit Ausgang des 15. Jahrhunderts über den Fischhandel auf der Unterhavel unterrichtet. Hier besassen die Fischkäufer in Havelberg das alleinige Recht des Fischkaufens. Schon im Jahre 1486 durften auf Grund eines kurfürstlichen Privileges[3]) nur sie allein mit Angelkähnen zwischen Rathenow und Havelberg fahren, und im Jahre 1536 wurde durch den Markgrafen Joachim festgesetzt,[4]) „dass zwischen Rathenow und Havelberge nemant dan die vischer und keuffer zu Havelberge mit angelkenen und hudefesseren[5]) und andern nassen gefessen in unser Stadt Havelberge sellen mugen"; danach war also für die Fischer und Fischkäufer zu Havel-

---

[1]) R. Bd. 10, S. 319; siehe 1. Kap., 1. Teil, § 2, Nr. 4.
[2]) 1620, Kgl. Reg. zu Potsdam, Dom.-Reg., Fischereisachen, Paketakten.
[3]) R. Bd. 3, S. 305. — [4]) R. Bd. 1, S. 60.
[5]) Hütefässer == hölzerne Fischbehälter.

berg jede Konkurrenz im Fischhandel beseitigt. Mit den Fischern der benachbarten Stadt Rathenow hatten sie sich bereits im Jahre 1472 auseinandergesetzt.[1]) Kurfürst Albrecht hatte dahin entschieden, dass die Fischer von Rathenow zwar ihre Ware in der Mark frei verschiffen dürften; doch wenn sie damit nach Havelberg kämen, dann sollten sie die Fische den Fischkäufern daselbst zum Verkauf anbieten und „um einen moglichen und rechtlichen pening" verkaufen. Wollen die Havelberger den Kauf nicht eingehen, dann können die Rathenower mit ihren Fischen hinfahren wo immer sie nur wollen.

Unberechtigten Aufkäufern gegenüber nahmen die Kurfürsten die Havelberger Fischer in Schutz. So lässt Joachim II. im Jahre 1555 an die Amtleute und Kastner zu Tangermünde den Befehl ergehen, jene zu schützen gegenüber „etzliche Auslendische im Landt zu Jerchow", die die Fische an der Havel aufkaufen und sie dann „uber Landt uf der Axen in frembde Landt, auch uff der Elben uberhalb Tangermundth unde also ferner kegen Magdeburg ferfuren", wodurch dann heimlich die Wasserzölle in Tangermünde und Arneburg entzogen würden und den altmärkischen Städten an ihrem Fischmarkte Schaden entstehe. Auch das Recht des Fischkaufens auf dem Prietzener See (Gülpsee) und von des Kapitels Garn soll ihnen geschützt werden. Dagegen verpflichten sich die Havelberger Fischer und Fischkäufer, die kurfürstlichen Karpfen, die ihnen auf der Havel zugesandt würden, neben ihren anderen gekauften Fischen „in unde ausserhalb Landts" zu verkaufen.[2])

Einen intensiven Handel betrieben im 16. Jahrhundert die Fischkäufer zu Havelberg mit Krebsen nach Lüneburg und Hamburg. Über die Art des Handels kam es im Jahre 1584 zu einer umfänglichen Ordnung unter den Havelberger Fischern. Zunächst wurde bezüglich des Aufkaufens in der Heimat festgesetzt, dass kein Fischer oder Fischkäufer zu Havelberg Krebse von irgendwelchen Zwischenhändlern, die diese in den Dörfern aufkaufen und sie in die Stadt bringen, kaufen solle, sondern allein von den Leuten, die sie selbst in den Dörfern gefängen hätten, bei Strafe von je einem Viertel Ruppinisch Bier für die Gilde in der Stadt und „die bei dem Berge". Fährt nun ein Fischer zum Kauf aus, so soll ihm niemand in den Kauf fallen, bis er genug gekauft habe. Wer die gekauften Krebse zuerst in seine Gefässe in Havelberg gebracht hat, hat den Vortritt bei der Reise. Für den Verkauf nach Lüneburg und Hamburg wurde dann weiter bestimmt, dass stets zwei oder drei Käufer miteinander handeln sollten, nie aber mehr als zwei oder drei „Luhen" mit Krebsen elbabwärts ziehen dürften.

---

[1]) Geh. Staatsarchiv, Rep. 19, Nr. 39; gedruckt in Mitt. des Fischereivereins für die Prov. Brandenburg am 20. Dez. 1899 von Hegert.

[2]) Wie Anm. 1.

Allein darf keiner mit einer „Löde“ weder nach Lüneburg noch nach Hamburg fahren. Wer seine Reise getan hat und doch bereits wieder Krebse zum Verkauf vorrätig hat, soll warten, bis an ihn wieder die Reihe ist. Auch darf niemand sich unterstehen und in Eile hinter einem anderen Käufer herfahren; er hat 8 Tage zu warten, bis jener seine Krebse mit Vorteil verkauft hat. Abwechselnd fahren immer zwei in der Stadt und zwei unter dem Berg aus. Wer seine Reise versäumen will, darf diese nicht an einen anderen verkaufen, auch darf in diesem Falle nicht ein anderer, der die Krebse zusammen hat, sagen, die Reise sei an ihm. Alle diese Verordnungen waren im Übertretungsfall mit obiger Strafe belegt. Schliesslich sollte es den Fischern in der Stadt und denen unter dem Berge freistehen, miteinander zu handeln.

Bis zur Mitte des 17. Jahrhunderts sind die Havelberger mit ihrer Ware ungehindert nach Hamburg gefahren. Im Jahre 1656 beschwerten sich dann die Havelberger Fischer und Fischkäufer bezüglich ihrer „Fischsellungsgerechtigkeit“ in Hamburg beim Kurfürsten, dass die Hamburger sie nur noch einen Tag dort sitzen liessen, während sie früher in Hamburg soviel Tage auf dem Markt dort sassen, bis sie ihre Fische verkauft hatten. Auf eine Anfrage des Kurfürsten beim Hamburger Rat antwortete dieser: Die Havelbergischen Fischer seien dahin begnadigt, dass die Bauern um Havelberg nur an sie Fische verkaufen dürften, wodurch die Hamburgischen Fischkäufer dort aus erster Hand also keine bekommen könnten. Infolgedessen könnten sich die Havelberger auch nicht wundern, wenn sie selbst keine gleichen Rechte in Hamburg genössen. Ausserdem habe kein Fremder das Recht, auf Grund alten Stadtrechtes, länger als einen Tag in Hamburg zu verkaufen. Dennoch wollte der Rat zu Hamburg bis zum dritten Tag den Havelbergern ein Verkaufsrecht einräumen, wenn den Hamburgern oberhalb Havelbergs auf etwa zwei Tage das Kaufen aus erster Hand gestattet würde.[1] Dieses Recht wird den Hamburgern nun wohl nicht eingeräumt sein, infolgedessen dieser Fischhandel dann auch wohl für die Havelberger seine alte Bedeutung einbüsste. Und in der Tat sehen wir dann, wie in den späteren Innungsstatuten der Fischer und Fischkäufergilde aus den Jahren 1714 und 1792[2] die eigene Ausfuhr nicht mehr erwähnt wird; wohl aber kommen Hamburger und Magdeburger Aufkäufer, denen die einzelnen Fischer der Reihe nach vom ältesten bis zum jüngsten die Fische Schock um Schock verkaufen. Das Einkaufsmonopol der Havelberger findet sich gewahrt und der Aufkauf ist unter den Gildemitgliedern immer noch streng geregelt; vor allem war es verpönt, anderen in den Kauf zu fallen oder einzelne Bauern durch Geschenke zu einer ausschliesslichen Abgabe der Fische zu bewegen.

---

[1] Königl. Reg. zu Potsdam, Dom.-Reg., Fischereis., Paq. 3, 7.
[2] Gedruckt von Hegert, Märkisch. Forsch., Bd. 17, S. 120 u. 127 ff.

2. Berlin als Fischhandelszentrale der östlichen Mittelmark.

Konnten wir auf der unteren Havel als charakteristisches Kennzeichen des Fischhandels ein Aufkaufen der Fische mit dem Zweck, sich die Überproduktion durch einen Handel nach aussen nutzbar zu machen, beobachten, so erkennen wir in der städtischen Wirtschaftspolitik des allmählich anwachsenden Berlin das umgekehrte Bestreben, bei eigenem Mangel an Fischen durch ein Ansichziehen des Fischhandels aus dem näheren Umland und aus der Odergegend der Stadt eine reichliche und billige Fischnahrung zuzuführen.

In den Jahren 1622, 24 und 26 wurde seitens des Kurfürsten nach Spandau, Potsdam und anderen Orten der Befehl erlassen, dass die Garnmeister und Fischer keine Fische ausser Landes verkaufen sollten, sondern, was sie nach Versorgung ihrer Städte übrig hätten, sollten sie nach Berlin auf den Fischmarkt bringen.[1]

Es bildete sich schon früh eine Rivalität aus zwischen den Potsdamer Fischern, die eigentlich ihre Fische selbst nach Berlin verfrachten sollten, um sie dort auf dem Markt zum Verkauf zu stellen, und den Berliner Fischern, die diese Konkurrenz auf ihrem Markte nicht gern sahen und deshalb selbst nach Potsdam fuhren, um hier bereits die gefangenen Fische aufzukaufen und sich diesen Zwischenhandel wirtschaftlich nutzbar zu machen. Trotz ernster Verbote seitens des Kurfürsten und des Rates zu Berlin, die durch den Zwischenhandel und den Wegfall der Konkurrenz eine unnötige Verteuerung der Fische befürchteten (siehe weiter unten), hatten die Berliner Fischer gerade in den Jahren von 1595—1615, wie die Zollrollen dartun,[2] ziemliche Mengen Fische in Potsdam aufgekauft. Auf Befehl der Amtskammer befragte im Jahre 1615[3] der Amtshauptmann zu Potsdam die Potsdamer Fischer, ob sie die Fische, die sie selbst fingen oder auch von anderen kauften, bis die Wasser zufrören, selbst nach Berlin bringen wollten. Die meisten erklärten sich bereit, mit Ausnahme derer, „die ihre Freunde in Berlin zu wohnen hatten", doch müsste den Garn- und Zuhrmeistern befohlen werden, ihnen vor anderen, sonderlich vor den Berlinschen, die Fische um billige Zahlung zu überlassen. In Berlin seien früher dreissig und mehr fremde Fischer auf dem Markte gewesen, jetzt liessen die Berlinschen Vorkäufer sie nicht mehr dazu kommen, sondern kauften die ganzen Fische vorher weg.

Schon in der ersten Ordnung der Fischerinnung zu Berlin vom Jahre 1637[4] kommt der gegenüber den anderen mittelmärkischen Fischergemeinden eigenartige Charakter der Fischer als Käufer und Verkäufer,

---

[1] Kgl. Reg. zu Potsdam, Dom.-Reg., Gen., Paq. 3, 20, Nr. 62.

[2] Siehe unten, § 4.

[3] Kgl. Reg. zu Potsdam, Dom.-Reg., Fischereis., Paketakten.

[4] Original im Besitze der Innung, gedruckt Märk. Forsch., Bd. 17, S. 99 ff.

also als Fischhändler zum Ausdruck, welches Moment die bei anderen Gemeinden ausschliesslich sie beschäftigende eigene Ausübung der Fischerei mehr in den Hintergrund treten lässt. Die erste Aufgabe der Innung beruhte hier darin, die beiden Residenzstädte mit Fischen reichlich zu versehen und sie billig auf dem Markte feilzuhalten.[1]) Den fremden Fischern waren drei Markttage, Mittwoch und Sonnabend in Berlin und Freitag in Cölln, zugebilligt; die Stralower Fischer wurden den Berlinern gleich geachtet. Vor allem wurde darauf gesehen, jeden Zwischenhandel, der natürlich wiederum nur eine Verteuerung der Fische nach sich ziehen musste, zu unterdrücken. So war streng verboten, dass die „Incolen und Hausleute" fremden Fischern entgegen gingen, um nach dem Kaufe von Krebsen und Fischen dann damit hausieren zu gehen. Selbst den Innungsmitgliedern war es verboten, eher von den auswärtigen Fischern einzukaufen als bis diese bei dem Mühlendamm angefahren seien. Wenn ein Mitglied der Innung nach der Oder, Potsdam, Werder oder Köpenick zum Aufkaufen fährt, so soll dieses nicht mehr als eine „Seltsterinne"[2]) halten und nur aus einem Fischfass „sellen". Es bedeutet diese Bestimmung schon eine Vergünstigung gegen früher; noch im Jahre 1623 hatte nämlich der Rat von Berlin-Cölln eine kurfürstliche Verordnung wiederholt, wonach es den Berliner Fischern verboten war, den Fischern zu Köpenick, Spandau und Potsdam weder zu Hause noch unterwegs Fische abzukaufen, sondern jene sollten ihre Fische selbst nach Berlin zum Verkauf bringen.[3]) Ferner durfte dann auch hier nicht der eine Fischer dem anderen beim Handel mit einem fremden Fischer in den Kauf fallen. Wenn von der Oder her Fischhändler kamen, so war streng darauf zu achten, dass sie nicht nur Zwischenhändler seien; nur wenn sie an der Oder selbst der Fischerei oblagen, sollte ihnen gestattet sein, ihre drei Markttage in Berlin zu halten. Die kurfürstliche Fischerordnung vom Jahre 1690[4]) enthielt folgende Verordnung: Wenn die Fuhrleute von Wrietzen und anderen an der Oder gelegenen Orten Karautzen, Gübeln, Krebse, frische und „tröge" Aale, Zährten u. dgl. zum Verkauf in die kurfürstlichen Residenzen bringen, so sollen sie dieselben zuerst der Hofküche anbieten und im Tor und bei dem Zollverwalter einen Küchenzettel vorzeigen, damit „wir den Vorkauf behalten". Der Zuwiderhandelnde sollte der Wagen und Pferde nebst den Waren verlustig gehen. Auf diese Weise sorgte die kurfürstliche Hofhaltung in erster Linie immer für sich selbst.

---

[1]) Original im Besitze der Innung, gedruckt Märk. Forsch., Bd. 17, S. 99 ff. Artikel 1 der Ordnung.

[2]) „Seltsterinne", von „sellen" und „Terrine", eine kleine Holzwanne, in welcher dem Käufer die gekauften Fische zur Kontrolle über Zahl und Güte vorgelegt werden; nach Hegert, Märk. Forsch., Bd. 17, S. 102.

[3]) Mylius, Corpus Constitutionum Marchicarum V, II, S. 593.

[4]) Mylius, IV, II, S. 247 ff.

Im Jahre 1713 kauften die Berliner Fischer bis nach Frankfurt, Küstrin und bis zum Warthegebiet die Fische auf.[1] Die Anzahl der Fischer zu vermehren wurde, „obschon die Städte volkreicher würden" sorgsam vermieden, da durch die grössere Konkurrenz beim Aufkaufen der Fische auf dem Lande die Landleute die Fische „ins Geld halten" würden, was eine Teuerung der Fische für Berlin zur Folge haben würde.[1] Bereits im Jahre 1705 hatten die Berliner Fischer beim König Beschwerde geführt darüber, dass der Rat der Stadt Ratsfischer und sogenannte Freifischer angenommen habe, die dann besonders durch ihren Handel die Fische in der Stadt verteuerten.[2] Auch in dem Jahre 1715 führten die Berliner Fischer eine heftige Fehde gegen eine ganze Reihe von Leuten — „Faulenzer, die ihre alte Profession verlassen" — die durch Aufkäuferei die Preise der Fische steigerten und die alten privilegierten Innungsmitglieder in arger Weise dadurch schädigten.[1]

Sehr unterrichtend über den Berliner Einfuhrhandel vom Osten her sind zwei Vorgänge, von denen sich der eine zu Anfang des 17. Jahrhunderts und der andere um die Wende des 17. zum 18. Jahrhundert ereignete. Sie sind insofern um so bemerkenswerter, als sie uns den Wandel veranschaulichen, der sich im Laufe des 17. Jahrhunderts in der Berliner Fischhandelspolitik vollzog; war einmal zu Beginn des Jahrhunderts staatlicherseits jeder Aufkaufhandel an der Oder für die Berliner Fischer verboten, indem man damit rechnete, dass die Oderfischer ihre Ware selbst nach Berlin bringen sollten, so wurde zu Ende des Jahrhunderts dieser Aufkauf seitens der Berliner Fischer nicht nur bloss gelitten, sondern aus unten ersichtlichen Gründen von der Domänenkammer sogar gern gesehen.

Im Jahre 1627[3] hatte Kurfürst Georg Wilhelm in Erfahrung gebracht, dass die Fischer und Vorkäufer Berlin-Cöllns entgegen einer im Jahre 1612 veröffentlichten Fischmarktsordnung auf den Dörfern am Oderstrom allerhand Vorkäuferei an Fischen betrieben hätten. 14 beladene Wagen hatten sie, zu Freienwalde unangegeben und unverzollt, nach Berlin gebracht; der Rat der Städte sollte die „Verbrecher" anhalten, sich auf der Amtskammer zu stellen, und ferner alle anderen Fischhändler verpflichten, nach der Fischmarktsordnung zu handeln. Im Jahre 1698[3] wurde dann ein für Berlin bestimmter Aufkauftransport an Fischen in Freienwalde vom dortigen Hauptmann angehalten, indem er sich auf eine Verordnung berief, die die Aufkäuferei und Hausiererei auf dem Lande mit allerhand Waren verbot. Die Berliner Fischer wandten sich an den Kurfürsten und legten dar, dass sie doch damit

---

[1] Geh. Staatsarchiv, Rep. 78, IV, B. 5, Berlin, Tit. 19.
[2] Ebenda, Tit. 19, 1.
[3] Kgl. Reg. zu Potsdam, Dom.-Reg.. Fischereis., Paq. 1, 13.

privilegiert seien, an der Oder und Spree Fischhandel zu treiben, „da die Fische, die um Berlin herum gefangen werden, bei weitem nicht ausreichen, die Bedürfnisse zu befriedigen und sonst nur eine grosse Teuerung eintreten würde". Selbst könnten die Oderfischer die Fische nicht nach Berlin bringen, da das nur mit grossen Unkosten geschehen könnte. In einem Gutachten führte der damalige kurfürstliche Fischmeister Christan aus, dass die Berliner Fischer sich Vorrat an Fischen anschaffen müssten, auch würde das kurfürstliche Garn zu Oderberg die Fische beim Ausbleiben der Berliner Fischhändler nicht um den dritten Teil daselbst los werden können. Er schlug vor, die Berliner Fischer bei Erlegung von Zoll und Akzise nach wie vor passieren zu lassen.

Trotz dieser intensiven Fischzufuhr von Osten her finden wir in Berlin doch sehr bald, so im Jahre 1756, Klagen über einen Fischmangel, weshalb das Generaldirektorium den Vorschlag machte, „zu Conservierung der Fischereien" die staatlichen Pachtfischereien in Erbpacht auszutun, was jedoch von Friedrich dem Grossen abgelehnt wurde.[1]

3. Potsdam als lokales Fischhandelszentrum.

Ein kleines Handelszentrum für sich bildete dann endlich die Stadt Potsdam, und zwar ist das darauf zurückzuführen, dass sich hier die Hofstatt der Landesherren befand, die die Pächter der staatlichen Grossgarnfischereien verpflichteten, einmal an die Hofküche eine bestimmte Anzahl von Fischen zu liefern und dann ferner ihre übrigen Fische in der Stadt Potsdam selbst abzusetzen, um so der Bevölkerung der aufblühenden Residenz eine billige Fischnahrung zu verschaffen, ein Faktor, der der Stadtwirtschaft im 17. und 18. Jahrhundert sehr zugute kam. Wir haben diese Verpflichtung der Grossgarnpächter bereits oben bei der Besprechung der staatlichen Grossgarnfischereien kennen gelernt.[2] In gleicher Weise waren im 17. und 18. Jahrhundert die Zuhrpächter schuldig, ihre sämtlichen Fische in Potsdam entweder alle Tage am Wasser beim Schlosse feil zu halten oder in der Stadt zu Markt zu bringen und der Bürgerschaft um einen billigen Kauf vor anderen zu überlassen.[3]

Bei dem Bestreben der benachbarten Stadt Berlin, sich eine reichliche Fischnahrung auch von der Havel her zu beschaffen, kann es nicht Wunder nehmen, dass sich zwischen beiden Städten gelegentlich eine. Rivalität herausbildete und so hatte denn auch, wie aus der Kämmereirechnung der Stadt Potsdam vom Jahre 1647—48 ersichtlich, bereits in

---

[1]) Kgl. Regierung zu Potsdam, Dom.-Reg., Fischereis., Generalia, Paq. II, 4.; siehe oben 1. Kap., 2. Teil, Einleitung.

[2]) Siehe 1. Kap., 2. Teil, Nr. 3 u. 4.

[3]) Kgl. Regierung zu Potsdam, Dom.-Reg., Paq. III, 1.

dieser Zeit zwischen Potsdam und Berlin wegen der Fischmärkte ein Rechtsstreit geschwebt,[1]) ohne dass uns jedoch Näheres hierüber erhalten ist. Der Rat der Stadt Potsdam musste natürlich bestrebt sein, in erster Linie den Fischreichtum der Gegend wirtschaftlich für seine Gemeinde nutzbar zu machen, und erstrebte hierbei die Hilfe des Kurfürsten. So hatte z. B. im Jahre 1692 der Rat der Stadt Potsdam beim Kurfürsten darum angehalten, dass der Zöllner zu Potsdam nicht eher die Fischaufkäufer passieren lassen möchte, als bis diese Stadt mit Fischen versorgt sei.[1]) Im 18. Jahrhundert wurde dann durch ein Regulativ vom Jahre 1787 den Berliner Fischern freigegeben, unterhalb Potsdams Fischereien zu pachten, jedoch mussten sie mit den Fischen der gepachteten Fischereien eine bestimmte Zeit in Potsdam feilhalten.[1]) Für die Phöbenschen Fischer betrug diese Zeit, wenn sie mit einem Fischtransport nach Berlin unterwegs waren, in der zweiten Hälfte des 18. Jahrhunderts zwei Stunden, und zwar vormittags von 7 bis 9 oder 9 bis 11 Uhr; der Anlegeplatz befand sich an der Langen Brücke.[2])

Sah einmal die Stadt Potsdam im Fischhandel eine Rivalin in Berlin, so musste die Stadt Werder wieder eine solche in Potsdam erblicken. Obgleich im Jahre 1668 bei Verpachtung der Werderschen Grossgarnfischerei dem Pächter zur Pflicht gemacht war, nachdem die Hofstatt mit Fischen versorgt, „ehender keine Fische den Fuhrleuten zu verkaufen, es haben denn erst die Einwohner in Werder und um Lande vor billig Geld ihre Notdurft erlanget",[3]) so führten doch im Jahre 1692 die Bürger in Werder bei der Kammer Klage über den Garnmeister und die Fischer daselbst, dass diese ihnen keine Fische überlassen wollten und auch die früher üblichen 2 Fischmärkte in der Woche nicht mehr halten wollten.[4]) Vor allem blieb dann im 18. Jahrhundert durch die scharfen Pachtbestimmungen, z. B. vom Jahre 1765[5]), wonach sämtliche Fische zuerst der Hofküche in Potsdam zum Kauf angeboten, die übrigen aber nur in der Hof- und Garnisonstadt Potsdam verkauft werden durften, in der Stadt Werder das Angebot hinter der Nachfrage. Veranlasst hatte diese Bestimmungen natürlich die Sorge des Königs um die Potsdamer Garnison. Im Jahre 1778 wurden darauf die Fischer zu Werder — diese hatten damals alle zusammen die staatliche Grossgarnfischerei in Pacht — wieder verpflichtet, dass von den 35 Fischern täglich 2 öffentlich in Werder 6 Monate lang Fischmarkt halten sollten, wohingegen die übrigen „ungestört damit nach Potsdam

---

[1]) Stadtarchiv zu Potsdam, IV, 116; handschriftliche Chronik der Stadt Potsdam v. J. 1826.

[2]) Akten in der Lade der Fischer zu Phöben.

[3]) Akten in der Lade der Fischerinnung zu Werder, Copialbuch, S. 59.

[4]) Kgl. Regierung zu Potsdam, Dom.-Reg., Generalia, Paq. 3, 19, Lehnin, Nr. 8.

[5]) Wie Anm. 3, S. 171.

kommunicieren können".[1]) Als sich die Werderschen Fischer im Jahre 1782 über diese vom dortigen Rat zugemutete Verbindlichkeit beschwerten, wurden sie von der Kurmärkischen Kammer angehalten, dass 2 Fischer 6 Monate lang täglich 2 Stunden an der Brücke zu Werder, „woselbst das Wasser rein und fliessend ist", die Fische feilhalten sollten. Auf keinen Fall sollten die Fischer ihre Fische auf benachbarten Dörfern vertrödeln oder gleich nach dem Fang an Aufkäufer absetzen, sondern selbst, solange die Witterung es gestattete, nach Potsdam zum Markt fahren.[1])

Neben der Hofküche und der Bürgerschaft musste dann das Militär mit billiger Nahrung versehen werden, und da sind uns mehrere Befehle des Amtshauptmanns von Potsdam erhalten, die den Fischern das Herbeischaffen ausreichender Fischnahrung zur Pflicht machen. Im Jahre 1714 wird den Zuhrpächtern befohlen, „zu desto besserer Verpflegung der allhier einquartierten Königl. Grenadier Guarde" täglich Fischmarkt zu halten.[2]) Eine ähnliche Verfügung[3]) aus gleichem Grunde erging zu Ende des Jahrhunderts an die Phöbenschen Grossgarnfischer.[4])

Die Sorge der Könige, ihrer Garnisonstadt Potsdam eine billige Fischnahrung zu sichern, ist durchaus von Erfolg gewesen. Der Unterschied des Marktpreises zwischen Berlin und Potsdam war bedeutend (siehe § 2). In Potsdam war die Nachfrage gegenüber dem Angebot so gering, dass die Fischer Mühe hatten, ihren Fang abzusetzen. Im Jahre 1777 beschwerte sich das Amt Potsdam bei der Kammer, dass sich keine Pächter zu den Amtsfischereien finden wollten, falls ihnen die Verfahrung der überflüssigen Fische nach Berlin nicht erlaubt würde.[5]) Für Potsdam können uns für das 18. Jahrhundert diese günstigen Einkaufsverhältnisse nicht Wunder nehmen, wir haben ja oben[5]) gesehen, wie durch die übermässige Ausübung der Fischerei durch Kleinfischer, Garnmeister und Zuhrpächter gerade auf den Potsdamer Gewässern sehr rücksichtslos gewirtschaftet worden ist. Noch im Jahre 1806 wurde durch eine Kommission festgestellt,[6]) dass die Fische zu Potsdam im Verhältnis zu Berlin sehr billig seien und sogar oft im Preise unter der vom Polizeidirektorium entworfenen Fischtaxe (siehe § 3) blieben.

---

[1]) Akten in der Lade der Fischerinnung zu Werder. Copialbuch S. 183.

[2]) Kgl. Reg. zu Potsdam, Dom.-Reg., Paq. III, 1.

[3]) Akten in der Lade der Fischer zu Phöben.

[4]) Ähnliche Massnahmen zur Versorgung des Militärs mit Fischen finden sich auch in anderen Städten. In Rathenow z. B. wurden im Anfang des 18. Jahrhunderts die Fischer, wenn sie für die Garnison keine Fische anschaffen konnten, unter die Schwitzbank gesteckt, was jedoch nur zur Folge hatte, dass nun die Fischer mit verbotenen Netzen die Havel ausplünderten. Geh. Staatsarchiv, Gen.-Dir. Kurm., Tit. CXV, Sect. O, 13, Fischer, Nr. 1.

[5]) Siehe 1. Kapitel, 2. Teil, § 3.

[6]) Geh. Staatsarchiv, Kurm., Tit. LXVII, Amt Potsdam, Sect. d, Amtss., Nr. 10.

§ 2. Der Fischmarkt.

Es ist anzunehmen, dass schon in sehr früher Zeit, unmittelbar nach der Kolonisation, ein Warenaustausch zwischen den slavischen Fischern und der deutschen Bauernbevölkerung eingetreten ist; vor allem durften die Fischer auf einen Absatz ihrer Ware rechnen, da ja der Fisch als Fastenspeise zu einem unentbehrlichen Nahrungsmittel durch die Christianisierung Ostelbiens geworden war. In den aufblühenden Städten wird sich daher bald ein Fischmarkt herausgebildet haben, während bei den Dorfgemeinden der Fischverkauf bis in die Gegenwart unter der Hand geschah.

Die ältesten Nachrichten liegen uns von dem Fischmarkt zu Brandenburg vor. Im Jahre 1320 entscheidet Herzog Rudolf einen Zwist zwischen beiden Städten Brandenburg dahin, dass der Fischmarkt jedesmal in der Stadt abgehalten werden solle, wo auch der andere Wochenmarkt stattfinde. In der Woche soll er dann auf dem Steinweg zwischen beiden Städten stattfinden.[1] Während am St. Moritztag der übliche Wochenmarkt ausfällt, soll jedoch der Fischmarkt ungehindert abgehalten werden.[2] Im Jahre 1343 kam sodann zwischen beiden Städten ein Vergleich zustande;[3] neben 4 „Fleischtagen" in der Woche soll es 3 „Fischtage" — Mittwoch, Freitag, Sonnabend — geben; fällt der St. Moritztag auf einen Fleischtag, soll der Markt ausfallen, fällt er auf einen Fischtag, dann soll der Markt gehalten werden. Zu Beginn des 15. Jahrhunderts kam es bezüglich des Wochenmarktes zwischen beiden Städten zu Streitigkeiten. Die Altstadt Brandenburg klagt im Jahre 1420 bei dem Kurfürsten darüber,[4] dass die Bestimmungen Herzog Rudolfs über den Wochenmarkt nie eingehalten worden seien. Die Neustädter hätten die altstädtischen Fischer von ihrem Markt getrieben, obgleich sie „lebendige Fische" feilhielten, und ihnen die Fische weggenommen und die Mulden entzweigeschlagen. Wir sehen hieraus zugleich, dass es wohl Bedingung war, nur mit lebenden Fischen zu handeln. Ausserdem hatten jene die altstädtischen Fischer zu derselben Zeit mit Gewalt auf dem Mühlendamm, wo zu der Zeit „gemeine" Fischmarkt war, angegriffen und „in Bürgen Hand" gebracht. Von einem altstädtischen Fuhrmann, der auf dem neustädtischen Damm Fische kaufte, forderten die Neustädter 1 Schilling, was früher nie üblich gewesen und erst in den letzten fünf Jahren eingeführt sei. Diese Händel hatten wohl hauptsächlich in der Handelskonkurrenz beider Städte ihren Ursprung.

Um den Bürgern zu ermöglichen, möglichst gut und billig ihre Fische einzuhandeln, waren die Fischer im Jahre 1388 verpflichtet worden, vor den Augen der Öffentlichkeit auf dem Fischmarkt an den

---

[1] R. Bd. 9, S. 17. — [2] R. Bd. 9, S. 18. — [3] R. Bd. 9, S. 37. — [4] R. Bd. 9, S. 101 ff.

Markttagen ihre Fische zu verkaufen, und zwar nicht eher damit zu beginnen, als vom Marktmeister das übliche Zeichen, „wisch" genannt, errichtet sei.[1]) Zugleich wurde dabei für die Fischer ein gewisser Marktzwang ausgesprochen; sie mussten der Bürgerschaft die Fische, die sie in ihren Behältern hatten, anbieten. Dadurch sollte verhindert werden, dass die Fischer bei grossem Vorrat die Fische durch ein beschränktes Angebot im Preise hielten.[2])

In Potsdam entwickelte sich der Fischmarkt erst in sehr viel späterer Zeit zu voller Blüte. Wir hören hier zum ersten Male von einer Verpflichtung, Fischmarkt zu halten, im Jahre 1570.[3]) Zweimal sollen in der Woche „wie vor alters gebräuchlich gewesen", die Garnherren auf der Brücke bei Verlust ihrer Fische öffentlich feilhalten. Zugleich ordnete der Kurfürst an, da sich der Rat der Stadt darüber beschwert hatte, dass viel Fische durch die „Kiepenträger" abgetragen worden seien, wodurch es der Stadt oftmals an Speisefischen gefehlt habe, dass kein Fischer, Kietzer oder Garnherr den fremden Kiepenträgern hinfort Fische verkaufen solle. Im 17. Jahrhundert wiederholte sich jedoch dieser Übelstand und die Aufkäufer erhandelten in Potsdam soviel Fische, um sie nach Berlin und anderswohin zu schaffen, dass der Hofstatt und der Bürgerschaft genügende Speisefische fehlten. Dazu war der Kammer bekannt geworden, dass die Garn- und Zuhrmeister zu Potsdam die Fische vom Garn gleich bei dem Wasser den Berlinischen, Werderischen und fremden Vorkäufern und Fuhrleuten verkauften, die sie alsdann nach Wittenberg, Leipzig und andere auswärtige Orte, ohne Zoll zu entrichten, weiterverkauften. Im Jahre 1620 verfügte daher die Kammer, dass in Potsdam in Zukunft bei 20 Taler Strafe kein einziger Fisch, „es geschehe denn auf offenem Fischmarkte zu Potsdam", verkauft werde.[4]) Die Stadtordnung vom Jahre 1671[5]) machte dem Rate zur Pflicht, dafür Sorge zu tragen, dass die Fischmärkte künftig so gehalten würden, dass die Fischer entweder, wie es zu Cölln und Berlin geschehe, die Fische in Wannen auf offenem Markte, oder

---

[1]) Aus dem Stadtbuch der Neustadt Brandenburg. Märk. Forsch., Bd. 18, S. 62. — „Item statutum anno 1388, quod nullus debeat emere vel vendere pisces in diebus foralibus, sive sit civis sive hospes, antequam signum solitum locetur per magistrum fori, puod proprie „wisch" dicitur. Et qui piscatores pisces habent in phazelis seu clausuris, vendere debeant civibus nostris benivole infra forum."

[2]) Es ist interessant, dass man hier im Norden Deutschlands genau dieselbe Wirtschaftspolitik beim Fischhandel befolgte wie um dieselbe Zeit im äussersten Süden, am Bodensee, wie auch im Westen, nämlich in Köln; vgl. hierzu Strigel, Die Fischereipolitik der Bodenseeorte in älterer Zeit, Freiburger Diss. 1910, und Kuske, Der Kölner Fischhandel vom 14.—17. Jahrhundert, Westdeutsche Zeitschrift für Geschichte und Kunst, 1905, S. 299.

[3]) Märkische Forschungen, Bd. 17, S. 98.

[4]) Kgl. Regierung zu Potsdam, Dom.-Reg., Paketakten.

[5]) Sello, Potsdam und Sanssouci, Urkunden und Aktenstücke Nr. 48.

aber auf dem Wasser in Kähnen zum Verkauf stellten. Dabei wurde
nun festgesetzt, dass von den Kietzern täglich 2, desgleichen 2 Burgstrasser und die Zuhrer — diese waren bereits verpflichtet täglich Markt
zu halten — und ausserdem noch die Garnmeister zweimal in der Woche
Fischmarkt abhalten sollten; die Neuendorfer, die den Griebnitzsee be-
fischten,[1]) mussten des Sonntags Mittag um 2 Uhr ihre gefangenen
Fische und Krebse am Wasser beim Schlosse feilhalten. Wer seinen
Fischmarkt nicht hielt an dem „Söll-Orte", der dazu bestimmt war,
zahlte 1 Taler Strafe. Im Jahre 1699[2]) beschwerte sich der Rat abermals, dass die Fischer den Fischmarkt nicht halten wollten. Es wurde
verordnet, dass täglich zwei Fischer mit ihren Kähnen an der Brücke
anlegen und öffentlich feilhalten sollten; die Fische auf den Markt zu
bringen wollte man ihnen deswegen nicht zumuten, weil einmal der
Verkauf nur gering sei und dann auch die Fische nur abstehen würden.
Hatte so eine zu geringe Nachfrage im 17. Jahrhundert die Fischer gezwungen, trotz der vielfachen Verbote, ihre Fische nach auswärts abzusetzen, so wurde im 18. Jahrhundert dann regelmässig täglich an der
Langen Brücke Fischmarkt abgehalten. Hier war ein besonderer Steg
angelegt, bei welchem die Fischer auf beiden Seiten mit ihren „Siel-
kähnen" anfuhren.[3])

In Städten, wo ein ordentlicher wöchentlicher Fischmarkt nicht
abgehalten werden konnte, wie z. B. in Rathenow um 1600, da sollten
sich ebenfalls die Fischer so einrichten, dass ein jeder Bürger zur Not
Fische bekommen könnte; hielt ein Kietzer seinen Fang heimlich
zurück in den Fischbehältern, um ihn an fremde Aufkäufer vorteilhafter
abzusetzen, so verfiel er in eine Strafe von 2 Talern.[4])

Endlich nahm sich auch der Staat in Generalerlassen des Fisch-
marktes an. So enthielt schon die Fischerordnung vom Jahre 1574[5])
die Verordnung, dass an allen Orten, wo Fischmärkte abgehalten würden,
in den Städten auf dem Markte und auf den Dörfern an den dort
üblichen Kauforten die Fische offen ausgeschüttet und nicht in den
„Hudefässern" oder „Spielkähnen" unbesichtigt verkauft würden. Nach
der Fischerordnung vom Jahre 1690[6]) sollten die Fische allein auf dem
Markte verkauft werden, alle „Winkelmärkte" waren verboten. Der
Ortsobrigkeit war ein eisernes Maß eingehändigt, dass das kleinste zulässige Maß für den Verkauf des Hechtes darstellte; damit musste diese
auf den Fischmärkten Untersuchungen vornehmen und erforderlichenfalls
Käufer wie Verkäufer bestrafen.

---

[1]) Sello, a. a. O., S. 362.
[2]) Sello, a. a. O. S. 351.
[3]) Gerlachs Collectaneen in Mitt. des Vereins für die Gesch. Potsdams 1883.
[4]) Geh. Staatsarchiv, Rep. 78, III, R. 10.
[5]) Mylius, Corpus Constitutionum Marchicarum, IV, II, S. 191 ff.
[6]) Mylius, a. a. O., IV, II, S. 247 ff.

Als Charakteristikum des Fischhandels auf der Havel und Spree müssen wir den Umstand bezeichnen, dass die Fischer stets selbst ihren Fang dem Publikum feilhielten; Fischhändler, die nur Handel trieben, gab es nicht. Die städtische wie auch die staatliche Wirtschaftspolitik war dahin gerichtet, einen Zwischenhandel möglichst zu verhindern. Allein bei den Berliner Fischern konnten wir beobachten, wie der Fischhandel auch mit aufgekaufter Ware neben der eigenen Ausübung der Fischerei einen wesentlichen Bestandteil ihres Gewerbes bildete; desgleichen haben wir ja den in dieser Hinsicht einzigartigen Aufkauf- und Ausfuhrhandel der Havelberger kennen gelernt. Ferner müssen wir annehmen, dass in der Mark die heimischen Fische stets lebend verkauft wurden, von einem Verkauf toter Fische ist nirgends die Rede.

§ 3. Die Fischtaxen.

Die Sorge des Rates in den einzelnen Städten musste es sein, einmal der Bürgerschaft eine möglichst billige Fischnahrung zugänglich zu machen, andererseits aber auch durch Sicherstellung eines bestimmten Verdienstes das Fischergewerbe bei seiner Nahrung zu schützen, ein Moment, das ja für den gesamten Gewerbebetrieb die ältere Wirtschaftspolitik der Städte bestimmte.

Diesem Zwecke dienten bestimmte vom Rate aufgestellte „Tax-Ordnungen". Eine solche, durch Bürgermeister und Ratmannen beider Residenzstädte Berlin und Cölln verfertigte Ordnung liegt uns vom Jahre 1623 vor.[1]) Danach fand der Verkauf aller Fische nur auf dem Markt statt. Die Karpfen, Aale und Hechte mussten nach dem Gewicht verkauft werden; jedes Pfund Karpfen und Aal sollte von Galli bis Reminiscere um 15 gute Pfennige, Hechte und Bleie um einen Silbergroschen verkauft werden. Von Reminiscere aber und den Sommer hindurch bis Galli soll das Pfund Karpfen und Aal 1 Silbergroschen, Hechte und Bleie 10 Pfennige gelten. Die anderen „Flumfische" aber und die Fische geringeren Wertes, als Plötzen, Stockbarse, Alande, Zanten, Gründlinge, Schleie, Güstern, Flincken und wie sie mehr heissen, sollen „nach dem gesichte", doch billig und „ohne Beschwerung der Armut" und so verkauft werden, dass für 1 Silbergroschen „ein gut Essen" obiger Gattung, Karussen, Giebeln und Kulbarse aber um 1 Silbergroschen 3 und 6 Pfennige erlangt werden könne. Die grossen Schmerlen sollen das Schock für 3 Silbergroschen, die kleinen für $1\frac{1}{2}$ Silbergroschen im Preise stehen, die grossen Krebse das Schock für 2 Silbergroschen, die mittleren 1 Silbergroschen 6 Pfennige und die kleinen von 6 bis 9 Pfennige.

Auch die Hofküche vereinbarte mit den Pächtern der staatlichen Grossgarnfischereien bestimmte Preise, zu denen diese ihr die Fische

---

[1]) Mylius, a. a. O., V, II, S. 593.

das Jahr über zu liefern hatten. Im Jahre 1668 wurden bei Verpachtung des Werderschen Garnes „in der gewöhnlichen Taxe" der Zentner „Herrenfische" auf 3 Taler und die Tonne „Speisefische" auf 2 Taler festgesetzt.[1] Im Jahre 1723[2] zahlte die Hofküche dem Pächter des Phöbenschen Garnes „nach dem gewöhnlichen Preis" für das Schock Stamm- und Zahl-Bleie 8 Taler, das Schock Zahl-Hechte, Zahl-Zander oder Rapen 5 Taler, das Schock Barse 1 Taler, das Schock Ahlander 2 Taler 12 Groschen und für eine Tonne Speisefische 3 bis 4 Taler.

Endlich sei noch eine vom Polizeidirektorium in Potsdam mit Zustimmung des Gouvernements für Potsdam im Jahre 1806 entworfene Fischtaxe[3] mitgeteilt, in der die in der Gegenwart für diese Stadt üblichen Marktpreise[4] zum Vergleich dahintergesetzt sind.

	1806	1912
1. Kleine Fische, Plötze, Stock- und Kuhlbarsche pro Pfund	1 Gr. 3 Pf.,	0,40 Mk.
Ordinäre Speisefische 4 Zoll lang obiger Gattung pro Pfund	2 „ — „	0,60 „
2. Mittel- u. grosse Stockbarsche pro Pfund	2 „ 9 „	0,70 „
Im März und April als zur Laichzeit pro Pfund . . .	2 „ — „	0,70 „
Eine Mandel mittel Kaulbarsche 4 Zoll lang . . .	2 „ 6 „	0,30 „
Extra grosse desgl. 5—6 Zoll	3 „ 9 „	nicht mehr vorhanden
3. Brat-Hechte $^1/_2$—$2^1/_2$ Pfund pro Pfund	3 „ — „	1,00 Mk.
Mittel dito 3—6 Pfd. pro Pfund	2 „ 9 „	0,90 „
Grosse dito 7—10 Pfund pro Pfund	2 „ 6 „	0,80 „
4. Zander, kleine bis 2 Pfund pro Pfund	2 „ 6 „	1,20 „
Mittel dito von 3—7 Pfund pro Pfund	3 „ 3 „	1,40 „
Grosse dito 8—16 Pfund pro Pfund	3 „ — „	1,40 „
5. Kleine Bleye von 6—10 Zoll pro Pfund	2 „ — „	0,20 „
Bley 1 Fuss lang pro Pfund	2 „ 9 „	0,40 „
Mittel und grosse „ „	3 „ 6 „	0,60 „

---

[1] Akten in der Lade der Fischerinnung zu Werder, Kopialbuch, S. 59.

[2] Geh. Staatsarchiv, Prov. Br., Rep. 7, Domänenamt Lehnin, F. 10, Nr. 1.

[3] Geh. Staatsarchiv, Kurm., Tit. LXVII, Amt Potsdam, Sect. d., Amtssachen, Nr. 10.

[4] Nach Angabe eines Fischereisachverständigen, des Herrn Obermeisters Siegfried Schüler zn Potsdam.

	1806	1912
In der Laichzeit pro Pfund	2 Gr. 9 Pf.,	0,60 Mk.
6. Kleine Aale „ „	4 „ 3 „	0,80 „
Mittel-Aale „ „	4 „ — „	1,00 „
Extra grosse „ „	5 „ 6 „	1,40 „
7. Schleye „ „	2 „ 3 „	1,20 „
In der Laichzeit „ „	1 „ 6 „	1,00 „
8. Karpfen „ „	3 „ 6 „	1,00 „
9. Mittel-Wels und -Quappen pro Pfund	2 „ — „	0,70 u. 0,60 Mk.
Grosse dito pro Pfund	1 „ 6 „	0,70 u. 0,60 „
10. Alande und Raape „ „	2 „ 6 „	0,70 u. 0,50 „
11. Kleine Krebse pro Schock	5 „ 3 „	nicht mehr vorhanden
Mittel dito „ „	8 „ — „	„ „ „ „
Grosse „ „	11 „ — „	„ „ „ „

Aus der Taxe ist ersichtlich, dass die unverhältnismässig hohen
Preise, die in der Gegenwart für einzelne Fischarten gezahlt werden,
diesen ihre Bedeutung als billige Volksnahrung, die wir für die ältere
Zeit durchaus annehmen müssen, zum grössten Teil genommen haben.
Es hat diesen Preisaufschwung vor allem die durch die Volksvermehrung
gesteigerte Nachfrage nach heimischen Fischen verursacht. Diesen
heimischen Fischen gegenüber bleiben die eingeführten Seefische ganz
bedeutend im Preise zurück. Ohne die grosse Konkurrenz der Seefische
würden die heimischen Flussfische noch ganz andere Preise erreichen.

§ 4. Der Fischzoll.

Zum ersten Male begegnet uns ein Fischzoll in der Stadt Brandenburg im Jahre 1170,[1]) in Berlin für das Jahr 1318[2]) und in Werder für
das Jahr 1317.[3]) Markgraf Otto befreit die Bürger der Stadt Brandenburg vom Zolle mit Ausnahme des Fischzolles; als einzige zollfreie
Fische galten die Heringe, Murenen und Lassen.[4]) Der Berliner Zoll
war im Jahre 1318 vom Markgrafen Waldemar dem Jungfrauenkloster
zu Spandau übereignet und bis zum Jahre 1436 vom Jungfrauenkloster
selbst erhoben, dann aber zunächst den Berliner Fischern, hernach (1443)
dem Rate der Städte Berlin-Cölln vermietet worden.[5]) Der Fischzoll zu
Werder wurde im Jahre 1317 ebenfalls von Waldemar an das Kloster
Lehnin gegeben.[6]) In Berlin wurde der Zoll von allen Fischarten erhoben mit Ausnahme der Heringe.[7])

---

1) R. Bd. 9, S. 2. — 2) R. Bd. 11, S. 24. — 3) R. Bd. 10, S. 233.

4) 1170, R. Bd. 9, S. 2: „Generaliter autem teloneum de piscibus non remisit,
nisi tantum de alecibus, murenis et lassis".

5) Siehe oben, 1. Kap., 1. Teil, § 2, Nr. 2.

6) Über den Fischzoll zu Werder vergl. 1. Kap., 1. Teil, § 2, Nr 4.

7) 1318, R. Bd. 11, S. 24: „tollant de omni genere piscium, exceptis allecibus".

Um die Höhe des Zolles zu bezeichnen, sei hier das Zollregister
des Spandauschen Stadtbuches[1]) vom Jahre 1474 mitgeteilt:

Registrum van dem Tolle:

Lasch van der tunne . . . . VIII pf.

Stoer „ „ „ . . . . VIII „

Welsch „ „ „ . . . . . . IV „

Dorsch „ „ „ . . . . . . II „

Gemeyne visch „ . . . . . . II „

Herinck „ . . . . . . II „

Stockfisch tunne swar . . . . . . VI pf. van der tunne

Czander van der tunne . . . . . VIII pf.

Blasen van stock vischen . . . . I fl. van dem sacke

Aal van der tunne . . . . I fl.

Hecket van der tunne . . . . . . I fl.

Visch in wagendukern geslagen · . . II fl.[2])

Tritt uns der Berliner Fischzoll vornehmlich als Einfuhrzoll entgegen, so kam in Werder und später dann in Potsdam (siehe w. u.) die
Verzollung der ausgeführten Ware in erster Linie in Betracht. Nach
der Ordnung für die Fischer zu Berlin und Cölln vom Jahre 1637[3])
musste jeder fremde Fischer, er komme von oberwärts oder unterwärts
auf der Spree, seine Ware an den Mühlendamm bringen und, wenn er
die Fische den Berliner Fischern verkaufen wollte, dem „uralten Herkommen und Gebrauch nach" dem Rat beider Städte von jedem Fisch-
kahn 1 Groschen geben. Der Verkauf ausserhalb des Mühlendammes
mit dem Zweck der Zollhinterziehung war bei Strafe verboten.

Die Kleinfischer und Garnmeister im Bezirke des Amtes Lehnin
zahlten jährlich eine feste Summe als Fischzoll, so z. B. im Jahre 1602[4])
der Garnmeister von Phöben neben seinen 100 Talern Pacht[5]) 30 Taler
Fischzoll, die Fischer zu Werder 24 Taler 1½ Groschen,[6]) die Fischer
zu Phöben 9 Taler 4 Groschen, die Fischer zu Göttin 8 Taler 3 Groschen,
die zu Leest 1 Taler 15 Groschen, die zu Töplitz 1 Taler 18 Groschen
und der Garnmeister zu Werder neben 110 Talern Pacht[7]) 26 Taler
Fischzoll.

Um einen genaueren Einblick in die zum Teil umständlichen und
verwickelten Verhältnisse des Fischzolles zu gewinnen, sei hier auf

---

[1]) R. Bd. 11, S. 497.

[2]) Als Vergleich sei hier angeführt, dass man von einer Kuh II pf., einem Kalb
1 pf., einer Tonne Butter 1 fl., einem Pferd II pf. und von 100 Ellen Leinwand
IV., pf. nahm.

[3]) Märkische Forschungen Bd. 17, S. 99 ff.

[4]) Geh. Staatsarchiv, Prov. Br, Rep. 7, Domänenamt Lehnin, F. 10, Nr. 2.

[5]) Siehe oben I. Kap., 2. Teil, § 1, Nr. 4.

[6]) Dieser Zoll ist schon für das Jahr 1559 bezeugt. Geh. Staatsarchiv,
Rep. 21, 87, 2, 3, Werder.

[7]) Siehe oben I. Kap., 2. Teil, § 1, Nr. 3.

die Potsdamer Zustände, über die uns ausgezeichnetes Quellenmaterial zur Verfügung steht, näher eingegangen. Nach der Potsdamer Zollrolle vom Jahre 1540[1]) gibt jeder, der in Potsdam Fische kauft, von 10 Groschen als Zoll 1 Groschen, auch die Einwohner der sonst vom Zoll in der Mark befreiten Städte. Wer in Spandau Stinte geladen hat, gibt in Potsdam halben Zoll. Wenn die Potsdamer ausserhalb des Amtsgebietes „jenseit der Fähre“ (gemeint ist wohl die zu Caputh) Fische kaufen, geben sie halben Zoll; sie müssen dabei eine schriftliche Bescheinigung bringen, wieviel Fische und von wem sie gekauft haben; ebenso die fremden Käufer. Wollen Potsdamer Bürger oder die Kietzer ihren eigenen Fang in Potsdam nicht zu Markt bringen, sondern selbst abführen, so zahlen sie ganzen Zoll. Kaufen die Garnherren und Kietzer zu Eise hinter Caputh Fische, so geben sie ebenfalls ganzen Zoll; desgleichen wenn die Kietzer bei Caputh Stinte verkaufen wollen.

Auf das durchgeführte Gut fiel folgender Durchgangszoll: Vom „Flumfisch“ von jedem Pferd 6 Pfennige, von jeder Tonne „santhatt“ (= Zander) 2 Pfennige, „klein fiesch“ 2 Pfennige, „brassen“ 6 Pfennige, Hechte 8 Pfennige, Aal 8 Pfennige, Barse 8 Pfennige, Kaulbarsch 4 Pfennige.

Diese Bestimmungen sind im Jahre 1544 als Fischzollrolle besonders veröffentlicht und im Jahre 1608 erneuert worden.[2]) Bezüglich der Einnahmen des Zollamtes zu Potsdam aus dem Fischzoll, die uns gleichzeitig einen Schluss auf die im Jahre nach Berlin verfrachteten Fische tun lassen, ist ein Verzeichnis des Zöllners vom Jahre 1594 bis 1615 von hohem Interesse, welches wir daher hier folgen lassen:[2])

Anno 1594. In dem Quartal von Trinitatis bis Crucis hat Hans Müller von Berlin verzollt für 5 Märkische Schock Fische.

Anno 1600. Im Quartal von Trinitatis bis Crucis haben 4 Fischer[3]) von Berlin verzollt für 9 Thaler und 6 Groschen Fische.

Anno 1604.	Von Crucis bis Luciä . .	1 Berliner für	1 Thlr.	— Gr.
„ 1605.	„ Luciä bis Reminiscere	1 „	„ —	„ 30 „
		3 „	„ 5	„ 3 „
	„ Reminiscere bis Trinitatis	5 „	„ 9	„ 12 „
	„ Trinitatis bis Crucis	2 „	„ 1	„ 12 „
	„ Crucis bis Luciä . .	5 „	„ 6	„ 23 „
„ 1606.	„ Reminiscere bis Trinitatis	1 „	„ 1	„ — „
	„ Crucis bis Luciä . .	4 „	„ 6	„ 16 „

---

[1]) Sello, Potsdam und Sanssouci, Urk. und Aktenstücke Nr. 15.

[2]) Kgl. Reg. zu Potsdam, Dom.-Reg., Fischereis., Paketakten, ein näheres Aktenzeichen fehlt.

[3]) Die Namen der Händler lasse ich weg.

Anno 1607.	Ufs Quartal Reminiscere	2	Berliner für	2 Thlr.	18 Gr.
	Von Reminiscere bis Trinitatis	2	„	„ 2	„ 20 „
	„ Trinitatis bis Crucis	4	„	„ 8	„ 22 „
„ 1608.	„ Reminiscere bis Trinitatis	2	„	„ 3	„ 12 „
	„ Trinitatis bis Crucis	1	„	„ 1½	„ — „
	„ Crucis bis Luciä . .	4	„	„ 7	„ 15 „
„ 1609.	„ Trinitatis bis Crucis	1	„	„ 1	„ — „
	„ Crucis bis Luciä . .	4	„	„ 9	„ 6 „
„ 1610.	Ufs Quartal Reminiscere	4	„	„ 5	„ 16 „
	„ „ Trinitatis .	2	„	„ 2	„ 21 „
	„ „ Crucis . .	3	„	„ 4	„ 10 „
„ 1611.	„ „ Reminiscere	3	„	„ 5	„ 12 „
	„ „ Trinitatis .	5	„	„ 4	„ 20 „
„ 1612.	„ „ Trinitatis .	6	„	„ 8	„ 18 „
„ 1613.	„ „ Trinitatis .	3	„	„ 9	„ 6 „
	„ „ Crucis . .	1	„	„ 2	„ 12 „
	„ „ Luciä . .	4	„	„ 7	„ 4 „
„ 1614.	„ „ Trinitatis .	6	„	„ 10	„ 11 „
	„ „ Crucis . .	6	„	„ 14	„ 8 „

Es deutet dieses Verzeichnis auf eine ganz erhebliche Einfuhr an in der Umgebung von Potsdam gefangenen Fischen nach Berlin, die uns noch weit grösser erscheinen muss, wenn wir von den vielfachen Versuchen, die Zollabgabe zu umgehen, Kenntnis genommen haben werden.

So berichtete der Zöllner im Jahre 1615,[1]) dass bei den beiden Garnen und den Zuhren zu Potsdam „grosser Unterschleif" entstanden sei wegen des dem Kurfürsten gebührenden Fischzolles. Die Berliner und andere Kaufleute erkauften die Fische an etwas abseits gelegenen Orten und fuhren, ohne den Zoll zu entrichten, davon. Der Zöllner konnte bei den grossen Garnen und den verschiedenen Zuhren zugleich nicht Obacht geben. Der Zöllner bat darum, bei 20 Taler Strafe die Garn- und Zuhrmeister dazu zu verpflichten, abends im Zoll anzumelden, wem sie tagsüber die Fische verkauft hätten; desgleichen sollte der Kietzerschulze dem Zöllner berichten, an wen die Kietzer beim Fischen in der Gegend von Caputh und Werder ihren Fang abgesetzt hätten.

Gleicher Gestalt erfolgte im Jahre 1620[1]) seitens des Zöllners zu Potsdam eine Anzeige, dass der Zuhrfischer zu Caputh seinen Fang an die Treuenbrietzenschen und Brückschen Fuhrleute und Kiepenträger heimlich verkaufe, obgleich er schuldig sei, die Fische nach Potsdam zu bringen und dort den gebührenden Zoll zu entrichten. Die Kammer

---

[1]) Kgl. Regierung zu Potsdam, Dom.-Reg., Fischereis., Paketakten.

verordnete, dass der Caputher Fischer mit Hilfe des Landreiters zu Beelitz dazu gezwungen werden sollte, seine Fische nach Potsdam auf den Markt zu bringen. Im Jahre 1714 entrichteten dann die Pächter der Geltowschen und Baumgartenschen Zuhre jährlich 30 Taler Zoll und waren davon befreit, in Potsdam Fischmarkt zu halten.[1]

Gelegentlich machten die Fischer zu Berlin auch mal den Versuch, sich unter Berufung auf alte Privilegien von der Entrichtung des Fischzolles zu befreien. So traten im Jahre 1615 und 1640[2] ein „neuer kluger Verkäufer nebst etlichen jungen Berlinischen und Cöllnischen Ratsherren und Fischern" mit Privilegien, wonach sie zu Wasser und zu Lande vom Zoll befreit seien, hervor, wurden jedoch „mit klaren Beweisen angewiesen", nach wie vor den Fischzoll zu entrichten. Die Fischer zu Berlin hatten im Jahre 1615 nur den Nachteil, dass sie wegen Schlichtung des Streites 4 Wochen lang in Potsdam nicht aufkaufen konnten, wodurch in Berlin bereits Mangel an Fischen eintrat.[2] Sie baten dann schliesslich, dass man sie bei der üblichen Abgabe von 3 Groschen für den Kahn Fische belassen möchte. Im Jahre 1640 beschwerte sich der Zöllner darüber, dass von den Verkäufern arger Unterschleif betrieben würde, indem sie sich hätten so grosse „Spielkähne" bauen lassen, dass sie für 12 und mehr Taler Fische darin fortbringen könnten; sie gäben den Inhalt jedoch auf höchstens 3 bis 4 Taler an, ja machten sich oft, ohne Zoll zu entrichten, davon. Abermals sollte den Garnmeistern befohlen werden, täglich im Zolle Bericht zu geben, an wen und wieviel Fische sie verkauft hätten.[2]

In den Jahren 1640 und 1650 wurden die beiden Zöllner zu Potsdam und Spandau erneut angewiesen, darauf zu achten, dass die Fischer, Kietzer und Pichelsdorfer von den Fischen, die sie selbst nicht fingen, sondern von anderen kauften und wieder verhandelten, den gebührenden Zoll entrichteten.[3]

Nach der Einführung der Akzise enthielt dann die Steuer- und Akzise-Ordnung in den Städten der Mark Brandenburg vom Jahre 1680 die Bestimmung, dass die Fischer, welche in diesen Städten die Fische einzeln verkauften, mit einem „billigmässigen" Monatsgelde zu belegen seien.[4] Daneben waren seit dem Jahre 1684 die grösseren Fische als Hechte und Aale besonders zu verakzisen,[5] von jedem Taler hatten bei frischen Fischen der Fischer oder Verkäufer 9 Pfennige zu geben.[6] Die Torschreiber sollten die Fischbehälter genau untersuchen, „weil so

---

[1] Kgl. Regierung zu Potsdam, Dom.-Reg., Fischereis., Paq. III, 1.

[2] Kgl. Regierung zu Potsdam, Dom.-Reg., Fischereis., Paketakten.

[3] Ebenda, Paq. 3, 20, Nr. 96.

[4] Mylius: Corpus Const. March. IV, III, S. 104.

[5] Ebenda, S. 158.

[6] Ebenda, S. 212.

gar wenig an Fischen angegeben worden", und kein Fass Fische sollte unter 6,8 bis 10 Taler abgeschätzt werden.[1] Wo in den Städten die Fischmärkte am Wasser abgehalten wurden, mussten die Visitatoren zeitig dort sein und der Verkäufer Namen nebst dem Wert der zum Markt gebrachten Ware aufschreiben und dem Einnehmer einreichen.[2] Wenn ein Fischer ohne Entrichtung der Akzise heimlich davon ging, wurde er am nächsten Markttage ausser der Akzise noch mit 8, 12 und mehr Groschen Strafe belegt. Erneut wurde im Jahre 1736 bestimmt, die Fischer „nach Gelegenheit der Örter und des Fanges" auf eine Quartal-Akzise zu setzen, weil die Unterschleife sonst unvermeidlich seien.[3] Als die Fischer zu Werder bei der Kammer im Jahre 1741 darum anhielten, dass ihnen das Quartalgeld wieder zurückgegeben und sie bei der Akzise gelassen werden möchten, wurde ihnen die Antwort zuteil, dass das sogenannte Quartalgeld eigentlich die Konsumtionsakzise sei, welche die Konsumenten von den gekauften Fischen geben sollten, und die Fischer mögen dasselbe wiederum auf die Fische schlagen; auch die Fischer zu Potsdam und an anderen Orten entrichteten diese Abgabe.[4]

Anhang.

Die fischereiwirtschaftliche Leistungsfähigkeit der Mark Brandenburg in primitiv-natürlichem Kulturzustande.

Die fischereiwirtschaftlichen Verhältnisse gestatten infolge ihrer geschichtlichen Beharrlichkeit und dadurch, dass wir die hydrographischen Veränderungen der Gegenwart gegenüber der Slavenzeit verhältnismässig genau überschauen können, fast möchte man sagen, einen exakten Rückschluss. Wir legen auf Grund unserer ganzen Kenntnis von der slavischen Kultur die Tatsache zugrunde, dass die Wenden kein ackerbauendes Volk wie die Deutschen waren, zu mindesten noch nicht während des 7. bis 10. Jahrhunderts, sondern von Viehzucht, Bienenwirtschaft und Fischfang lebten, wie ja auch die Beschäftigungsart der Wenden bisweilen ausdrücklich als „cultura silvestris" bezeichnet wird.[5]

---

[1] Mylius, Corpus Const. March. IV, III, S. 252.

[2] Ebenda, S. 253.

[3] Ebenda, S. 473.

[4] Akten in der Lade der Innung zu Werder, Copialbuch, S. 151.

[5] F. Winter, Die Germanisierung und Christianisierung des Gaues Morzane. Geschichtsblätter für Stadt und Land Magdeburg V, 1870, S. 226. Ebenso Brückner, Die slavischen Ansiedlungen in der Altmark, S. 17.

Diese Ansicht wird von F. Winter vertreten, wie auch nach Guttmann den Ljutitzen „die Liebe zum Wasser im Blute lag".[1]) Auch bei den vor den Slaven die Mark bevölkernden Germanen spielte der Ackerbau ja nur eine untergeordnete Rolle, wie das schon daraus hervorgeht, das man ihn von den Frauen und schwächeren Familienangehörigen besorgen liess, während die Beschaffung der animalischen Nahrung Aufgabe der Männer war (Tacitus, Germ. 15). Wie nun von den drei oben angeführten Erwerbsquellen der Slaven der Fischfang die Wohnstelle in erster Linie bestimmte, so bildete auch der Fischfang, zum mindesten bei dem weit grösseren Teil der Bevölkerung im Gebiete der späteren Mittelmark, die hauptsächlichste Erwerbsquelle.

Das ist nun nicht so zu verstehen, als lebten die Slaven ausschliesslich von der Fischnahrung. Sie hatten auch auf leichterem Boden etwas Ackerland, um darauf Getreide zu ernten, aber es blieb doch beim Nötigsten, nur für den eigenen Hausgebrauch geschah das. Ferner hatten sie natürlich auch etwas Gartenland, und die Weide für das Vieh stand ihnen ja auf den im Frühjahr überschwemmten Wiesen zur Verfügung. Ausschliesslich von der Fischerei konnte der Slave noch nicht leben, das konnten erst die Fischer der späteren Jahrhunderte. Eine Arbeitsteilung ist für die slavische, wie auch die vorhergehende germanische Zeit noch nicht anzunehmen. Zu den benachbarten Deutschen galt in der Slavenzeit der Export getrockneter Fische wie der Produkte der Zeidelei dem Warenaustausch von Eisen, Salz, Zeuge, Wein.[2]) Jedoch im Innern des Slavenlandes ist an einen ständigen Markt in frühslavischer Zeit nicht zu denken. Ein wirklicher Markt entwickelte sich erst zu voller Blüte mit der Kolonisation; jetzt war es möglich sich zu spezialisieren, jetzt konnten sich die slavischen Volksreste ausschliesslich ihrer altgewohnten Fischertätigkeit widmen, und wie sich die Verhältnisse damals regelten, so haben sie bis in die Neuzeit bestanden und bestehen zum Teil noch.

Von dem Aussehen und der Grösse eines slavischen Fischerdorfes erhalten wir nun eine ziemlich genaue Vorstellung durch die bis in die Neuzeit hineinragenden Fischerdörfer und Kietze, die eine wohl einzig dastehende in ihren natürlichen Erwerbsbedingungen begründete historische Beharrlichkeit aufweisen. Der Kietz zu Potsdam z. B., der schon im Landbuche Kaiser Karls vom Jahre 1375 22 Fischerstellen aufwies, war im Jahre 1589 nach dem Amtsregister von Potsdam mit 22 „Kossäten" besetzt, und auch heute gehören zur Innung noch 22 „Erben" (siehe oben Kap. II), und so liessen sich noch viele Beispiele geben. Für die Slavenzeit werden wir dieselbe Zahl von Fischerstellen annehmen müssen,

---

[1]) Guttmann, Die Germanisierung der Slaven in der Mark. Forsch. zur Brandenb.-Preuss. Geschichte Bd. 9, S. 43.

[2]) Joh. Falke, Geschichte des deutschen Handels I, Leipzig 1858, 44, 102.

und selbst in vorslavisch-germanischer Zeit werden die Verhältnisse infolge der gleichen in der Wasserwirtschaft ausgedrückten Grundbedingung kaum andere gewesen sein. Es ergibt sich somit für die Potsdamer Kietzsiedlung, wenn wir die Familie auf 5 Personen veranschlagen, eine ziemlich konstante Gesamtbevölkerung von 100 bis 120 Menschen für die Zeit nach 1375 und ebenfalls für die Zeit vor dem Jahre 1375 eine Mindestzahl derer, die hier vom Fischerwerb leben konnten, wahrscheinlich werden jedoch infolge der günstigeren Wasserverhältnisse noch weit mehr Leute von der Fischerei haben leben können.

Diese geschichtliche Beharrlichkeit ermöglicht uns nun aber einen genauen Rückschluss auf die fischereitreibende Bevölkerung aller früheren Zeiten in der Mark und — da wir in der Fischerei für die Slavenzeit, vermutlich auch schon für die vorhergehende germanische Periode, die Hauptnahrungsquelle erblicken müssen, und indem wir die Ansicht zu grunde legen, dass das Land immer soviel Bewohner getragen haben wird, wie es ernähren konnte (nur der Überschuss wanderte stets ab) — somit auch einen wenigstens annähernden Rückschluss auf die Gesamtzahl der Bevölkerung.

Wir glauben hierin ein Mittel zu sehen, die wirtschaftliche Leistungsfähigkeit des märkischen Grund und Bodens unter Beobachtung der historisch-geographischen Bedingungen für die Zeit einer primitiv-natürlichen Kultur, als welche wir die germanische und frühslavische Zeit ansehen müssen (etwa bis 800 n. Chr.) annähernd bestimmen zu können, um so eine Zahl zu finden, die für uns die Grenze bedeuten muss, bis zu welcher der Grund und Boden den Menschen ausreichend ernähren konnte. Wo sie überstiegen wurde, musste die junge Mannschaft abwandern. Dass an eine Vermehrung des Kulturlandes innerhalb der Stammesgrenzen durch Roden der Wälder und Austrocknen der Sümpfe noch nicht zu denken war, erwähnten wir bereits in der Einleitung der Arbeit bei der Betrachtung der Landschaftsgeschichte. „Es waren in der Regel nur einzelne Gaue einer Völkerschaft, die auf Grund eines Volksbeschlusses das Stammesgebiet verliessen, um den Daheimbleibenden Raum für die Fortführung ihrer Wirtschaft in der hergebrachten Weise zu schaffen". Schmidt, dessen Geschichte der germanischen Völker[1]) dieser Satz entlehnt ist, sieht in der wirtschaftlichen Not die Hauptursache der Völkerwanderung.

Betrachten wir nun zunächst das Havelgebiet. Als Quelle für die an der Havel und ihren Nebenseen bestehenden Fischereiberechtigungen liegt mir ein von der Kurmärkischen Kriegs- und Domänenkammer zwecks Heranziehung der einzelnen Berechtigungen zu einem Beitrag für das Ge-

---

[1]) Schmidt, Allgemeine Geschichte der germ. Völker bis zur Mitte des 6. Jahrhunderts, München und Berlin 1909, S. 25.

halt der Pritzstabel angefertigtes Verzeichnis[1]) vom Jahre 1794 vor, das meines Wissens der erste Versuch war, die sämtlichen Berechtigungen festzustellen und tabellarisch aufzuzeichnen. Eine solche Fischereiberechtigung bietet die Möglichkeit zur Existenz einer Familie, in der Gegenwart zwar nicht mehr überall in diesem ganzen Umfang, in früherer Zeit aber infolge der besseren hydrographischen Verhältnisse und des damit verbundenen Fischreichtums bestimmt. Auf die heutigen Zustände in ihrer Veränderung zur Vorzeit kommen wir später zurück.

Das Verzeichnis umfasst die Havel vom Dorfe Hennigsdorf oberhalb Spandaus bis zu ihrer Mündung in die Elbe und ist verhältnismässig recht ordentlich angelegt. Die mir aufgefallenen Lücken habe ich durch anderes Aktenmaterial zu ergänzen gesucht. Es ergibt sich da eine Zahl von 800 Berechtigungen zur Kleinfischerei,[2]) die zum weitaus grössten Teil für die Zeit von 1794 noch völlig allein den Lebensunterhalt für eine Familie bieten. Die Bedeutung eines kleinen Teiles dieser Berechtigungen ist nicht so gross, muss aber bei den günstigeren natürlichen Bedingungen der Vorzeit als gleichwertig erkannt werden. Diese Zahl, die uns ganz besonders auch für die Neuzeit den hohen Anteil der Fischerei an dem gesamten Wirtschaftsbetrieb des Havelgebietes veranschaulicht, lässt uns nun gemäss der vorhergehenden Erwägungen die an der Havel sitzende Bevölkerung auf ungefähr 4000—5000 Menschen ansetzen.

Da uns nun das die Fischereiberechtigungen aufweisende Zahlenmaterial für die übrigen Teile der Mark zur Zeit noch fehlt, — genauere Untersuchungen sind bereits im Gange —, müssen wir das Zahlenmaterial der Berufszählung vom Jahre 1895[3]) zu Hilfe nehmen, woraus sich ergibt, dass unser Havelgebiet ein Viertel bis ein Drittel der gesamten märkischen Wasserwirtschaft ausmacht. Es wäre also die Fischerei imstande gewesen, 15—20 000 Menschen in der Mark als Hauptnährquelle zu dienen.

Diese auf rein rechnerischem Wege gefundenen Zahlen können für uns ein endgültiges Ergebnis jedoch noch nicht bedeuten. Wir gingen aus von einer Tabelle des Jahres 1794. In dieser Tabelle waren geringfügige Berechtigungsformen, wie die des Fischens mit der Fusswade vom Lande aus, wie wir sie für ganze Ortschaften (z. B. Cladow, Gatow u. a.) oben[4]) kennen gelernt haben, gar nicht berücksichtigt. Wir müssen nun diese rudimentären Formen einer Fischereiberechtigung bei

---

[1]) Geh. Staatsarchiv, Gen.-Dir. Kurm. Tit. CCLXXII, Wassersachen, Havel Nr. 4.

[2]) Die Berechtigungen zur Wehrfischerei und Küchenfischerei sind dabei nicht berücksichtigt.

[3]) K. Eckstein, Fischereiverhältnisse der Provinz Brandenburg, Berlin; Bornträger, 1903, S. 85.

[4]) Siehe 1. Kap., 2. Teil, § 5.

diesen durchaus alten Siedelungen als Überreste ehemaliger weitgehenderer Berechtigungen erkennen, die jedoch heute neben der Ackerwirtschaft bedeutungslos erscheinen und zu dieser minderen Bedeutung schon während der Zeit der Kolonisation dadurch, dass für solche Ortschaften die Ackerwirtschaft fortan in den Vordergrund trat, hinabgesunken sind. Weiter lässt sich deutlich erkennen, wie stellenweise früher vorhandene Fischereiberechtigungen und zwar solche von der Bedeutung, dass sie als Hauptberuf zur Existenz einer Familie dienten, heute gänzlich verschwunden sind, so z. B. auf der Wublitz in den Dörfern Marquardt, Uetz und Paaren 10—12 für das 14. Jahrhundert bezeugte Berechtigungen[1] und in Paretz sogar deren 16.[2] Betrachten wir nun ferner die heute fast entwässerten weiten Gebiete des Rhinluches und Havelländischen Luches, die noch eine ganz beträchtige Fischereiwirtschaft ermöglichten,[3] und erinnern wir uns des bei Betrachtung des früheren Landschaftsbildes über die günstigeren Laichverhältnisse Gesagten,[4] so werden wir zu der Überzeugung gelangen müssen, dass die von uns gefundene Bevölkerungszahl von 15—20000 Menschen nicht ausreichen wird, um die von der Wasserwirtschaft in der Mark lebenden Menschen zu bezeichnen.

Eine letzte Überlegung muss uns die fischereiwirtschaftlichen Dinge noch weit günstiger erscheinen lassen. Bei der bisherigen Betrachtung haben wir ausschliesslich die Kleinfischerei berücksichtigt. Wir müssen uns nun noch mit der wirtschaftlichen Bedeutung der Grossgarnfischerei beschäftigen, während wir die Zuhrfischerei, die im 17. und 18. Jahrhundert einen stellenweise die Grossgarnfischerei weit überholenden Wert verkörperte, als eine nur vorübergehende Erscheinung nicht besonders bei unserer Frage zu werten haben. Die Grossgarnfischerei wurde nach der Eindeutschung der Mark vom Markgrafen als dem Herrn der Gewässer von vornherein durch pachtweise Vergabung nutzbar gemacht und die Produkte der Grossgarnfischerei wurden so auf einem Markt an die landbebauende und an die städtische Bevölkerung umgesetzt. Wie man in vordeutscher Zeit die Produkte der Grossgarnfischerei verwertete, ob in einer ähnlichen Form der pachtweisen Vergabung oder ob diese von der Bevölkerung auf direktem Wege durch eigenen Erwerb genutzt wurden, bleibt für unsere Frage gleichgültig, die Produkte waren eben vorhanden und müssen von uns in ihrer Bedeutung gewertet werden. Das bereitet nun aber einige Schwierigkeiten und ist z. B. für unsere Havelstrecke nur schätzungsweise festzustellen. Immerhin stehen uns

---

[1] Siehe 1. Kap., 1. Teil, § 2, Nr. 5.

[2] Siehe 2. Kap., § 4, Nr. 9.

[3] Dasselbe gilt für die Nebenflüsse der Havel; so bestand z. B. an der Nuthe bis zu deren Geradelegung im 18. Jahrhundert beim Dorfe Saarmund noch ein Fischerkietz mit 7 Fischern. Aus den Pfarrakten zu Saarmund.

[4] Siehe Einleitung, „Zur Landschaftsgeschichte".

in der Tabelle vom Jahre 1794 einige Zahlen zur Verfügung, die den Ertrag der Grossgarnfischerei im Vergleich zu dem der Kleinfischerei erkennen lassen. Bei der Schwierigkeit, Erträge aus der Fischereiwirtschaft zahlenmässig zu bestimmen, ist in der Tabelle die hierfür von der Kurmärkischen Kriegs- und Domänenkammer eingerichtete Spalte zum grossen Teil denn auch unausgefüllt geblieben; für den Spandauer Grossgarnbezirk haben wir jedoch zuverlässiges Zahlenmaterial, um so zuverlässiger als die betreffenden Werte für Grossgarnfischerei und Kleinfischerei von dem Amt Spandau zugleich angegeben sind, wodurch eine einheitliche Beurteilung auf gleicher Grundlage erreicht ist. Es ergibt sich ein Anteil der Grossgarnfischerei mit einem Ertrage von 1630 Talern gegenüber der Kleinfischerei mit 1041 Talern von $^3/_5$ an der Gesamtproduktion der Spandauer Fischerei, den der Staat also für sich auf dieser Wasserstrecke nutzbar gemacht hat. Es könnten sich also den 62 Kleinfischern, deren Berechtigungen zusammen mit 1041 Talern Ertrag gewertet sind, noch ungefähr 97 Kleinfischer auf derselben Wasserstrecke zugesellen und ihre Nahrung finden, wenn der Staat den Grossgarnbetrieb nicht für sich nutzbar gemacht hätte. Ähnlich liegen die Verhältnisse auf dem ganzen mittleren Havelgebiet und den Köpenicker Gewässern. Das Kloster Lehnin, das Domkapitel zu Brandenburg, die Altstadt Brandenburg haben ihre Fischereirechte ebenfalls auf die Weise der Verpachtung ausgenützt. Wir wollen natürlich den bei den Spandauer Gewässern gefundenen Prozentsatz nicht auf die übrigen Gewässerstrecken übertragen, — dagegen sprechen das in seiner Grösse zu verschiedene Wasserareal in den einzelnen Bezirken und das völlige Fehlen einer besonders ausgebildeten Grossgarnfischerei in anderen Teilen —, aber als ein bedeutendes Moment muss bei einer endgültigen zahlenmässigen Schätzung der Menschen, die die märkische Wasserwirtschaft zu ernähren imstande war, die Grossgarnfischerei berücksichtigt werden. Auf Grund dieser letzten Überlegung und den vorher gemachten Beobachtungen über im Mittelalter noch bestehende, heute jedoch nur noch rudimentär vorhandene oder auch völlig verschwundene Fischereiberechtigungen und unter Berücksichtigung des landschaftsgeschichtlichen Momentes glauben wir die für das ausgehende 18. Jahrhundert gefundene Zahl von 15—20000 Menschen unbedenklich verdoppeln zu können und glauben damit noch in keiner Weise zu hoch gegriffen zu haben. Wir kommen damit zu folgendem Ergebnis:

Die Mark Brandenburg in ihrer Ausdehnung von der Elbe bis zur Oder ist bei einem primitiven und auf die natürliche Landschaft gegründeten Wirtschaftsbetrieb, bei dem die Fischerei als Hauptnährquelle zu gelten hat, imstande, rund 30—40000 Menschen ernähren zu können. Wir nehmen für diesen Wirtschaftsbetrieb die germanische und frühslavische Siedlungsperiode in Anspruch.

Wie verhält sich nun unser Ergebnis zu den bisher angestellten Schätzungen? Guttmann nimmt an,[1]) dass mindestens 25—30000 Slaven in den Landschaften der Mittelmark — Priegnitz, Havelland, Zauche, Barnim, Teltow, Uckermark (also im wesentlichen auch das von uns berücksichtigte Gebiet) — vorhanden waren, als die Askanier davon Besitz ergriffen. Nun, uns wird diese Zahl zu niedrig erscheinen, zumal in der Zeit, für die Guttmanns Schätzung Geltung haben soll, jene von uns für die germanische und frühslavische Zeit angenommenen archaischen Wirtschaftsverhältnisse nicht mehr in dieser Einfachheit bestanden; die Slaven waren doch auch gleich ihren westlichen Nachbarn, zum Teil im 10. und 11. Jahrhundert von diesen beeinflusst, in der Kultur fortgeschritten. Guttmanns bevölkerungsstatistische Angabe wäre also wohl für seine Zeit um ein wesentliches noch über unser gewonnenes Ergebnis von 30—40000 Menschen zu erhöhen. Dagegen muss uns die Annahme Schmidts,[2]), die Besiedlung Germaniens zur Zeit Cäsars habe 300—350 Köpfe auf die Geviertmeile betragen, für Brandenburg bedeutend zu hoch erscheinen, da nach unserem Ergebnis auf die Geviertmeile nur rund 100 Köpfe entfallen. Die Besiedlung der Mark war dabei sehr unregelmässig, indem weite Hochflächen fast verödet dalagen, während andererseits die Siedlungen in den Flusstälern verhältnismässig dicht erscheinen müssen. Für die germanische Zeit wird die von uns gefundene Zahl natürlich nur ihre Gültigkeit behalten, wenn wir annehmen, dass dem von uns für die Slavenzeit leidlich zu überblickenden Wirtschaftsbetrieb in der germanischen Periode ein sehr viel anders gearteter, da auf demselben Boden die gleichen geographischen Faktoren massgebend waren, nicht vorhergegangen sein wird.[3]) Im anderen Falle führt uns die Zahl immerhin auch den Anteil vor Augen, den die Fischerei am germanischen Wirtschaftsleben gehabt hat.

In der Gegenwart sind die Zahlen wesentlich anders. Den der Tabelle vom Jahre 1794 für die Havel von Spandau bis zu ihrer Mündung entnommenen 800 Berechtigungen entsprechen nach der Berufszählung vom 14. Juni 1895[4]) noch rund 500 im Hauptberuf und 100 im Nebenberuf ausgeübte Fischereiberechtigungen; die Fischerei ernährt also hier noch ungefähr 2500 Menschen, und ein wesentlicher Rückgang während des 19. Jahrhunderts ist festzustellen. Das gesamte märkische Gebiet zwischen Elbe und Oder bietet in der Fischerei 1491 Menschen den Hauptberuf und lässt noch 356 im Nebenberuf in ihr tätig sein, ernährt

---

[1]) Guttmann, a. a. O., S. 432.
[2]) Schmidt, a. a. O., S. 48.
[3]) Eine Klärung dieser Frage dürfen wir von der in allerletzter Zeit erblühten vorgeschichtlichen siedlungs-geographischen Forschung mit Sicherheit erwarten.
[4]) Siehe K. Eckstein, a. a. O.

also somit noch heute rund 7500 Menschen. Dies bedeutet dem Mittelalter gegenüber einen ganz bedeutenden Verlust. Der gerade für das 19. Jahrhundert allenthalben in der Mark charakteristische Rückgang findet einmal seine Begründung in dem wirklichen Schaden, der der Fischerei durch fortdauernde Stromregulierung und dem Laich insbesondere durch den Wellenschlag der Dampffahrzeuge am Flussufer entsteht, anderenteils aber auch, und vielleicht in nicht zu unterschätzender Weise, in den grösseren Bedürfnissen und Ansprüchen des modernen Menschen, der sich bei einem immerhin doch nur kärglichen Erwerb, wie ihn die Fischerei stellenweise darstellt, nicht mehr begnügen will.

Lebenslauf.

Ich, Carl Franz Friedrich Bestehorn, evangelischer Konfession, Sohn des Königlichen Regierungs-Hauptkassen-Buchhalters Carl Bestehorn, bin am 30. Juni 1888 in Potsdam geboren. Ich besuchte in meiner Heimatstadt die Vorschule und das Königliche Victoria-Gymnasium, das ich Michaelis 1907 mit dem Reifezeugnis verliess, um in Berlin zunächst Deutsch, Geschichte, Religion und Philosophie zu studieren. Im Sommersemester 1909 ging ich nach Marburg und widmete mich hier den Studien der Geschichte, des Deutschen, der historischen Hilfswissenschaften und der Geographie. Das Examen rigorosum bestand ich hier am 6. November 1912. Seitdem hälte ich mich in Marburg auf, um mich auf das Staatsexamen vorzubereiten.

Vorlesungen hörte ich bei den Herren Professoren: Bäsecke, Harnack, Herrmann, Lenz, R. M. Meyer, Paulsen, Pfleiderer, Roethe, Sternfeld, Erich Schmidt in Berlin; K. André, Birt, Brackmann, Busch, Cohen, Elster, Fischer, Glagau, Jenner, Kayser, Klebs, Könnecke, Köppe, Krümmel, Mirbt, Misch, Obst, Rade, v. d. Ropp, Rühl, Schücking, Schwarz, Troeltsch, Vogt, Wrede.

An Seminaren (Proseminaren), Übungen und Exkursionen liessen mich teilnehmen die Herren Professoren: Bäsecke, Herrmann, Meyer, Roethe, Sternfeld in Berlin; in Marburg: Brackmann, Glagau, Kayser, Klebs, Könnecke, Krümmel, Obst, v. d. Ropp, Rühl, Vogt, Wrede.

Allen diesen meinen hochverehrten Lehrern spreche ich meinen herzlichen Dank aus, besonders aber Herrn Geheimen Rat Prof. Dr. Frhr. v. d. Ropp für das freundliche Interesse, das er meiner Arbeit entgegengebracht hat.

Druck von Fr. Stollberg, Merseburg.

Heft 1.　　Sonderabdruck.　　Juli 1913.

Archiv

für

Fischereigeschichte.

Darstellungen und Quellen.

Herausgegeben

von

Emil Uhles.

BERLIN
VERLAGSBUCHHANDLUNG PAUL PAREY
Verlag für Landwirtschaft, Gartenbau und Forstwesen
SW. 11, Hedemannstraße 10 u. 11
1913.

Fälschung einer Potsdamer Fischereiurkunde.

Von

Dr. Friedrich Bestehorn.

Das Urkundenmaterial der beiden Potsdamer Fischerinnungen, auf dem Kietz und in der Altstadt, gibt uns einen interessanten Aufschluss über das Zustandekommen einer Urkundenfälschung von seiten der dortigen altstädtischen Fischerinnung in der Mitte des 18. Jahrhunderts. Ich beabsichtige im folgenden die gefälschte Urkunde wiederzugeben sowie auf deren Vorlagen hinzuweisen und diese Fälschung einmal durch rein diplomatische Kritik wie auch unter der Darlegung des Rechtszustandes hier zu erweisen.

Es sei zunächst die in Frage stehende Urkunde der altstädtischen Fischerinnung (früher gemeinhin auch „die Burgstrasser" genannt) wörtlich mitgeteilt, wie sie mir aus zwei Abschriften bekannt ist, die sich 1. in der Lade der Kietzer-Fischerinnung und 2. in der im Stadtarchiv zu Potsdam liegenden handschriftlichen „Chronik von Potsdam" vom Jahre 1826 befinden. Das vermeintliche Original wird in der Lade der altstädtischen Fischerinnung zu Potsdam verwahrt. Seine Einsicht ist mir aber von der Innung bisher nicht gestattet worden. Neben der oben angeführten Stelle in der Potsdamer Stadtchronik wird die Urkunde sonst nirgends erwähnt, ihr Text lautet:[1]

„Von Gottes Gnaden, Joachim Friedrich, Kurfürst zu Brandenburg, des Heiligen Römischen Reichs Erz-Kämmerer und Churfürst pp.

Fügen hierdurch allen und jeder zu wissen. Nachdem unsere liebe Gebtruae, die Porksträsser und Kietzer Fischer geziemende Ansuchung getan, dass sie bei ohren alten hergebrachten Gerechtigkeiten in Gnaden möchten erhalten und geschützt werden, und zugleich gebeten, ihnen dasjenige zu conserieren,[2] was ihnen unser in Gott ruhender Vorfahr in der Fischerei aus Gnaden und zu einem ewigen Recht geschenket und bestätigt.

Von Gottes Gnaden wir Johannes, Churfürst zu Brandenburg, des Heiligen Römischen Reichs Erz-Kämmerer und Churfürst, fügen und ordnen hiermit und setzen in Gnaden auf unsere Erben und Erbnehmen.

Nachdem unsere lieben Getreuen die Fischer zu Potstam, die Klein-Thauer genannt, geziemend Ansuchung gethan haben, eine gewisse Praeferenz im Fischen zu ordnen und zu setzen, so haben wir in Gnaden verfüget, dass sie unsern Havelstrohm ruhig und ungehindert von hier bis nach Brandenburg am Tham befischen sollen,

---

[1] Um die Art der Abschrift zu charakterisieren, ist entgegen dem sonstigen Brauch die Schreibweise des Textes auch orthographisch getreu wiedergegeben.

[2] Vom Abschreiber scheinbar entstellt aus „conservieren" oder „confirmieren".

welche Gerechtigkeit ihnen unverbrüchlich gehalten werden soll, auch wie sie ihre Fischerei vor Alters getrieben, so mögen sie selbige behalten und ungehindert forttreiben, so, wie sie es bei unsern Vorfahren gehabt. Zu wahrer Urkunde haben wir dies nicht nur confirmirt, sondern auch mit unserm Fürstl. Secret-Insiegel behangen. Datum zu Cöln an der Spree, im Jahre nach Christi Geburt 1464.

Wir Friedrich von Gottes Gnaden etc. haben in Gnaden solches unsere lieben Getreuen, den Porkstrasse und Kietzer Fischer, wie vorhergehendes lautet, approbiret, und dass sie bei ihrer erhaltenen Gerechtigkeit geschützt und ihre Fischerei wie sie selbige vor Alters gehabt ungehindert treiben mögen. Wonach es allen, die es angeht, genau zu achten haben, wir verstehen und, und bleiben Euch günstig, solches haben wir zu wahren Urkund mit unserm Fürstl. Insiegel behangen lassen und mit unserer Namensunterschrift bekräftiget und confirmirt.

Datum zu Cöln an der Spree den 15. November nach unseres Erlösers Geburt 1684.“

Obgleich nun die beiden mir zur Verfügung stehenden Abschriften der Urkunde im Text ein paar kleinere Varianten aufweisen und auch der Abschreiber, besonders in der letzten Bestätigungsformel, sich offenbar recht grobe Ungenauigkeiten hat zuschulden kommen lassen, so glaube ich doch, dass wir schon jetzt die vorstehende Urkunde einer Kritik unterwerfen können.

Betrachten wir die Urkunde zunächst vom rein diplomatischen Standpunkt, so finden wir die bedenklichsten Verstösse gegen die bei Abfassung von Urkunden gebräuchliche Übung. Zunächst fällt in zwei Fällen die ungewöhnliche Titulatur auf, bei der die Worte „von gottes gnaden“ sonst stets hinter dem Namen des die Urkunde ausstellenden Fürsten stehen; ferner fehlt in der Titulatur die Bezeichnung „Markgraf von Brandenburg“, an deren Stelle „Kurfürst“ steht und infolgedessen zweimal vorkommt. In der Formulierung der Urkunde wird dann weiter insofern gegen die übliche Form verstossen, als die älteren Urkunden als Transsumpte für gewöhnlich von der letzten Bestätigung eingerahmt erscheinen, bei Fischereiurkunden meines Wissens sogar stets. In der Datierung ist das Datum unvollständig, es fehlt die damals übliche Tagesbezeichnung nach einem Festtage. Schliesslich müsste die Sprache der Urkunde vom Jahre 1464 niederdeutsche Formen aufweisen; sehr merkwürdig ist auch der Ausdruck „Präferenz“, der für das 15. Jahrhundert unmöglich ist und uns übrigens hernach noch zu einem weiteren Schlusse Anlass geben wird, u. a. m.

Ausserdem finden sich mehrere innerliche Unwahrheiten: In drei Fällen stimmen die ausfertigenden Landesherren nicht zu den Daten; so müsste es auch im Jahre 1684 heissen „Wir Friedrich Wilhelm“ und nicht nur „Friedrich“.

Betrachten wir nun weiter den Rechtszustand auf den Potsdamer
Gewässern:[1] In Potsdam gab es, seit dem 14. Jahrhundert bezeugt,
zwei getrennte Fischergemeinden, die Kietzgemeinde und die sog.
„Burgstrasser" oder altstädtische Fischergemeinde. Während die Kietzer
gleich den Spandauer Kietzfischern seit dem Jahre 1452 im Besitze eines
Privilegiums waren, ermangelten die „Burgstrasser" bis ins 18. Jahrhundert hinein eines solchen, betrieben aber die Fischerei auf Grund
alter Gewohnheit wie die meisten anderen Fischergemeinden an der
Havel, und zwar hatte sich bei dem Betriebe der Potsdamer Fischerei
die Regel herausgebildet, dass die „Burgstrasser" lediglich die Fischerei
in den Gewässern oberhalb Potsdams ausübten, während die Kietzer
dies in den Gewässern unterhalb Potsdams taten. Bis zum Beginn des
18. Jahrhunderts spricht also auch der aus den übrigen Urkunden und
Akten erweisliche rechtliche Zustand gegen den Inhalt unserer fraglichen
Urkunde, die ja den „Burgstrassern" selbst bis zum Damm zu Brandenburg eine Fischereiberechtigung zuerkennen will. Im Jahre 1738 verfügte dann aber König Friedrich Wilhelm auf Grund eines zwischen
beiden Fischergemeinden ausgebrochenen Streites über die Grenzen ihrer
Fischereibezirke zunächst unter dem 17. Oktober,[2] „keinen Prozess
zwischen beiden Parteien zu verstatten, sondern vielmehr zwischen ihnen
die Einrichtung zu machen, dass alle dortigen Fischer gleich traktiret
werden und sämtlich Brod haben und gleich fischen können". Unter dem
22. November gleichen Jahres[3] erfolgte sodann eine weitere Kabinettsorder mit der Bestimmung, „dass, da die Neustädter Fischer (= Kietzer)
bishero sich wegen ihrer Häuser in Potsdam sehr schlecht aufgeführet,
und solche nicht, wie es Bürgern in Potsdam gehöret, sondern vielmehr,
als ob sie Bauern oder Köther wären, gehalten, die Burgsträsser es
hergegen hierunter ihnen weit zuvor getan und gute Häuser gehalten
haben, also auch letztere vor jenen in Befischung der Havel und andern
bei Potsdam herumliegenden Gewässern, die Präferentz überall haben
sollen. Wenn aber die Neustädter Fischer künftighin ihre Häuser dergestalt, wie es Bürgern in Potsdam zukömmt, halten und in Stande
setzen werden, alsdann soll ihnen verstattet werden, mit denen Burgsträsser Fischern die Fischerei in und bei Potsdam nach der Fischer
Ordnung und Observantz egal zu exerzieren." Somit änderte sich also
im Jahre 1738 der fischereirechtliche Zustand in der Weise, dass hinfort beide Innungen auf ihren Fischereiberechtigungsbezirken gemeinsam
die Fischerei ausüben konnten. Wie einzig diese Regierungsmassregel
Friedrich Wilhelms in der Geschichte der märkischen Fischerei dasteht,

---

[1] Eine quellenmässige Ausführung findet sich in meiner im gleichen Hefte er-
scheinenden Arbeit „Die geschichtliche Entwickelung des märkischen Fischereiwesens".
S. 90 ff.

[2] Geh. Staatsarchiv zu Berlin. Minüten R. 96, Bd. 17, S. 368.

[3] Ebenda, S. 465.

findet sich in meiner oben erwähnten Arbeit besonders betont. Dieser rechtliche Zustand besteht nun bis heute.

Wir hätten nun noch den Versuch zu machen, zu einem Verständnis der zu der Abfassung der Fälschung treibenden Beweggründe zu kommen. Hier scheint mir auf seiten der altstädtischen Fischergemeinde lediglich der Wunsch massgebend gewesen zu sein, gleich den Potsdamer Kietzfischern, mit denen sie ja durch die angeführten beiden Kabinettsordern in gleiches Recht gesetzt wurden, ebenfalls ein altes Privileg aufweisen zu können, und dieser Wunsch hat die altstädtischen Fischer dann zur Anfertigung einer falschen Urkunde bewogen. Als Vorlage diente ihnen dabei jenes alte Privilegium der Kietzfischer vom Jahre 1452, dessen wörtliche Anführung ich mir hier ersparen kann, da es sich in Riedels Codex diplomaticus Brandenburgensis (A 11, S. 174) gedruckt findet. Obgleich man in der gefälschten Urkunde eine wörtliche Übereinstimmung mit jener Urkunde vom Jahre 1452 ängstlich zu vermeiden suchte, so liegt doch auf der Hand, dass diese als Vorlage diente, wie ja auch denn als Grenze des Fischereiberechtigungsbezirkes wie in der Urkunde vom Jahre 1452 der „Tamb zu Brandenburg“ angegeben ist. Weiter lässt sich nun aber an dem Vorkommen des Wortes „Präferenz“ in der Fälschung, das wohl sicher aus der oben erwähnten Kabinettsorder vom 22. November 1738 übernommen ist, erweisen, dass die Fälschung nicht vor dem Erlass dieser Kabinettsorder angefertigt worden sein wird. Es drängt sich vielleicht noch die Frage auf, ob nicht die Anfertigung der Fälschung dem gesamten Rechtsstreit der beiden Innungen im Jahre 1738 hätte vorangegangen sein können und ferner, ob nicht König Friedrich Wilhelm durch diese Fälschung sich hätte in seinen in den Kabinettsordern zutage tretenden Entschlüssen beeinflussen lassen. Da ist doch aber zu bedenken, dass in der königlichen Kanzlei unsere Urkunde wohl sicher auf den ersten Blick als Fälschung erkannt worden wäre; ausserdem wäre ja, selbst wenn dies nicht der Fall war, an den Kabinettsordern immerhin noch auffällig, dass sie sich auf diese Urkunde nicht berufen hätten, eine Gepflogenheit, die sonst bei allen Fischereiprivilegien üblich war. Zum Schluss sei noch darauf hingewiesen, dass sich in den Akten des Geheimen Staatsarchivs in Berlin selbstverständlich nirgends eine Spur von unserer Urkunde finden lässt.

So kommen wir also zu dem Schluss, dass bei der Anfertigung dieser Fälschung von seiten der altstädtischen Fischerinnung nicht die Absicht massgebend war, sich hierdurch ein neues Recht zu verschaffen, sondern vielmehr lediglich der Wunsch, ein durch Kabinettsorder ihnen bereits zugesprochenes Recht nachträglich zu sanktionieren.